JN041023

叢書・ウニベルシタス　1169

アラブの女性解放論

カースィム・アミーン
岡崎弘樹／後藤絵美 訳

法政大学出版局

Qāsim Amīn
Taḥrīr al-Mar'a (1899)
Al-Mar'a al-Jadīda (1900)

カースィム・アミーン，1863-1908

アラブの女性解放論／目次

女性の解放

1899年

はじめに――慈悲あまねく慈愛深きアッラーの御名において

このわずかな紙幅にまとめられた各主題は、それぞれ一冊の書物の形で扱うべきなのかもしれない。だが私は、各主題があたかもひと続きの鎖の輪のように、互いに結びついていることを示したかった。本書の目的は、多くの思想家に見過ごされている主題について関心を喚起することであって、人間のあり方という観点から女性やその地位に関する問題を議論し尽くすことではない。そうした著作は、本書が蒔いた小さな種が芽を吹き、後世の精神の中で新芽が育ち、やがて実をつけ、それが収穫されて世に役立つために、長い年月を経た後に書かれるだろう。

本書の読者には、私がすぐさま実を収穫しようと期待しているわけではないと分かるだろう。人間が成熟した存在へと変わるのは容易ではなく、その変化は目立たない形で極めてゆっくりとあらわれるからだ。社会で変化が生じれば、さまざまな実を結ぶかもしれない。だが、それは決して単純な形をとらないだろう。個々人がそれぞれ徐々に変わっていき、無数の変化が複雑に結びつき、個人から国全体へと広がっていく。こうした全体的な変容こそが、国に新しい時代をもたらすのだ。

現在のわれわれには、すぐさま変化をもたらすような能力はない。だがそれは決して恥ずかしいことではない。どんな時代でも、何に取り組むかが重要だからだ。恥ずべきは、自身を完全だと思い込み、欠陥を認めず、いつでもどこでも自分のやり方が最良だと言い張ることであり、普遍の真理をも頑なに認めない態度だ。言動でいくら真理を否定しようと、真理そのものには何の影響も及ばない。悪影響を被るのはわれわれ自身のほうである。その態度が、われわれの目指す変革を阻む障壁となる。自分たちに何が必要か、それにはいかなる手段が必要なのかを真に自覚しない限り、国の改革を成し遂げることはできないからだ。

教育を受けたエジプト人ならば、国の抜本的な改革の必要性を疑うことはないだろう。私は教養層に、「今こそわれわれの苦難を和らげる責任を果たさなければならない」と言いたい。私事にかまけたり、国の状態について無力感を抱いたり、意気消沈したり、絶望に浸ったりすることは、知識と志をもつ優れた人々にふさわしくない。それは怠惰や臆病のあらわれであり、自信の欠落に加えて、家族や宗教、法、神への信頼の欠如を示している。かれらは好むと好まざるにかかわらず、まるで無生物か植物のごとく、その場しのぎで運命に身を任せているようにみえる。

本書で私は、わが国の改革の門をたたき、国内各地の最も有力な方々に向けて、一つの重要課題を提起した。自分では正当な主張を示したと思っているが、もしも本書に誤りがあったとしたら、それはあくまで善意に基づく見解であるので、ご寛恕を乞いたい。正論だと思われるならば（私はそう信じているが）、教養ある方々には、本書の考えを広めていただきたい。本書の主張を受け入れ、支え、自らの取り組みを是非とも示していただきたい。

序章　社会における女性の地位は、国の精神的成熟度を反映している

真理を愛する方々よ、エジプトの女性の地位についてともに検討しようではないか。そうした人であれば、「エジプトの女性の地位には改革が不可欠である」という、私と同じ結論に必ず達するだろう。私は長年にわたって本書で示す真理について考え続けてきた。すべての誤った考えから脱却するまで吟味し、検討し、分析を続けた。かくして、この真理は私の思考において重要な位置を占め、他の考えを凌駕し、優先課題となった。私はこの課題に没頭し、改革の利点に気づき、その必要性を肝に銘じるようになった。そして単なる思いつきで終わらせず、人々に呼びかけ、言論の場で示す他ないと思うようになった。

人間の進歩を促し、より良い将来を保証する重要な要素として、精神の中でおのずと育まれた、あらゆる科学的知識や学識を広めようとする、人間に備わった不思議な力が挙げられる。この力こそが、個人的に不利益を被ると分かっていても、知を広め、同胞の進歩を促すのだ。わずかでも経験のある人ならば、知を広めるこの力がどれほどの効力を発揮するかを知っている。たとえある目標に向けてその力を使えなかったとしても、その実現のために他の力に頼ることができなかったとしても、結局は知を広

めるその力が打ち勝つと分かっている。知を広める力に抵抗しても反撃されるだろうし、押さえつけようとしても逆に押さえつけられてしまう。まるで圧力で抑え込むことができないガスのように、自分の望みとは異なる形で姿をあらわす。このような圧力は、内側を破壊しかねないほどの爆発を引き起こすのだ。

こうした現象の例は枚挙に暇がない。諸国の歴史には、ある思想が別の思想を、ある教義が別の教義を凌駕しようとして起きた諍いや対立、衝突、争いの話が溢れている。時には真理に、時には誤謬に勝利がもたらされたが、イスラームの国々はその始まりから中世期に至るまでそうした状況にあったし、西洋諸国では未だに、あるいはそれ以上のことが起きている。西洋でも、真理と虚偽、正義と不正義の闘争が続いていると言ってよいだろう。教育や芸術、産業などあらゆる分野で、そしていかなる国においても、人々が内的な奮闘（ジハード）を行う一方で、国同士の間でも外的な奮闘（ジハード）が繰り広げられている。[1] とりわけ今世紀〔一九世紀〕には、新しい発明によって人々の距離は縮まり、境界線や互いを隔てる壁は打ち壊された。世界各地を行き来する人の数は何千人にも及ぶとみられ、欧米の高名な著述家が本を書けば、即座に五つか六つの言語に翻訳される時代となった。

安逸をむさぼっているのは、われわれのような輩だけだ。われわれは、植物が育たない不毛の地のようになるまで知性をないがしろにし、怠惰に溺れる中で、健全な伝統に基づくものであれ、時代に応じて必要とされるものであれ、未知の新しい考え方を敵視すらしている。

怠慢で議論が不得手な者は、しばしば明白な真理を追い払おうと無意味な言葉を投げつける。そして「イスラームからの逸脱（ビドア）だ」と言い放つ。このような暴言を吐く者は、労苦を重ねてでも理解しようとする努力を怠り、慎重に検討し、取り組んでいこうという気はない。まるでアッラーは、ムスリムを特別な粘土でお創りになって、人間やその他の生物を支配する自然の法則から除外したかのようだ。

今日ここで私が述べることを逸脱と呼ぶ人もいるだろう。そうだ、私は逸脱したのだ。ただし、イスラームからの逸脱ではない。われわれの慣習や伝統は十分に成熟していると呑気に自画自賛する立場から逸脱するのだ。

なぜ、ムスリムは自らの慣習をいっさい変えないどころか永遠に維持しなければならないと考えるのだろうか。伝統や慣習は、いつの時代にも変化の法則下に置かれた存在の一部であるにもかかわらず、なぜ教条に支配されるのだろうか。アッラーは、停滞や硬直性を衰退と社会発展の遅れの原因とされた一方で、変化を活力と進歩の条件になさったが、はたしてムスリムは、アッラーのこのような創造の法則に背くことができるのだろうか。慣習とは、時代と場所に適した暮らしや活動を成り立たせるための社会のあり方を示しているのではないのか。慣習が時代や場所によって異なる人間精神の産物だと知っているのならば、どうしてそれが変わらないと思い込むのか。ムスリムは世界中に散らばっているが、慣習や生活のあり方はどこでも同じだというのか。スーダン人の精神にふさわしい事柄が、トルコ人や中国人、インド人の精神にふさわしいと言い張ることなどできようか。遊牧民と都市住民の慣習が一致するとか、ある国のすべての慣習が昔からまったく変わることなく原型を留めているなどと言えるのか。

実際、どんな国にも、それぞれの時代の知的状況に適した慣習や行動規範がある。慣習や規範は、地域的な要素や伝統、交流、科学的な発明、倫理的な立場、宗教上の信念、政治的な構造などによって、意識されないままに変化する。進歩に向かう知性は、慣習や規範にふさわしい形で必然的な働きを示す。

たとえばスーダン人とトルコ人の慣習には、知性の成熟度に応じた差異がみられるに違いない。これは周知の、疑いのない事実だ。エジプト人とヨーロッパ人の慣習の違いも然りである。

自身や家族、市民、民族としての人間の行動様式である慣習が、国民が無知で野蛮か、それとも文明的かという問題と結びついているかどうかを、人は想像することができない。というのも、誰もが自分自身の認識や教育レベルに即した存在だからだ。

どんな社会の慣習も、知識や文明のレベルと完全に結びついている。慣習は、他のいかなる力よりも幅を利かせ、持続的な影響力を他の何よりも長く保ち、できる限り変化を拒むのである。国民の精神が変わらず、知性に進歩や後退がみられないのであれば、既存の慣習に従う他ない。したがって慣習は常に他の要素を凌駕し、諸法（シャラーイア）までも支配する。国の改革のために制定された法律や条例が直ちに新たな腐敗の道具となるさまを日々目にしていることからも、それは明らかだ。何ら珍しい話でもない。慣習は宗教を支配し、腐敗させ、宗教を深く理解している者にとっては受け入れ難いほど、それをつくり変えてしまうのだ。

これは観察により明らかになった原理だ。歴史的な経験に鑑みれば、女性の地位が低下すれば、国は凋落し、野蛮になる一方で、女性の地位が向上すれば、国や文明も発展してきたのは確かだ。古代社会で、女性がほとんど奴隷のように扱われていたことは周知のとおりである。ローマであれ、ギリシアであれ、女性は父や夫、次いで長男の権力の下に置かれてきた。家長は女性を所有する絶対権力を握り、望みのままに売却したり、贈与したり、殺害したりした。跡継ぎには、女性の所有をめぐるすべての権利が引き継がれた。イスラーム以前のアラブ社会では、父親が娘を殺すことが許されていた。男たちには法の制約もなく、好きなだけ女性を弄ぶことも許されていた。こうした権力のあり方は、依然としてアフリカや南北アメリカ大陸の未開の部族の間に蔓延っている。一部のアジアの国では、女は不滅の魂をもたないとか、妻は夫の死後に生き続けるべきではないなどと考えられている。中には最良のもてなしとして女性を客人に差し出す者たちもいる。

これらはすべて、公的な制度ではなく、家族や部族の紐帯に基づいて営まれる初期段階の社会にみられる現象だ。権力こそが、お馴染みの唯一の法(カーヌーン)だ。力を法として支配するがゆえに、現在に至るまで専制的な政府がまかり通っている。

一方、文明の高みに達した国々では、女性はかつての貶められた状態から徐々に地位を向上させ、男性と隔てられた溝を埋め始めている。地を這うように進む者もいれば、一歩一歩着実に歩む者もいる。ゆっくり歩く者もいれば、走り抜ける者もいる。それは属している社会の状況や文明のレベルによって異なる。最先端にいるのはアメリカ合衆国の女性で、イギリスの女性がそれを追う立場にある。その後には、ドイツ、フランス、オーストリア、イタリア、ロシアの女性が続く。これらの社会の女性は皆、自分たちには自立する権利があるとみなし、その獲得の手段を模索する。彼女らは自由に価値を見出し、自由を得たいと強く望み、人間性を自覚しつつ、人としてのあらゆる権利を要求している。

すべての成功の要因を宗教に見出そうとする西洋人は、西洋の進歩はキリスト教が自由の獲得を支えたためだと思い込んでいる。しかし、この考えは間違っている。キリスト教が女性の自由を保障する仕組みを築いたわけではない。それが公私にわたる規範を通じて女性の権利を明らかにしたわけでもなければ、人々を導く原則を定めたわけでもない。キリスト教が広まった国々で、その教え自体が女性の地位向上に関して目にみえる功績を残したわけでもない。むしろキリスト教は、それぞれの社会の精神や慣習に合わせて姿形を変えてきた。もし宗教が慣習に影響を及ぼす力をもつのであれば、今日、ムスリムの女性は世界で最も進歩的な女性となっていただろう。

イスラームの聖法（シャルウ）(2)は、いかなる法にも先駆けて女性は男性と同等であると定めた。どの社会でも女性が最も貶められていた時代に、イスラームは女性の自由と自立を宣言し、女性に人間としてのあらゆる権利を与えた。売買や贈答、遺言に至るまで、父や夫の許可の有無にかかわらず、男性に劣らない形で、あらゆる市民的権利を女性に認めた。一部の西洋の女性が今日まで獲得していない事柄まで聖法（シャリーア）は認め、女性を尊重し、女性と男性の平等を原則としていることを示してきた。西洋の一部の法が義務において男女平等を謳いながら、権利においては男性を優位にしている一方で、聖法は女性に対して手厚く、生活上の負担を押しつけたり、家計や教育費への協力を強制したりすることもなかった。聖法が男女の平等を志向しているのは、婚姻契約の解消をめぐる権利をみても明らかである。西洋人や一部のムスリムの思い込みとは異なり、イスラームが一考に値する仕組みを確立したことについては後述する。

イスラームの聖法で女性よりも男性が有利に扱われるのは、一夫多妻婚に関わる事柄のみである。その理由は明確で、それは結婚を通じてしか成り立たない家系という問題と関係している。この主題については、後に論じることにしよう。要するに、イスラームの法規定やそれが目指すものにおいて、ムスリム女性の地位を貶める要因はあり得ないのだ。むしろ逆に、イスラームは女性に社会の中での高い地位を与えている。

とはいえ、何たることだろうか。ムスリムの国々に受け継がれてきた悪しき精神が、この素晴らしい宗教を支配してしまった。古い慣習や迷信がイスラームに入り込んだ結果、ムスリムの国々では、イスラーム法によって定められた女性の地位に関するかつての知識が実践を保証しなくなった。このような精神のあり方を継続させた最大の原因は、われわれを支配してきた歴代の専制的な政府であった。

イスラーム地域の社会では、異なる時代や場所において、支配者と被支配者の権利関係を定める政治的な仕組みが損なわれてきた。被支配者がイスラームの聖法や制度に従い、支配者に制限を課して、権利を要求する仕組みも奪われた。政府は常に専制的な性質を示すようになった。スルタンと側近が絶対権力を握り、抑制も、協議も、監視もされず気の赴くままに支配し、何の発言権をも与えないまま臣民を操るようになった。

確かに支配者は、偉大であれ卑小であれ、公正を尊び、圧政を避けるよう努めなければならない。ところが、歯止めをかける者や諫める意見、監視する組織が存在しない場合、無制限の権力が悪用の誘惑にさらされることは過去の経験から明らかだ。イスラーム諸国は幾世紀にもわたって、絶対的な権力の支配下に置かれてきた。支配者らが悪政を敷き、気まぐれに臣民を扱い、弄ぶだけでなく、宗教さえ愚弄する時代のほうが長かった。ごくわずかな例外もあったが、それは大多数の事例からすれば言及に値しない程度だ。

専制主義が国を支配する場合、その影響は支配者の精神に及ぶだけに留まらない。それは至高の権力者からその周囲の人間へ、さらに彼らに従属する者たちへと広がっていく。強者は皆、専制主義の精神を、すべての弱者に可能な限り力ずくで植えつける。そうして専制的態度は、最高権力者が認めるか否かにかかわらず、あらゆる人々の生活に浸透していく。かかる専横な支配がまかり通る中、強い立場にいる男性は弱い立場にある女性を蔑視するようになる。こうして専制支配の国では、何よりもまず精神の腐敗が横行することになった。

抑圧された経験を有する者は公正を重んじ、自らに降りかかった悲劇の苦しみを理解し、情け深い人間になると最初は誤解されるかもしれない。しかし前例から分かるように、抑圧された国民は、美徳を育むのに適した環境にはいない。こうした国では退廃という植物しか育たない。最近まで専横な支配の下にいたエジプト人ならば、一〇ポンドを奪われた村の長老が、村民から一〇〇ポンドを奪おうとすると知っている。一〇〇回むち打ちを経験した村長が、村に戻ると農民一〇〇人に同じような仕打ちを与えていることも分かっている。(3)

かかる状況にいる人間は力しか信用せず、恐怖によってしか制御されない。弱い立場にある女性は、男性によって権利を侵食され、見下され、馬鹿にされ、個性を踏みにじられる。家族の中で妻や母、娘という立場が与えられようとも、極めて貶められた地位に甘んじなければならない。女性は何ら重要な役割ももたず、尊重されず、意見を言うことも認められず、男性に服従するだけである。なぜなら、彼女は女で、彼は男だからだ。彼女は男に支配されて自らの個性を消し去り、家庭の片隅に隠れる以外の生き方を許されない。無知の状態に置かれ、暗黒の帳の中に閉じ込められるだけの存在だ。男は享楽のために女を利用し、望むままに堪能し、気が済むといつでも通りに捨てる。男には自由が与えられるが、女は奴隷状態に置かれている。男には知識が与えられるが、女は無知のまま放置される。男は知性を用いるが、女は愚かなままだ。男には光と無限の広がりが与えられるが、女には暗闇と監獄しかない。男には是非を問う権利があるが、女は従い、耐えるだけだ。男には存在のすべてが与えられるが、女には男が支配する全体の一部しか与えられない。

女性を見下すがゆえに、男性はさまざまな肌の色の女中や何人もの妻を家に囲う。色情に駆られ、欲望を満たしたいと望めば、その中の誰でも情欲の対象にする。宗教によって定められた良識ある行動も、義務とされている公正な態度もまったく気にかけない。

女性を見下すがゆえに、男性は理由なく離婚する。

女性を見下すがゆえに、男性は一人で食卓につく。その後に、母や妹、妻たちが集い、残されたものを食べる。

女性を見下すがゆえに、女性の貞節を見張る者を任命する。宦官や法的な庇護者、下男などが女性を監視し、どこに行くにもつきまとう。

女性を見下すがゆえに、家に閉じ込め、棺で墓場に運ばれるまで外には出さないと自慢する。

女性を見下すがゆえに、男性は女性が信頼と誠実に値しないと断言する。

女性を見下すがゆえに、その公的な生活を妨害し、私的な事柄以外のいかなる関係をも阻止する。女性は自らの活動について意見をもたず、知的な事柄に何の考えも抱かず、芸術的な感性もなく、公益にも貢献せず、宗教上の教えに向き合うこともない。国への誇りも、宗教的な精神もない。

これらすべてが、最近までのエジプト女性の状況だったと言っても過言ではないだろう。しかし、男性の意識が高まり、かつてのような圧政は減り、男性による女性の支配は若干和らいでいる。女性が自らの用事で外出し、公的な空間に足を運んで新鮮な空気を味わっている姿を目にするようになった。そうして至高の創造主によって、男女に関係なく、生きとし生けるものすべてに与えられたこの世界を、女性は自由に眺めるのだ。多くの女性が男性と連れ立って、外国旅行に出かけている。多くの男性が家庭生活の中で特別な役割を女性に与えている。こうした傾向は女性を信頼し、その忠実さに何の不安も抱かない一部の男性にみられる。これが、女性に対する新たな敬意のあらわれだ。

もちろん、こうした変化にも批判すべき点がないわけではない。ただ実際のところ、批判の矛先は変化そのものではなく、それに伴う状況に向けられている。その最たるものが、大多数の国民に深く根づいているヒジャーブ[4]という慣習であり、また女性に対する教育の不足だ。ではもし、宗教の教えや倫理的な原則に基づいて、女性に十分な教育の機会が与えられたとすれば、そして大半のイスラーム法学派が容認する形にまでヒジャーブが制限されたとすればどうだろうか。もはや批判すべき対象はなくなり、男女問わず、すべての人々の活動によって国は栄えることだろう。

注

（1）概して「内的なジハード」は、「大きなジハード」と呼ばれ信仰を全うするための個々人の内面の戦いを意味する一方、「外的なジハード」は「小さなジハード」としてイスラーム帝国の拡大の文脈で用いられてきた。だが、アミーンはここでは前者を近代社会における精神文化の発展、後者を国同士の争いと一般化して用いている。

（2）シャルウ（sharʻ）またはシャリーア（sharīʻa）には「聖法」という訳語をあてた。これはアミーンがこれらの語に、人間の解釈が入る以前の「神の法」というニュアンスを込めていると思われたからである。

（3）ムハンマド・アリーの時代に旧来の村役人であった長老（シャイフ）職に代わり、国家の一元的な管理を目指す中で一村一長の村長（ウムダ）の制度が導入され、両者ともに専制体制を末端で支える道具となった。

（4）ヒジャーブとはアラビア語の語彙で、元来の意味は人や物を視線から隠す「覆い」や、二者を隔てる「仕切り」である。アミーンの時代には、顔を含む全身を覆い隠す女性の服装と男性からの女性の隔離がいずれもヒジャーブと呼ばれていた。詳しくは第二章で論じられる。

第一章　女性の教育

女性とは何なのか。男性と同じ人間だ。身体やその機能、感情、思考能力において男性と何ら変わりない。性別が異なるだけで、すべての人間的特徴にまったく差異はない。

もし男性が心身ともに女性に優っているとすれば、それは男性が幾世代にもわたって心身を活用してきた一方で、女性は心身を用いることを禁じられ、さまざまな時代や場所において程度の違いこそあれ、低い地位に貶められてきたからだ。

いまだに女性の教育など必要ないと考える人も中にはいる。それどころか、読み書きは聖法（シャリーア）において許されているのか、それとも禁じられているのかと問う者さえいる。

思い出すのは、驚くほど美しく聡明な九歳の娘をもつ父親に、教育の必要性を示唆した時のことだ。父親は私に「娘を役人にする気か」と言った。私はそのつもりではないと断りつつ、「役人だけが教育を受けるべきだとお考えなのか」と尋ねた。すると彼は、「娘には家事に必要なことをすべて教えている。他に何もする気はない」と答えた。もうこれ以上話すつもりはないという態度であった。女は家事さえしておけば良いという頑迷な父親によれば、娘は裁縫や料理、アイロンがけなどすべての女性にとって有用かつ必須な事柄を熟知しているという。しかし、批判を恐れず言いたいのだが、この父親は、女性に必要なのは家事を完ぺきにこなす能力だけだという間違った考えを抱いている。

女性が家事を切り盛りできるとすれば、それは合理的で倫理的な知識をある程度身につけた後だと私は考えている。少なくとも初等教育で男性が学ばなければならないことは、すべて女性も学ぶべきなのだ。基礎的な学問を身につければ、女性も自分の感性に即した事柄を選択し、望むならその分野を極めることもできる。

女性が読み書きを学び、科学的な真理に触れ、自国の位置づけを知り、諸国の歴史に通じ、社会や自然科学について理解を深めることは重要だ。これらの知識はすべて、思想や宗教的な教えによって補完される必要がある。そうすれば女性は健全な意見を受け入れ、現在その精神を蝕んでいる迷信や神話を追い払えるだろう。

女子教育にたずさわる人は、幼い頃から娘たちに対して、あなたの人間的な資質を完ぺきなまでに高めていくのは素晴らしいことだと言って聞かせなければならない。家族とのつき合い方や親族の絆の維持、社会への関わりについての美徳が、彼女の素地として定着するよう図らなければならない。こうした教育は、言葉による適切な指導と、良き手本を真似ることでしか実現しない。

これが、私がエジプトの女性に望む教育だ。ここではその概略のみを述べたが、同様の主題については、各国のさまざまな専門書で詳しく検討されている。教育を受けていない女性は、社会でも家庭でも、自らの役割を果たすことができないだろう。

1　社会における女性の役割

いかなる国でも女性は少なくとも人口の半分を占めている。彼女たちが無知な状態に置かれていることで、わが国では人口の半分の活動が活かせていない。結果として、目に余るほどの莫大な損失が生じている。

エジプトの女性が西洋の女性と同じように科学や教養、芸術、商業、工業に関わることができないのは、無知と教育の欠如のために他ならない。女性が活気ある社会への参加を促され、そこで積極的に活動する準備を整え、その上で自らの感覚や心身の力を用いるのであれば、生き生きとした人生を歩むことができるだろう。現在のように他人に養われて暮らすのではなく、消費するものを自分で生産するようになるだろう。それは国への貢献につながり、公的な富と精神的な成果をいっそう生み出すだろう。

われわれは今、莫大な資本を握り、金庫に収め、毎日のようにそれを開けて金塊を眺めて楽しんでいる富者のような立場にある。もしこの人物が物事によく通じているならば、その資金を有効に活用し、数年のうちに倍増させるだろう。

大多数の人が他人に頼り切り、必要な事柄に貢献しなければ、社会は疲弊するばかりだろう。たとえ一部は働いたとしても、まるで押し黙った機械や言葉を知らない家畜のようなもので、自分の生み出しているものが何かまったく分かっていないのだ。

理性と意思を持った人間となるために、女性は教育を受けなければならない。わが国において女性は嘆かわしい状況に置かれている。女性について考える時は、常に必要な事柄を実行し管理する保護者を立てるように検討しなければならないからだ。まるで保護者をもつことがあらゆる状況下で保証されているかのようだが、実際には頼れる男性を見つけられない女性も多い。未婚でありながら近親者を失った少女や、離婚した女性、寡婦、息子のいない、あるいは未成年の子どもしかいない母親を想像してもらいたい。彼女らは、自身だけでなく、子ども（いればの話だが）に必要な事柄を実行するためにも、教育の機会を得る必要がある。知識を与えられなかった女性は、品性を欠いた方法で恵みを求めたり、寛大な家族に寄生したりする他なくなる。この惨めな女性が、初対面の男の求めに応じて暗闇の中で自らを辱めている様子（それは、彼女にとってなんという屈辱だろうか）に目を向けてみれば、多くの場合わずかばかりの金銭を切に必要としているだけだと分かるだろう。性的な快楽に浸りたいという動機はまれである。

エジプトではたいていどの家族も、外で働くことができない貧しい女性の生活費を負担している。こうした状況は、家族が健全な経済的基盤を築けない原因となっているとも言える。

かくして家計の遣り繰りに大きな不均衡が生じている。自身の生活や子どもたちを養うために働くエジプトの男性は、稼いだお金の一部が親戚や知り合い、さらにほとんど見ず知らずの者に使われていることに気づく。だが、人間的な哀れみの心により、餓死させてはならないと、こうした者のためにできる限り稼いだ金銭を費やすに違いない。養われる女性たちも自ら働いて稼ぐことができるにもかかわらず、男性のこのような行動を義務とみなしている。しかし、そもそもの問題は、彼女たちが自らの能力を活用する方法を知らないということだ。というのも、女性は教育からも排除されているからである。

あるいは、夫や保護者はいるが、経済的な支えとならない場合を想像していただきたい。貧しい保護者を金銭的に助けるために、教育は必要ではないか。たとえ保護者に金銭的な余裕があったとしても、家計の負担を減らす上で教育は不可欠ではないだろうか。不動産収入などのおかげで女性が裕福だったとしても（それもまれなケースだが）、教育は、財産を管理し、実業を営むのに役に立つのではないだろうか。

われわれは、女性が自分の金銭の管理を親戚や見ず知らずの者に委ねるよう強いられている状況を日々目にしている。財産を預かった者が、預けた者よりも自分を優先していることにも気づかされる。みるみるうちに預かった者が豊かになり、預けた者が貧しくなる。

女性たちは預金や証券、契約で印鑑を用いるが、その意味と価値、重要性について分かっていない。いかなる内容であるのかも知らなければ、文面を理解することもできない。夫や親戚、保証人による偽造や詐欺、横領によって自身の権利を奪われることもある。もし女性に知識があれば、このようなことが起こりうるだろうか。

教育は、いかなる場合も、人間の生に不可欠である。それは文明的な段階に入ったすべての社会で最も必要なものだ。物質的、精神的な幸福を望む、いかなる者にとっても、学知を身につけることは気高い目標となった。というのも、学知は人間を卑屈で低劣な状態から、尊厳と名誉の高みへと引き上げる唯一の手段であるからだ。どんな人も、可能性を最大にする権利を生まれながら有している。

神授の法であれ、人定法であれ、男性と同じように女性にも語りかけている。芸術や産業、発明、高度な哲学は、いずれも男性と同様に女性にも目を向けるよう求めている。気高い女性が、現世や来世の真実や幸福を求めるがゆえに、それらについて学び、その秘宝を享受したいと強く望まないことがあろうか。男性と女性で志にどのような違いがあるのか。男子であれ、女子であれ、等しく目の前にある事柄に疑問を抱き、目の前で生じていることの原因を知りたいと思うのではないだろうか。そうした好奇心は、おそらく男性よりも女性のほうが強いのではないか。

翼を傷つけられ、頭をたれ、目を閉じて籠の中で暮らすことなど、いかなる感性が受け入れられようか。彼女の目前には世界が果てしなく広がり、大空に際限はなく、星々が瞬き、宇宙のあちこちから呼ぶ声が聞こえ、希望を促し、秘宝を発見したいという願望を刺激しているのではないのか。

男性に知性が授けられたのと同様に、女性にも知性が授けられているというのが、イスラームの教えである。賢明な男性であれば、アッラーが女性に対して無駄に知性を与え給うたなどと考えるだろうか。アッラーが女性に感性や認識力を与え給うたのは、それをないがしろにして使わないままにするためだとでも言うのだろうか。

ムスリムの人々は「女性は家の中を取り仕切るものだ」と言う。つまり、彼女らの仕事は、戸口の敷居までで終わりというわけだ。これは妄想の世界に生きている者の考えだ。顔覆いのせいでその世界の向こう側へ視線が遮られ、真実が見えなくなっているのだ。

人生に必要なものを自分で手に入れるという、最も基本的な義務の実践を女性から奪っていることは、彼女がもつ権利の侵害に他ならないと、よく考えればムスリムも気づくはずだ。男性だけがあらゆる事柄の責任を負い、あらゆる権利を独占すれば、女性には何も残らない。そうなれば女性は愛玩動物のようになるしかない。ご主人を楽しませた見返りに必要なものを与えられるという存在だ。

この社会で、女性は長きにわたって男性の専横な権力による抑圧的な支配の下に置かれてきた。男性は自分の意思を貫徹させるのに役立つようにしか女性の立場を考慮してこなかった。男性は女性が生活のための費用を得たり、稼いだりする機会を奪ってきた。結果として女性は生活手段を得られないため妻となるしかなく、売春婦に身をやつす者もいた。女性は知識を与えられず経済の仕組みから排除され、男性の望むままに肉体的快楽のために身体を差し出す慰みものとなった。男性を惹きつけ、情欲を刺激し、心を奪うためだけにありとあらゆるエネルギーを費やしたのである。

女性は長らく正しい教育で知性を磨くことができなかった。そのため理性的に思考する力が脆弱になり、自らの意思で行動するための感覚を失った。ここで言う感覚とは、善悪を区別し、有益なものと無益なもの、関心を向けるべきものと忌避すべきものを見分ける力だ。女性が誰かを好きになったとしても、決して理性に基づいて想いを寄せているわけではない。自分の好きな事柄や人物に対して、確固とした意見をもっているわけではなく、単なる気まぐれで愛を捧げる。嫌になれば、結果も省みず、後先も考えずにとてつもない犯罪に手を染めてきた。もし理性を育み、美徳を培っていれば、感情をコントロールする力を身につけることができただろう。思慮分別や品性に基づいて行動するようにもなっただろう。

長きにわたって抑圧され続け、女性は理性を失った。分別を失い、良識的なやり方ではとうてい望みは叶わないと思い知った。かくして女性は、主人であり、保護者である男性を惑わす手口に訴えるようになった。それは収監者が看守や刑務官に用いる手口と同じだ。抜け目のなさは、女性の最大の武器となった。女性は状況に応じて手をかえ品をかえ、裏表を使い分ける熟達した役者となった。知性や良識ではなく、狐のようなずる賢さで行動するのだ。

とはいえ、女性を非難すべきではない。なぜなら女性は自由を与えられていないからだ。健全な判断力を失っており、そうした行動は自由意思によるものではないのだ。非難すべきは、有利な立場にありながら女性の教育をないがしろにしてきた男性である。

2　家族の中で女性が果たす役割

家族に関して思いをめぐらす者は皆、現在の女性の状況が許容できないものになっていると断言するだろう。

この問題について書こうとすると、脳裏にさまざまな出来事が蘇り、さまざまな思いが交錯する。しかし、あえて言及するつもりがないのは、それと同じようなエピソードが巷に溢れているからだ。どのエピソードにも言えるのは、貧富も、社会的地位も関係なく、あらゆる家族に通じる病が存在するということに他ならない。それは、女性の無知という病だ。無知は好ましからぬ形ですべての女性に行き渡っている。それぞれの女性の個性は、服装や装飾品にあらわれるのみである。それどころか、女性が生活に余裕をもてばもつほど、いっそう無知になるとも言われている。逆に、わが国の田舎に住む最も貧しい女性こそ、自身の状況を完全に把握しているという見方もある。

農民女性は、農家の男性が知っていることをすべて知っている。両者の知的なレベルは同一であり、一方が他方よりも優れているということはほとんどない。ところが、上流や中産階級の女性は、男性に比してはるかに遅れている。この階級の男性は知性を養い、学知によって啓蒙されるが、女性はそうではなく、それどころか完全に学ぶことを止めているからだ。この違いこそが、男女をともに惨めな状況に追いやる最大の原因だ。

教養ある男性は家庭内において秩序と調和を好む。嗜好も洗練され、上品な形式やきめ細やかな感覚、行き届いた配慮を求める。中にはあまりにこれらを気にしすぎて、実質的な事柄をないがしろにする人もいる。彼らはまた、言葉で解するが、態度で示すことも好む。沈黙することもあれば、大いに語ることも、笑うこともある。好みの考え方や頭を悩ます教義、奉仕する団体、誇りに思う国を有している。楽しむと同時に、精神的な苦悩も抱えている。貧者とともに涙を流し、抑圧された者とともに悲しみ、人々への善行を尊ぶ。頭に浮かんだアイデアや心を揺さぶる感覚を誰かと共有したいという気持ちに駆られる。感じたことを説明し、話し合いたいと望む。これはいかなる人間にもみられる自然な傾向だ。もし妻が無知であれば、夫は自身の喜びや悲しみを伝えることはないだろう。夫はやがて独りの世界に閉じこもるし、妻も別の世界に住むだろう。そうなれば妻は、夫のこの世での役割とは、高価な布地や宝石を買ったり、自分と戯れる時間を過ごすことだと考える。ちょうど、娘を喜ばせようと玩具を買ってくれた父親のイメージの延長だ。

男性は、妻が無知だと分かったとたん、馬鹿にし、まるでその場に存在しないかのように扱い、あらゆる事柄から排除するようになる。妻も、夫に無視されていると気づくと、意気消沈し、不当に扱われていると考え始める。妻は自分の価値を分かってくれない男のもとに連れて来られた不運を嘆き、時には夫を恨むようになる。そして夫婦にとって、アッラーの懲罰にしてはこれ以上考えられないほど厳しい地獄の生活が始まる。それぞれが相手を敵視し、幸福を阻む障害とみるようになる。

これが、倫理的に問題のある男女だけに当てはまる現象だと考えてはならない。妻が優しく献身的で、夫が気高い精神の持ち主であっても、日々衝突が絶えないという場合もあり得るからだ。すでに述べたとおり、罪は夫や妻にあるわけでなく、二人の教育の違いにある。このような夫婦関係が続けば、最終的に一方が相手のために自分を諦めるか、二人がともに重荷を背負いながら一生を過ごすかのいずれかとなる。この夫婦の状況がいかなるものであれ、純粋な意味での愛の絆などあり得ない。男女の間で愛の喜びを失うことほど、この世で大きな喪失はないにもかかわらず、だ。

天啓の書に記された逸話によれば、神はアダムの肋骨からイブをお創りになったという。[1] これは、男性と女性が分かつことのできない一心同体の存在だと示す格好の例だ。こうして西洋人は女性を「男性の片割れ」と呼ぶようになった。男性と女性が合わせて一つの体を成し、全体として完全となるためにお互いを必要としていることを明確にあらわしている。

男性と女性が本能的に惹かれ合う現象は、あらゆる生物にみられる。自然科学者の説明によれば、植物でさえ受粉の季節の盛りには雌雄の間で顕著な動きがみられるという。これは、愛を育む上で最も重要な要素だ。雄と雌が惹かれ合うという意味では、人間も動物も違いはない。惹かれ合う性質や原因については、ほぼすべての事物の起源と同様に謎のままだ。男女が近づく必要性を感じた時に中枢神経から排出される液体が原因だと説く科学者もいる。二人が出逢えば、お互いに喜びで身体を震わせる。口よりも目で語り、言葉を発する前に胸が高まり、動揺する。まるで二人の精神が前世で離れ離れになった親友同士のように近づく。それぞれが相手を求め、もし邂逅すれば互いに探し求めてきた願いが叶っに消えてしまう炎のように長続きしない。経験から分かるように、このような一時的な欲望は、まるで一瞬で燃え上がりながらもすぐ者である。前者は観念論者であり、後者は欲望にまみれた無知な楽という意味で女性を愛するという男性もいる。純粋に精神的な意味で女性を愛するという男性もいれば、精神的な側面はまったくなくて肉体的な快

むためのもう一つの要素だ。肉体と精神の二つの要素が完全なる愛を形づくる。肉体的な長所よりもこうした精神的な長所に惹かれるだろう。こうした精神面での充実感は、情愛を育誠実で、安心感を与え、献身的だと分かると、恋愛感情は彼の魂と融合する。賢明な男性なら、どんなで、視野も広く、要領が良く、技量があり、秩序を重んじ、裏表もなく、思いやりがあって、良心的で、恋愛感情を抱く。だが彼女が美しいだけでなく、優しく、きめ細かい感性を持ち、機知に富み、知性的ない知的で情愛を伴った満足感に代えてきた。男は美しい顔や黒い目、しなやかな体、長い髪に惹かれ、い特性を人間に与え給うた。多くの場合、人は長くは続かない感覚的な興奮を、絶えず消え去ることのに取って代わられるだろう。このようにアッラーは魅力的な肉体に加えて、知性と精神という類例のなの煌めきを刻んでさらに結びつく喜びを二人に感じさせなければ、相互の惹かれ合いは冷え切った関係は失われ、安心感も衰える。もしアッラーが男女に愛情を維持し続ける力を与えなければ、精神や知性でどれだけ激しい欲望が生まれようとも、時間の違いや温度差はあれ、それもやがて消えていく。希望

しかし、この物理的な惹かれ合いは長続きせず、徐々に消え去り、矛盾をきたしてくる。最初の邂逅二度と相手を手離さないと誓う。それぞれが相手との絆なしに幸せはないと感じるのだ。二人は混じり合い、たと思い込む。邂逅すると、単なる出会いにとどまらない期待と安心感が生まれる。

以上から、次のように断言できるだろう。つまり、個人差はあるとしても、肉体的な快楽は常に似たようなもので、時と場所によって満足度が多少変わるだけだ。初めての肉体的な快楽と同じような経験が、二回目も、三回目も、四回目も続くだけだ。かかる快楽は、目で見たり、声を聞いたり、味わったり、触ったりして繰り返されるが、やがて消え去る。というのも慣れてしまって、神経系が刺激されないからだ。この点において精神的な快楽は異なる。精神的な充実感は、いつでも刷新される。親友同士の会話を想像してもらいたい。それは、決して尽きることのない喜びの宝物だ。二人は会うとお互いに心の内をさらけ出し、具体的な事柄から一般論に至るまで次々と話題を変え、痛みや望み、醜さや美しさ、足りないこと、満ち足りていることについて語り合う。あらゆる活動やアイデア、出来事、創造的な取り組みは、知性に新たな栄養を、精神に新たな充足感を与える。一方が人生で得たすべての知性や感情、そして学問や教養、感性、愛情などは、もう一方の人生にとって新たな喜びとなる。二人の絆は、こうしてより強固になるのだ。

ここから友愛が人間にとって、どれほど真の愛の力を与えるかが分かる。この気高い愛を見出すことが、この世で最大の幸福であると知るだろう。もし金銭が人生に彩りを与えるとすれば、友愛は人生そのものだ。

それぞれがふさわしい教育を受けていなければ、男女の間にこうした愛は生まれない。教養のある男性でも、妻を愛していなければ、妻からの愛情は期待できないだろう。それでも妻に愛されていると思い込むのは、大きな間違いである。肉体的にも精神的にも満たされた真の愛は、互いを尊重する気持ちなしには続かないからだ。相手に対する敬意は、自分が敬意を払われていると分かってはじめて生まれるものだ。そして無知な妻には夫の価値が分からない。

既婚男性は「妻に愛されているか」と問われたら、「もちろん」と答えるだろう。しかし、実際はそうではない。私は「おしどり」と言われる多数の夫婦を注意深く観察してきたが、妻を愛している夫、夫を愛している妻には今のところ出くわしていない。多くの夫婦が表面的に「おしどり」に見えたとしても、衝突はしないのかもしれないが、夫は疲れて諦めているか、妻が夫の好き放題にさせているかのいずれかだ。そうでなければ、二人とも人生に何の価値も見出せないほどに無知なのだろう。この最後のタイプが、エジプト社会における大半の夫婦の現状である。こうした夫婦に幸福に近いものを見出したとしても、それは価値のない後ろ向きの幸せだと私は思う。

疲れた夫や、夫に好き放題させる妻は、調和を取り繕うために高い対価を払っている。一方が他方の生存のために自身を犠牲にしているのだ。ごく少数の夫には、例外的に一瞬だけでも愛情のようなものが見出せることは認めよう。とはいえ、これはそもそも愛情が欠けているという大前提を確証させるものだ。夫に愛情がないのは、妻の知性があまりに未熟で、教育がないためだ。喜びを分かち合おうと思っても、お互いに話すことがほとんどない。二人が意見を同じくし、合意することもほぼない。妻が、夫の気持ちや考えていること、関心事にはほとんど興味をもたず、夫にとって取るに足らない事柄にのめり込んでいるからだ。たとえ妻にとっては生きがいとなる活動だったとしても、夫の目には何ら魅力的なものとして映らない。大半の女性は毎日髪をとかすわけではなく、週に一度程度しか風呂に入らず、歯磨きの仕方も知らない。衣服の質や清潔さが男性を特に惹きつけるのだが、妻は着るものにも頓着しない。夫の欲望がいかに生じ、維持され、増し、満たされるのかも知らない。女性が無知であるゆえに、夫の心の動きが分からず、好き嫌いの理由も理解できないからだ。もし妻が夫を誘惑しようとすれば、たいてい逆の結果が生じることになる。

一方、妻が夫に愛情を抱かないのは、愛情の意味を味わったことがないからだ。もし夫への妻の思いを分析すれば、夫への愛は二つの要素で成り立っていると分かるだろう。一つは、妻の欲求を満たしてくれる存在だという要素、もう一つは、妻の日々の必要性を満たす上で有用だという要素だ。しかし、夫婦の精神が融合するということは、一方が幾多の中から他方を選び出し、一つの存在として完全に混じり合うということである。一方が〔発せられる〕声であれば、他方はこだまのようなものだ。この種の愛は、自分を忘れ、相手のことしか考えないような完全なる信頼関係によって成り立つ。かかる関係として、母親が子どもに示す愛情以上の好例は見つからない。ところが、妻と夫の距離はそれとは天地の開きほどに遠い。というのも夫婦の愛は、母子の愛情のように自然なものではなく、独善的な考えを打ち破る気高い精神を必要とするからだ。

エジプトの妻は夫について、背の高さや肌の色以外何も知らない。夫の知性や品性、生き方、潔さ、細やかな感性、知識、活動、存在意義、さらに社会で尊敬され愛され評価されるために必要となるあらゆる人格についてまるで分かっていない。どれも妻の知性には響かないのだ。たとえ響いたとしても、夫への理解を一変するわけではない。こうして妻こそが、夫を最も理解していない存在となる。ならば妻が夫を愛しているなどとどうして言えようか。

エジプトの女性は、人々から握手もされない〔相手にされない〕男性を褒め称える一方で、一目置かれる男性を嫌う。というのも、無知な女性は、自分の知性でしか男性を判断できないからだ。最良の夫とは、昼夜問わず一緒に戯れ、望むまま衣服や装飾品、嗜好品を与えても尽きない経済力を有する男だ。逆に最悪の夫とは、仕事場で多くの時間を費やす男である。背を丸めて座り本を読みふける夫に怒りを募らせ、自分との時間を奪った本や学知を呪う。そのせいで自分の権利が奪われたと思い込んでいるのだ。かくして諍いが次々と、果てしなく続く。惨めな夫は、自分の勉強と妻の気持ちという、相反する二つの要素にどう折り合いをつけるべきか分からない。いっそう驚かされるのは、こうした問題に直面したら、二人目の妻を娶る夫がいることだ。しばしば、一人の夫に対して二人の妻が一致団結するという場面がみられる。だが、エジプトの女性が勉強熱心な夫に満足したという話は聞いたことがない。

こうした状況におかれた男性が働く意欲を失うのは当然だ。混乱と妨害にさらされず静かに落ち着いた精神生活を送らない限り、知識が実を結ぶことはないからだ。夫はやすらぎを求めるが、得られるかどうかは妻の手にかかっている。しかし妻にはその気がない。

すでに述べたとおり、夫が有益な仕事に専念する教養ある人物であれば、なおさらのこと、妻は彼からの愛を実感できない。ここで言う愛とは完全に満たされた幸福から生まれるのであり、必ずしも結婚に不可欠な要素ではないと言われるかもしれない。たとえ愛の実感がなくとも、妻にとって別の要素で十分補えるからだ。有益なことであれ、無益なことであれ、妻は夫に連れ添い、いくぶんの幸せを実現すべく生活に必要なことで夫を手助けすれば十分だと言うかもしれない。それはあり得るが、しかし妻に教養がなければ、どうしてそんなことが可能だというのだろうか。

すでに指摘したとおり、農民の女性は無知だとしても、あらゆる仕事において男性のパートナーである。家事をしながら、仕事でも夫を助ける。これが容易なのは、田舎暮らしが概ね遊牧民的で単純であり、家庭生活に必要な物事も少ないからだ。一方、都市では生活費がかさみ、必要なことも増え、経済的な活動もさまざまだ。家事もまた、大きな利益を生み出す企業経営に似ている。その舵取りができるのは、教育と教養のある女性だけである。

実際のところ、家事は多岐にわたり、さまざまな知識を要するようになった。妻はできる限り支出を管理して、家計に無理が生じないように努めなければならない。また、使用人がきちんと仕事をしているかを見張らなければならない。さもなくば、使用人たちはやるべき仕事をこなさないからだ。妻には夫の好みに合わせて家を整えることが求められる。帰宅後、リラックスし、楽しみ、落ち着いて、飲食を堪能し、眠ることができるような空間にしなければならない。夫が逃げ出して、近所やどこかの店で過ごすようになってはならない。そして何よりも重要な妻の務めは、子どもを肉体的、精神的、倫理的に教育することである。

現在の生活でこうしたすべての務めを些細なことを含めてやり遂げるには、豊かな知性やさまざまな情報、清らかな感性が不可欠である。特に子どもの教育だが、教養のない女性にはこれらをすべてこなすことができない。

子どもの人格をつくりあげるのは両親であり、特に母親が子育てで最大の役割を担っていることをわれわれは忘れがちだ。アッラーは健やかなものから腐敗したものを、腐敗したものから健やかなものを生み出し、お望みのままに個人に知性と性格をお与えになるともっぱら信じられてきた。アッラーは全能であり、そのような行動〔知性を与えること〕こそアッラーの御力によると考えるのは正しい。アッラーが望みのままに事を為すのであれば、その至高の御力に疑問の余地はない。アッラーがお望みとあれば、人々を一つの国にまとめたり、大地から動物を植物のように芽生えさせると言ったとしても、それに反論する者などいないだろう。しかしながら、アッラーは世界に範例（スンナ）を定め、生活に秩序を、生きとし生けるものに原理原則を与え給うた。クルアーンでも次のように述べられている。《アッラーが人間に定められた天性に基づいて。アッラーの創造に、変更があるはずはない。それは正しい教えである。だが人々の多くは分からない》［三〇―三〇］[2]。人間がこの地に生を受けてから現在に至るまで、かかる原理原則が一貫していることは確かだ。

アッラーの叡智のうち、最も重要なのは科学によって裏づけられた真理である。それはすなわち、人間を含めてすべての生きとし生けるものは一つの原形質から派生した形に過ぎないという真理だ。それぞれに種としての形質が、とりわけ両親の形質が埋め込まれている。つまり、あらゆる生物は、自らの種の特徴を示し、特に両親の特徴を引き継いでいる[3]。

最近の発見によれば、人間の知性や精神の働きは、脳の機能によって生じるとのことだ。肝臓の機能によって胆汁が出るのと同じだ。知性であれ、感情であれ、かかる機能でしか生じないが、その働きは神経と脳の状態に従っている。これらの器官を形づくる基本要素は、もともとの原形質からつくられている。それぞれの器官がもとの原形質に大きく依存していることは、疑いのない事実だ。肉体は原形質の要素を採り入れて、成長と存続を可能にする。だが、成長と存続のためには、教育と栄養補給が必要だ。同じく個々人の精神や性質に関しても、もともとの知的な素地を伸ばしていくことが求められる。適度な栄養と適切な教育なくして精神は育たない。遺伝と教育のどちらも、男女問わず子どもの人格を形づくる基礎であり、それ以上に重要な要素はない。

子どもは、健全なものであれ、望ましからぬものであれ、両親のあらゆる性質を遺伝によって受け継ぐ。この性質は母親の胎内に蓄積されている。子どもの性質は、父方と母方の先祖の性質と結びついている。適切な教育によって、子どもはさまざまな感覚を鍛え、痛みや喜びを覚える。どのような感覚を得るかは、教育する人の意思に委ねられる。というのも、教育者こそが、子どもに見せ、聞かせ、経験させ、あらゆる情報を活用させ、子どもにふさわしい感情の動きの手本を示すからだ。もし子どもが遠い将来のことを何ら考えずにごくわずかにしか〔得るにふさわしい〕感情の経験をしなかったとしたら、肉体的な快楽だけに関わる感情しか持てなかったとしたら、幼児や野獣、狂人のように思い立ったらすぐに感情を爆発させてしまうだろう。その一方で、豊富な情報や感覚を得た子どもであれば、未知の経験に直面したとしても状況を把握するだろうし、どういう結果になるか想像できるだろう。情緒は安定し優しくなるだろうし、思慮深く、洞察力に富み、湧き出る感情の赴くままに行動することもないだろう。子どもは自らの〔行動の良し悪しをはかる〕尺度を鍛え、それに基づいて行動し、その結果何が起きるかを知る。年端がいかないながらも有用な事柄を尊び、有害な事柄を忌み嫌うようになる。

こうした要素が成熟した大人をつくりだすというのではなく、それらが知性と品性を鍛えるために、子どもにとって何よりも必要だと私は言いたいのである。人間性とは何かを知る者や、人間の卓越性を熟知する者は皆、こうした崇高な目的をもった教育に尽力する。健全な精神は良き継承、良き教育によってのみ生まれる。かくして科学者は今日、道徳的な退廃すべてが先天的、あるいは後天的な脳か神経の病気によると説明するようになった。時には子どもが両親に似ていない場合もある。というのも、遺伝には近い祖先のうちの誰かから受け継がれるという法則があるためだ。

前述のとおり、望ましい教育を受けた者は、両親から悪しき性質を受け継いだとしてもそれを弱め、後世に引き継ぐ新しい性質を確立する。もし良き性質があればそれを強め、優れた両親の美徳を引き継いだ望ましい形にする。健全な大人である父親が正しい教育を施し続ければ、その性質は子どもや末代にまで伝わっていく。もしも子どもに適切な教育が与えられず、無意味な欲望だけが刺激されれば、悪しき素地は強まる一方で、良き素地は消え、失われる。子どもが成人すれば、両親がかつて手を染めた同じ犯罪に手を染めることだろう。

ガザーリーが教育について、簡潔明瞭に説明しているので、ここで引用したい。

> 親に託された子どもの清らかな魂は、何も彫り込まれていない貴重な宝石の原石のようなものだ。それゆえ子どもは何でも受け入れてしまうし、何にでも夢中になってしまう。善行に慣れ親しみ、学業を修め、知識を身につければ、成長し、現世でも来世でも幸福に過ごすだろう。子どもが受ける恩恵は、両親やすべての教師にとっての恩恵でもある。逆に、悪行に慣れ親しみ、まるで家畜のようにないがしろにされれば、惨めな人生を送り、息絶えてしまうだろう。どちらに転ぶかは保護者次第だ。偉大かつ崇高なアッラーはこう述べておられる。《あなた方信仰する者よ、人間と石を燃料とする火獄からあなた方自身とあなた方の家族を守れ》[六六―六](4)。

つまるところ教育で重要なのは、子どもを善行に馴染ませ、好ましい性格を身につけさせることだ。その方法はただ一つ、周囲の人々の善き行いを子どもに見せるしかない。子どもは模倣によって、必要な知識を性格として身につけることができるからだ。もし、母親が無知であれば、子どもはわずかな知性と大いなる欲望のままに行動するだろう。子どもは行儀がよいとは言い難い行動を目の当たりにし、汚れた倫理観を育み、悪しき慣習に親しむのだ。家の中でも外でも、間違った行いを目にする。年齢を重ねれば重ねるほど、かかる精神は根を下ろし、肥大化する。成人すれば、教育を受けていないことが自分だけでなく他人にも露わとなる。その後、いかに望んでも、知識を身につけても、知性を育んでも、自分を変えることはできない。成人して自分の未熟な面を改善しようとしても、うまくいく人はごくわずかだ。

分別のつく年齢まで子どもが女性に囲まれて暮らすことは周知のとおりだ。子どもは母や姉妹、叔母、使用人の女性、その仲間に囲まれ、父親に会う時間はわずかである。この時の環境が整っていれば、良い教育が与えられるだろうし、環境が悪ければ、子どもは健やかに成長できない。無知な母親は、わが子に優れた性質をたたき込めない。優れた性質とは何か知らないからだ。たとえ母親が悪しき性格の種を撒かなくとも、環境によって子どもの性根が腐るのを許してしまうだろう。

子どものために清潔な環境を整えないのは、母親が衛生について無知なせいなのか。まるで動物の赤子のように泥だらけの汚い格好で子どもは街区を歩き回る。子どもが怠惰をむさぼり、何に取り組むわけでもなく、自分の資本となるはずの貴重な時間を無駄にし、ダラダラと寝そべり、眠りこけたり、ただぼんやり過ごしたりしているのを放置するのは、母親の無知ゆえではないか。本来、活発に動き回る年齢のはずだ。われわれの神経が麻痺し、善悪のいかんにかかわらず何についても鈍感になってしまったのは、母親の無知のせいではないのか。素晴らしい行為に接しても褒め称えるのは口先だけで、卑しい行動を目にしても頭を左右に振ってうわべだけの言葉で非難する。卑しい行動を避け、善行を勧めるような内面の衝動を感じることはないのだ。精霊や悪霊への恐怖を利用して子どもをしつけたり、子どもを災いから守ろうと墓地や慰霊碑の周りでお守りを掲げたりするのは、母親が無知だからではないか。宗教の基礎を知らず善行を尊ばない者は、こうした迷信にしか関心を寄せないが、それは青年期の性格形成に悪影響を及ぼすだけでなく、成人してからも善行よりも悪行に惹かれる精神を育むのではないか。

母親は子どもを教育できないという通念が広まり、酷い振る舞いを指して、「女が育てた」と表現されることもある。その一方、西洋社会では女性による教育は、男性による教育よりも良いとされている。西洋人は、子ども時代に女性から教育を受けた人を最も幸運な者とみなす。これは何ら奇妙なことではない。女性は男性よりも子どもを育てるのに本能的に優れ、上手く教育する素質があるからだ。女性は男性よりもずっと忍耐強く、穏やかに愛しい者に接し、愛情や感情も細やかだ。西洋人は、大人になっても、女性から影響を受けたことを誇りに思う。有名な哲学者エルネスト・ルナンは著書で、「私の著述で最も優れた部分は、姉からのインスピレーションを受けている」と述べた[5]。優れた小説家アルフォンス・ドーデは、「もし私に誇れるものがあるとすれば、その半分は妻のおかげだ」と述べている[6]。ヨーロッパ社会に目を向ける人は、かかる証言の例に事欠かないと実感するだろう。女性による教育は不可欠であり、教育の大半は女性の手にかかっていることを、これらは示している。

この点に関してはわれわれの預言者ムハンマドの教えがある。それによると、女性による教育はわれわれの宗教を支える土台の一つなのである。預言者は、妻アーイシャ[7]（アッラーが彼女に満足されますように）を指して、「宗教の教えの半分は、この赤毛の女性から学び給え」とのたまった。アーイシャは啓示や奇跡によって〔知識を〕得たわけではなく、夫の言葉に耳を傾け、意識を高め、知り、学んだ女性であった。

教育があらゆる問題を解決するための鍵であり、重要であろうとなかろうといかなる課題にも直結していると、エジプト人は認識すべきだ。エジプト人は、歴史的な出来事を通して慣習や精神を育んできたことで知られる。詳細には立ち入らないが、この慣習や精神は宗教の教えによるものではないし、特に理性的な人々が賛同するものでもなく、そもそもエジプト以外の社会ではほとんどみられない。

今こそ科学的で強固で健全な教育、学知に秀で確固たる判断力を有する人材を生み出す教育を確立する時だ。知識と精神、科学、活動を融合させ、外国人に常日頃から馬鹿にされるあらゆる汚点を払拭するための教育が求められている。いかなる汚点も、われわれの教育の不足こそが唯一の原因だ。エジプトを観察する者は、社会の病に効く唯一の薬は教育だと口をそろえて言ってきた。この正論は、著書や新聞、議論の中でお馴染みのものとなった。教育の重要性を説く声は世論となり、国の将来は教育にかかっているという認識も共有されるようになった。

教育への関心が高まっているにもかかわらず、人格教育にはまだ目が向けられていないように思われる。また、男子教育に対する熱意しか感じられない。倫理的な教育こそが他の教育に先駆け、女子教育が男子教育よりも優先されるべきであるにもかかわらず、だ。

私は、あらゆる教育について、男女の平等を求めているわけではない。その必要はない。ただ少なくとも初等教育では平等にしてほしい、と一切の躊躇なく求めたい。この段階までは女子も、男子と同じ教育レベルにすべきと言いたいのだ。現在、女子の一部が受けている教育は十分ではない。アラビア語や外国語の読み書き、裁縫や刺繍、音楽は学んでいるが、有用な学識を得られる事柄については何も学んでいない。今の教育で得られるのは、高慢さくらいである。ある少女は、フランス語で「ボンジュール」と言えば、同級生より優れ、自分の価値が上がり、啓蒙され、今後は家事に従事する必要などないと思い込む。この少女はただ幻想に過ぎない、お伽噺の世界に生きている。その心地よい世界は、彼女が摑もうとすると指の間から逃げていくタバコの煙のようなものだ。

現在、「教育を受けた」女性が身につけているのは、読み書き能力までだ。だが、それは教育の手段であって、目指すべき目標ではない。その他の知識は幼少期に培ったうわべにすぎない。それも、やがて一つ一つ消え失せ、何も残らない。うわべだけの知識と科学的真理をいかに比べられようか。科学的真理は知性を豊かにし、力を育む。知性を実践的に用いて得た知識ほど、人間に有用なものはない。私はそれを求めている。幻想と妄想に囚われたお伽噺では、確たる真実に達することはないからだ。人間の苦難の原因は幻想に囚われたことにあり、それ以外の理由はない。人間は妄想や神話から脱却すればするほど、幸福に近づく。真理から離れれば離れるほど、幸福も遠ざかるのだ。

この世の真理は人間の目には見えない。だからこそ、飽くなき探究心をもって追求しなければならない。真理とは神が与えた宝であり、人間にとってのあらゆる希望がそこにつまっている。そして何よりも、真理を追求しようとする者だけがそれを見つけることができる。幸福は真理の産物だ。成熟した知性と精神に到達する唯一の手段が真理だからだ。女性も男性と同じく、真正なる知識を、そして健全な知性を獲得する必要がある。自立し、善き生や有益な事柄に自らを導くためである。

子どもを見るがいい。何かを欲しがったり、拒否したり、好きになったり、嫌いになったり、喜んだり、悲しんだり、笑ったり、泣いたり、黙ったり、怒ったりする。すべてが直情的な行動だ。そして、妄想を膨らませ、想像に身を委ねる。望みが叶わなければ、ごまかしたり、騙したり、嘘をついたりして何とか叶えようとする。なぜそうなのか。それは知力が低く、知識が足りないからだ。子どもの知力は活動や欲望、労苦をバランスよく保つまでに至っていない。だから、我慢すべき時に我慢し、望むものを正しい方法や手段で求めることができない。すでに述べたとおり、無知な女性も、子どものようなものなのだ。

男性は女性不信に陥り、女性を悪魔の手先とみなしている。耳にするのは、女性の性質を非難し、その知性を蔑み、狡猾さを警戒する男性たちの声ばかりだ。女性にかかる性質がないとは言わないが、そうなるように仕向けた責任は女性ではなく男性にあると私は考えている。

女性の地位を改善するために、われわれはこれまで何をしてきたのだろうか。知性とイスラームの聖法が課すように、女性の精神を鍛え、倫理観を育て、知性を高めてきたのか。施しを無心する生活と何ら変わらない状況に女性を放置するのは果たして許されることなのか。クルアーンも《耳が聞こえず、言葉を発せず、目が見えず、理解することができない》［二―一七一］と述べているが、社会の人口の半分が無知の暗闇の中で折り重なるようにして暮らし、周りで何が起こっているのか知らないままでいるのは正しいことなのか。われわれの母や娘、姉妹、妻もその中に含まれているのか。彼女たちは日々の生活を豊かにし、われら男性と切っても切り離せない存在ではないか。われらの血肉は彼女たちの血肉からつくられた。男性は女性から、女性は男性から生まれたのではないか。彼女たちはわれわれで、われわれは彼女たちではないのか。女性が未熟なままで、男性が成熟することなどあり得るのだろうか。

女性なしで男性だけが幸福になれるのだろうか。

われわれは、最も近しい女性の愛を享受するという、この世の最大の喜びを奪われている。友人との会話が長引いても、誰もが楽しさに時間を忘れてしまう。どちらが話しかけ、耳を傾けるべきか気にしないほどに互いに混じり合う。もし男性とその母、姉妹、妻との調和が生まれれば、喜びが倍増するであろうことは疑いない。ただし、今、男性と女性は、知性や精神の面で同等ではなく、その間には両者を隔てる壁がある。われわれは女性を哀れみ、慕い許すのだが、それによって愛は成熟しない。成熟した愛は調和に基づくのであって、その調和が存在しないのだから。

人間は愛し、愛される必要がある。アッラーの恵みを受けた者は、母や妻の傍らで互いの愛を感じるのである。これはアッラーがわれわれに与え給うた最大の恩寵である。この純粋で清らかで完全な愛が本来のまま用いられたならば、われわれは人生という監獄に慰めを得て、背負い込む痛みや苦しみを和らげることができよう。この慰めがなければ、いかに強い男性だったとしても絶望に陥ってしまうだろう。女性の能力を尊重せず、その成熟や成長を配慮しない者は、アッラーの御恵みに不誠実であり、恩知らずなのだ。

沈黙がいっそうのこと許されない問題に、踏み込まなければならない。女性の教育を阻む人々の多くは、教育によってモラルが損なわれるのではないかという恐れを共有している。

女性の教育と貞節は両立しないという考え方が男性の間に蔓延っている。古い言い伝えや奇妙な物語、馬鹿馬鹿しい逸話では、女性は知能が足りないとか、元来狡猾で誑かすことに長けていると言われてきた。女性が教育を受ければ、ますます人を騙したり、裏切ったりするようになり、際限なく欲望に身を任せるだろうというわけだ。これを踏襲し、教育は女性をさらに狡猾にさせ、悪事を働く悪しき性格を強める、新たな武器を彼女たちに与えるといまだに考えられている。

今の〔エジプトの〕女性たちは知性が不足し、狡猾さに長けているという見方に反対する者はいない。だが、これは、女性が長きにわたって無知な状態と低い地位に置かれてきたことの結果であると、本書は示してきた。逆に、その原因を取り除けば、結果もまた消えることは間違いない。教育が女性の倫理観を蝕むという見解についても、全面的に否定し、反論したい。教育が精神の陶冶を伴うのであれば、それは女性を進歩させ、その地位と威信を高め、知性を成熟させ、思考力と想像力を与え、自らの取り組みを深く検討するように仕向けるからだ。読み書きを学んだ女性が、道を踏み外して、恋人に手紙で愛を呼びかけることもあるだろう。だが、すでに多くの無知な女性が、下男や下女、仲介役、近所の老女を介して恋人に手紙を渡し、貞節さを汚してきたのだ。

実際のところ、心が純粋であるかどうかは生まれもった性格や素地によって決まる。女性が敬虔であれば、学問によって信仰心は高まるが、逆に恥知らずな場合、学問によってますます恥知らずになるわけではない。男性も然りである。何らかの教育を受けて道を誤る者がいたとしても、教育を一切受けてはならないとは言えない。アッラーはクルアーンで次のようにおっしゃる。《かれ〔アッラー〕は、このように多くの者を迷うに任せ、また多くの者を（正しい道に）導かれる。かれは、主の掟に背く者の外は、（誰も）迷わさない》〔二―二六〕。

教育が女性に悪影響を与えるとか、有害な結果を引き起こす真の原因となるという主張も間違っている。教養のある女性は、無知な女性よりも物事の成り行きに気を配り、自らの評判を貶めるような事柄に安易に飛びついたりしない。逆に、無知な女性は、落ち着きがなく、軽率である。これを裏づけるため、ヨーロッパ人女性の例を挙げよう。彼女らは内面がどうであれ、外面（そとづら）を維持している。相思相愛でありながら、数日間、あるいは数カ月間にわたって、互いの秘めた感情の片鱗をほとんど見せない男女もいる。道端では、生真面目で物静かで、落ち着いた体裁を装いながら、男性から目をそらす女性に出くわすだろう。男性を見るにしても、こっそりとだ。一方、エジプトの慎ましい女性たちは、たいていの場合、その振る舞いよりも内面の感情のほうがまだましである。ある女性は首をひねりながら男性のほうをじっと見続ける。彼女はこのような見境のない振る舞いが自分の尊厳を傷つけ、品位と尊厳を貶めていると分かっていない。またエジプトには貞淑さを捨て欲望に身を任せた女性もいるが、彼女たちについては触れないでいただきたい。街区や公の場での品性に欠けた行動はここで描写するのもはばかられるばかりだ。これらの女性と慎み深い女性は、前者の明らかにふしだらな行為をのぞいて区別することは難しい。

エジプトの女性は怠惰で、生活上そうあることが必要だと考えている。だが、それこそが諸悪の根源である。家で何の仕事もせず、技術も身につけず、芸術も知らず、学問にも無縁で、本も読まず、アッラーを崇めないのであれば、女性はいったい何をして過ごすというのだろうか。貧者か富者か、教養の有る者か無い者か、主人か使用人かのいずれにおいても、妻の悩みはもっぱら夫との関係であることは周知のとおりである。その悩みに終点はなく、多岐詳細にわたり、さまざまな形を取りながら、状況に応じて妻の満足または憤慨の原因となる。妻は、時には夫が自分を嫌っている、時には自分を愛していると思い込む。夫を近所の夫たちと比較して、厳しい品定めによって良し悪しを決めたりもする。時に夫の心変わりを知るべく鎌をかける。特に夫が実家に執着している場合は、身内への愛情を奪って自分に目を向けさせるべく、策をめぐらすこともある。使用人との関係についても怠らず目を光らせる。女性の客が訪問する瞬間にも注意を払い、常に疑いの目を向ける。予防策として、外見的に芳しくない醜い女性だけを使用人として雇う。そうすれば、夫が目移りすることはないと考え、妻の心は落ち着く。こうした悩みは、同じような悩みを抱える主婦仲間に話すまで、すっきりと解消されない。自ら想像する夫像についてあれこれ吐き出した挙げ句、家に戻って再び想像に身を委ねる。こうして隣人や友人と集まった日には、タバコの煙やコーヒーの湯気とともに深くため息をつきながら、声を張り上げて、夫婦関係や夫の家族や友人との関係をめぐる悲喜こもごも、その悩み事と秘密を語り合う。胸のつかえがとれるまで、夜の営みに関することでさえ、秘密という秘密を暴露するのだ。

これは夫を愛する女性の場合だ。では、夫を愛していない妻や、未婚の女性は、いったい何を考えているのだろうか。夫を愛していない女性は夫と別れて別の男を探す方法を考えるのに夢中になる。一方、未婚の女性はたいてい夫となる人物をとにかく探し出すことが先決だと考え、夫としてふさわしいかどうかはじっくり考えない。堕落した女性はこうした行動をとる。自らにふさわしい男性を探し、吟味する手間を惜しみ、自分を良く見せて機会があれば何でも飛びつくのである。

教養ある女性は、まったく別の行動をとるだろう。縁談が舞い込んできたら、相手の条件や長所、性格などすべてを把握したのちに、愛情を育み、その上で考えるのである。それまでに目にした男性数百人、数千人の中から一人を選ぶのだ。自分にふさわしくない男性を信頼してしまうことを恐れ、悩み抜いた後でないと自らを委ねたりしない。悩み抜く時間や程度は、人によってさまざまだ。そういう女性はいずれにせよ慎み深さを装い、最も親しい人にさえ心の内を明かさない。

すでに述べたように、すべては、女性が幼少期の教育で精神をいかに育んだかにかかっている。読書に多くの時間を割き、家事に専念することに慣れ親しんだのか。模範となるべき家族や親族に囲まれて育ったのか。逆に、好ましくない感情や不適切な感覚をもたらすものから遠ざけられてきたのか。理性に即して感情をコントロールする術を学んだのか。そうした女性が適切な道から外れ、欲望のうちに身を投じて、危険で苦痛に満ち、後悔を伴う経験することはまれである。

要するに、理性と精神の教育こそが女性を守るのである。無知は、その逆の結果を生み出す。教育は、国の中で女性が名誉の価値を知り、その価値を守り抜く方法を学ぶ最良の手段である。妻が無知でも良いと考える者は、目隠しされた者が同じく目隠しされた者を連れて歩いているようなもので、道中で最初に出くわす穴に二人して落ちることは避けられない。

注

(1) 旧約聖書『創世記』第二章の記述を指す。イスラームでは、『クルアーン』以前の神授の書物も啓典とみなす。

(2) 本書でのクルアーンの引用は日本ムスリム協会訳『日亜対訳注解　聖クルアーン』(改訂版［第五刷］、一九九六年)による。ただし、本文の日本語との調和のためなど、必要に応じて加筆修正を施した箇所もある。

(3) 欧米の近代進化論はとりわけ一八八〇年代以降にアラブ社会に紹介されたが、そもそも『種の起源』の最初の五章がアラビア語に訳されたのは一九一八年、完全訳の出版は一九六四年である。それゆえに、一九世紀末においては、依然として諸生物の単一起源を「原形質」に求めるような見方が支配的であり、社会有機体説についても機械論的な形で単純に理解されていた。詳しくは岡崎弘樹『アラブ近代思想家の専制批判——オリエンタリズムと〈裏返しのオリエンタリズム〉の間』東京大学出版会、二〇二一年の第五章「進化論的アプローチによるアラブの専制批判」を参照。

（4） スンナ派イスラーム法学者・哲学者アブー・ハーミド・ガザーリー（一〇五八―一一一一）による『宗教諸学の再興』第三巻の一節。

（5） エルネスト・ルナン（一八二三―一八九二）は、『イエスの生涯』などの著作のアラビア語訳を含めアラブの言論界でも広く知られ、一八八三年にイスラーム改革主義の祖ジャマールッディーン・アフガーニーとパリのソルボンヌ大学で対談したことも注目された。引用部分は、エルネスト・ルナンの執筆活動に多大な影響を与えてきた姉アンリエット・ルナンを指していると思われる。

（6） フランスの小説家アルフォンス・ドーデ（一八四〇―一八九七）は、作家の妻ジュリア・ドーデとの知的な交流の中で執筆活動を行ったことで知られる。

（7） アーイシャ（六一八頃―六七八）：預言者ムハンマドの三番目の妻。初代カリフ・アブー・バクルの娘。預言者の臨終を看取ったことから、スンナ派においては晩年に最も愛された妻とされている。

第二章　女性のヒジャーブ[1]

ヒジャーブをめぐって、私は四年前に出版したフランス語の書物の中で包括的に検討した。そこでドゥック・ダルクール[2]氏に反論しつつ、ヒジャーブの最も重要な利点を明らかにしたものの、その言葉の意味や、それがどの範囲のものを指すのかについては言及しなかった。かくして本章では、この課題について述べようと思う。

私がヒジャーブを一度にすべてなくすべきという立場だと思い込んでいる人がいるだろう。だが、それは見当違いだ。むしろ私はヒジャーブを維持すべき礼儀作法（アダブ）の基礎だとみなして擁護し続けているのだが、とはいえイスラームの聖法（シャリーア）に則した形で実践されるべきと推奨しているのだ。法に基づくヒジャーブは、現在人々が慣れ親しんでいるヒジャーブとは別物だ。人々は〔害悪を〕予防するためだと言いながら、行き過ぎた形で法規定を解釈し、ついには聖法の限度を超えて、国の利益まで害している。

私から見れば、西洋の女性はあまりにも露出し過ぎて、欲望の刺激や恥ずべき感情から身を守りづらいように思われる。一方でわれわれは、ヒジャーブを求め、女性が男性の目にさらされないようこだわりすぎたために、女性を単なる道具や所有物のように扱ってきた。そうして、人間に元来備わっているはずの優れた知性や教養を女性から奪ってきた。したがって本章では、聖法に則したヒジャーブが、これらの極端な例に偏ることなく、両者の間に存在することを示し、それを採り入れるよう提唱したい。

女性の教育の必要を訴える拙論につき合ってきた読者は、ヒジャーブを聖法の規定に戻すべきという私の呼びかけに真っ向から反対するかもしれない。現在定着している慣習を守るべく、長きにわたって刷り込まれてきたあらゆる誤った考えを持ち出すかもしれない。しかし、ヒジャーブを維持すべくどれほど奮闘しようとも、今のような形では長続きしないだろう。

朽ちて崩壊するまで建物を守ろうとする気概や堅い意思があるとして、それが何の役に立とうか。もはや土台は蝕まれ、建材は朽ち果て、どこかしら常に崩れるほど荒廃している。かかる状態が健全と言えるだろうか。昨今の女性の隔離(ヒジャーブ)の形は、二〇年前のそれとは異なるのではないか。多くの家庭において女性たちが、私用のために外に出たり、男性と協力しているのを見かけないか。天候が良ければ気晴らしを求め、夫と旅行に出かけたりしているではないか。こうした変化は、女性を表に出すことを誰よりも避けてきた階層にみられるではないか。現在の状況とさほど遠くない昔の状況を比べてみよう。かつては妻が夫と暮らす自宅から外出し、赤の他人の視線を浴びるのは不名誉とされていた。旅に出ようものなら、夜間に移動し、人目にさらされないようにあらゆる手をつくしたものだ。母であれ、姉妹であれ、娘であれ、家族の男性と同じ食卓につくことを恥ずかしがっていた。こうした過去と比べてみれば、かかる慣習が自然に消えつつあると気づくはずだ。

歴史を紐解けば、覆い布(ヒジャーブ)が他国の女性の生活史において一定の役割を果たしてきたことは明らかだ。ピエール・ラルース[3]も「ヴェール(ヒマール)」の項目で、「ギリシアの女性は外出して顔を部分的に隠したい時はヴェールを用いた。現在の東洋の女性と同じである」としつつ、次のように述べている。

キリスト教が各国に広まる中で、女性たちにヴェールが浸透した。通りに出る時や礼拝の時は、頭部を覆いなさいというわけだ[4]。中世、とりわけ九世紀に女性はヴェールを用いた。当時のヴェールは両肩に巻きつけるようにまとい、〔端は〕ほとんど床に引きずっていた。こうした形は一三世紀まで続いた。ヴェールはその後、しだいに簡便になり、現在のように、砂埃や寒冷から顔を守るための薄い生地になった。だが、スペインやその支配下にあったラテン・アメリカの諸地域では、長いヴェールを使用する習慣が維持された。

以上から、覆い布(ヒジャーブ)は決してわれわれ固有のものではないし、ムスリムが始めたものでもないことが分かるだろう。むしろ、それはほとんどすべての国々で見られた慣習でありながら、社会の要請に合わせて、また社会の進歩や進展とともに消え去ったのだ。かかる重要な問題は、宗教的な見地とともに社会的な見地から検討する必要がある。

1　宗教的な見地

もし、イスラームの聖法に、現在一部のムスリムの間で知られるような形のヒジャーブに関する明確な文言があったとすれば、私がここで検討する必要はなかっただろう。たとえ、ヒジャーブが有害に思えたとしても、明確な文言に反するような主張は一切しなかっただろう。アッラーが命じた事柄には、検討も議論の余地もなく従わなければならないからだ。ところが、現在一般に知られるようなヒジャーブの着用について、それを義務とする明確な文言は教えの中にない。それは諸国との交流によって持ち込まれた慣習であったが、ムスリムはそれを良いものとみなして採り入れ、行き過ぎた形で用いて、他の有害な慣習と同じく、宗教上の装いとしている。つまりこの慣習は宗教の名において採り入れられたものの、宗教そのものに罪はないのである。それゆえに、われわれが検討しても何ら問題はない。むしろこの課題を整理し、イスラームの法規定を明確にし、現在の慣習を変える必要を示さねばならないのだ。

クルアーンには次のように記されている。

《男の信者たちに言ってやるがいい。「(自分の係累以外の婦人に対しては)彼らの視線を低くし、貞潔を守れ」。それは彼らのために一段と清廉である。アッラーは彼らの行うことを熟知なされる。信者の女たちに言ってやるがいい。彼女らの視線を低くし、貞淑を守れ。外にあらわれるものの外(ほか)は、彼女らの美(や飾り)を目立たせてはならない。それからヴェール(ヒマール)をその胸の上に垂れなさい。自分の夫または父の外は、彼女の美(や飾り)をあらわしてはならない。なお夫の父、自分の息子、夫の息子、また自分の兄弟、兄弟の息子、姉妹の息子、または自分の女たち、自分の右手にもつ奴隷、また性欲をもたない供回りの男、または女の体に意識をもたない幼児(の外は)。また彼女らの隠れた飾りを知らせるため、その足(で地)を打ってはならない。あなた方信者よ、皆一緒に悔悟してアッラーに返れ、必ずあなた方は成功するであろう》〔二四－三〇～三一〕。

こうした章句によれば、宗教法では、女性が見知らぬ男性の前で体の一部を露わにすることが認められている。ただし、体のどの部分がよいのかは示されていない。かくしてイスラーム学者らは、この章句を啓示が下された時代の慣習に即して具体的に解釈すべきだと主張する。宗教指導者は、顔と手のひらはこの章句の規定から除外されるという見解で一致している。だが、腕や足といった他の部分についてはさまざまな意見がある。したがってイブン・アービディーン[5]は次のように述べている。

〔奴隷身分ではない〕自由女性は、長い髪の毛を含めて体を他人の男性にさらしてはならないが、顔や手のひら、足先については例外とする。声は禁じられていないというのは多数派の意見だが、腕の露出を認めるのは少数派である。若い女性に顔をさらすことを禁じるのは、顔が恥ずべき部分だからではなく、〔男性の〕欲望をかき立て触られたりすることを恐れるからである。見た目が芳しくなく欲望をかき立てない場合でも、禁止されている。かくして婚姻関係にある間柄でのみ、かかる禁止は解かれる。男性はわずかでも欲望を感じるのであれば、たとえ醜い女性であっても、顔を見てはならない。だが、欲情から解放されたのであれば、美醜にかかわらず女性の顔を見てもよい。

シャーフィイー派の『ラウド・ターリブ』[6]〔学徒の訓練〕においては、次のように主張される。「もし男女の間に誘惑の怖れがないのであれば、男性は女性の顔と手のひらを見ることが許される。商いのためや、また法廷で証言し身元を明らかにしなければならない時も認められる」。さらにウスマーン・イブン・アリー・ザイライー[7]は、著書『タブイーン・アル＝ハカーイク』〔一瞬の至宝を説明する真実の明確化〕でこう語る。

顔や手のひら、足先を除いて自由な〔奴隷ではない〕女性は体をさらしてはならない。《外にあらわれるものの外(ほか)は、彼女の美を目立たせてはならない》とアッラーもおっしゃっている。この章句は、装身具ならびに顔や手といった外にあらわれるものについて述べている。イブン・アッバース[8]とイブン・ウマル[9]も同様の主張をし、著書『ムフタサル』〔提要〕において顔と両手、足元の三つを表に出すことを認めている。というのも、預言者（アッラーの祝福と平安が与えられますように）は、女性が手袋と顔覆い(ニカーブ)[10]を着用しなければならないなどとは考えなかったからだ。もし顔と両手が恥ずべき部分だったならば、覆うべき箇所から除外されなかっただろう。足先については賛否が分かれているが、隠す必要がないという解釈のほうが正しい。

マーリク派とハンバル派も、顔と手のひらは恥ずべき部分ではないとの見方を示している。あまり冗長にならないためにも、二つの教説のみを取り上げたい。預言者の妻アーイシャ（神の祝福を）は、次のように伝えている。

アブー・バクルの娘アスマー[11]が薄手の服を着て預言者のもとを訪れた時、預言者はこうおっしゃった。「アスマーよ、初潮を迎えた女性は、こことここ以外、人目にさらすことは良くない」。そうして自分の顔と手のひらを指した。

一方、ムハンマド・シディーク・ハサン・ハーン[12]は『フスン・アスワ』〔女性に関してアッラーと預言者が定めし儀表〕で次のように主張する。

> これ〔顔と手のひらをあらわすこと〕が認められているのは、女性は何をするにしても手を使わなければならないからであり、とりわけ法廷に呼ばれたり婚姻にあたって証言をしたりする時には、顔を露わにする必要がある。通りを歩く際には、足元をさらさなければならない。貧しい女性ならば、なおさらだ。

聖法は、女性に男性と同等の権利を与え、民事においても刑事においても同様の責任を負わせている。女性は財産を管理し、金銭を自由に使う権利を与えられている。いったいどのようにして男性は顔を見ずに、誰か分からないまま、女性と取引できるというのだろうか。

頭の天辺から足の先まですっぽりと覆ったり、カーテンやドアの後ろに隠れたりしている女性が誰なのか調べる方法などほとんどない。たとえばある男から、「彼女が家を売りに出したい方です」とか「彼女が結婚するために貴方に仲人をお願いしたい方です」などと〔覆われて顔の見えない女性を〕紹介されたとする。その女性は「売りに出しました」とか「お任せしました」と言う。彼女の親戚であれ赤の他人であれ、その発言を聞いた二人の男の証人が「彼女は売りに出した」とか「彼女に依頼された」と確認したから〔契約成立として〕十分だというのである。こんな状況では、誰もが安心できる保証はない。いとも簡単に詐欺や偽造がまかり通っている事実が、多くの訴訟で明らかになっている。女性が何も知らされずに結婚し、自覚のないままに所有物を貸し出したり、預かり知らぬままに所有物すべてを奪われたりするケースをどれほど見てきたことか。これらはすべて、女性が覆い隠され、取引の際に男性の仲介の下に置かれ排除されてきたがゆえに起こっている問題である。

もし女性が貧しければ、ヒジャーブを被ってどのように商売や取引を行い、生計を立てているのだろうか。男性がいる家の中で、ヒジャーブを被った家政婦はどうやって家事をこなせるというのか。ヒジャーブを被った女性の商人が男性を相手にどのように取引を行えるのだろうか。ヒジャーブを被った農婦はどうやって土地を耕し、作物を収穫できるのか。ヒジャーブを被った女職人が家の建設などで賃金労働に勤しむとしたら、どのように仕事に取りかかるのだろうか。

アッラーはこの世を創造し、自ら到達できるだけの成果を得られるよう人間に力を与えた。人間にこの世で自由に振る舞う権利を与えたが、同時に制限も加えられた。そして男性にも女性にも、こうした利益の享受と義務の履行を同等に与え給うた。アッラーは、世界を男性と女性の二つに分けたりしなかった。つまり、一方を女性だけが楽しめる場所に、もう一方を女性と切り離された男性だけが活動する空間にはなさらなかったのだ。むしろアッラーは男女が人生の喜びを分かち合い、差異を設けることなく一緒に力を発揮するようにした。女性は身内以外の男性の目にさらされてはならないと命じられたとしたら、感情や活力といったアッラーに与えられし能力をいかに享受し、男女が共存するこの世界でいかに活動できるというのか。〔女性を閉じ込めるという〕かかる状況は、イスラームの聖法も許容しなかったし、理性ももちろん容認していない。だからこそ、ムスリムの大半の階層において、必要に応じてヒジャーブのあり方が変わってきたのである。それは、家政婦や女性労働者、田舎の女性（中産階級も含む）だけでなく、遊牧地帯や地方の支配階層の間でもみられた。彼女たちは皆ムスリムであり、おそらく街の住人よりも信心深いかもしれないのだ。

女性が法廷に立ち、訴訟を起こしたり、証言を求められたりした時、顔を覆っていることをどうして正当化できようか。長い年月を経る中、訴訟の当事者も裁判官らもこの問題に注意を払わず、いっそうぞんざいになっていった。原告であれ、被告であれ、証言者であれ、女性が顔を覆ったまま法廷に立つことを受け入れるようになった。慣習に身を委ねてしまったのだ。こうした寛容さは有害であり、明らかに長続きしないように思う。顔を覆った人物の素性を確実に知ることはできないし、偽証も容易だ。女性と争う男性は皆、訴訟の相手が誰なのかが気になる。女性の発言に法的な正当性があるかどうか確認する必要があるからだ。裁判官が顔を隠した人物を裁き、判決を下すことは正当化できないし、同じく顔を覆ったまま証言を聞くことも受け入れられない。裁判官にとって最初の義務は、とりわけ刑事裁判の場合、証言者や訴訟当事者の顔を確認することだ。そうでなければ、なぜ名前や年齢、職業、誕生日を尋ねるよう法は定めているのだろうか。当該人物であると確認できなければ、これらすべての情報に何の意味があろうか。

聖法では、証言する女性に顔を出して表情を見せるように求めている。そうすることで裁判官は、顔にあらわれる動きや表情を読み取り、証言の信憑性を判断することができるのだ。

ヒジャーブをめぐるこうした問題ゆえに、聖法では顔と両手をあらわすことが許されてきた。その点は間違いなく、私はそれ以上のことを言うつもりはない。

各法学派の宗教指導者は皆、結婚を望む男性は相手の女性の顔を見ることが許されるという点で意見を一致させている。預言者言行録（ハディース）から話を引こう。預言者が、婚約したという男性信者に「彼女に会ったのか」と尋ねると、「いいえ」という答えが返ってきた。すると預言者は「彼女を直接見なさい。お互いが親しくなる上で大切だから」とおっしゃったという。

クルアーンの章句やハディースの文言、イスラーム学者の意見から、アッラーが女性に顔と手を出してよいと許されたのは明白である。こうした教えは、理性的に考えれば、理解しがたいものではない。聖法は全体的に、女性にも男性にも困難なことを求めない。男女は、その関係を妨害し行動を制限するような仕切り布（ヒジャーブ）で分けられてはいない。聖法にも生活の必要にも、そのような仕切り布はないのだ。

さらに言えば、顔覆い（ヒジャーブ）は女性としての礼儀であるという主張にも同意できない。根拠がないからだ。顔をさらしたり隠したりすることと、たしなみにどのような関係があるというのか。男女を分け隔てることは、いかなる原則に基づいているのか。礼儀とは、男女に区別なく適用されるもので、外見や衣服ではなく意思や行動を意味するのではないだろうか。

一方、誘惑（フィトナ）(13)に対する恐怖は、この問題に関するほとんどすべての文献にみられ、疑心暗鬼となっている男性の心をあらわす。ただしかかる恐怖は女性にとって関心も、知る由もないものだ。ともかく男性であれ、女性であれ、誘惑を恐れる者が、〔異性から〕目をそらさなくてはならない。聖典は男にも女にも互いに目をそらすよう命じているのだから。すなわち、女性が顔を覆うことは、男性が顔を覆うのと同じように必然性がない。

ところが、なんと奇妙なことだろう。男性が女性に誘惑されないかと心配しているのであれば、なぜ彼自身が顔覆い(ブルクゥ)[14]を被って女性に顔を見せないように努めないのだろうか。男性の意思は女性の意思よりも弱いとでもいうのか。男性は女性よりも気まぐれで自制がきかないとでもいうのか。女性は男性よりも自制心が強く、いかなる眉目秀麗な男性も女性の目にさらしてもかまわないが、男性は理性で制御できず、どれほど醜い女性にも誘惑されてしまうから、女性は絶対に男性の前で顔をさらしてはならないというのか。この主張が正しいのであれば、女性のほうが男性よりも成熟していると認めることになる。それならばなぜ、あらゆる場面で女性を隷属状態に置くのか。逆にこの主張が間違っているとしたら、なぜこうした女性への支配が続いているのか。

ニカーブやブルクゥは、むしろ誘惑の危険性を高めてしまう。薄手の白いニカーブは、美貌を引き立て、欠点を隠すし、ブルクゥは鼻の頭から唇、口元までを隠しながら、額やこめかみ、目、頬、うなじを露わにする。この二つの被り物には、見る者の欲望を刺激するような飾りがほどこされている。外にあらわれている大部分の箇所に誘惑された後に、隠されたわずかな部分をもっと見てみたいという欲望がかき立てられるのだ。女性が最初から顔を露わにしていれば、たいていの場合、全身に目が行き、〔隠された部分に〕視線が向くことはないはずだ。

女性は、体のどこか一部が露出しているから魅力的に見えるわけではない。男性を誘惑する一番の要因は、彼女が歩く際の動きであったり、心の動きに伴う体の動きであったりする。ニカーブとブルクゥは、その女性を誰か分からなくしながらも、あらわしたいものをあらわし、動かしたいものを動かして欲望を刺激するという意味で、誘惑をいっそう助長する。顔を覆うことで女性の身元が分からなくなるため、彼女たちは「あれは誰々」とか「どこそこの娘や妻が何々をしている」と言われることを恐れない。彼女たちはニカーブやブルクゥの保護の下で、思いのままに行動できる。逆に顔を露わにしていれば、家族内での立場やその名誉による羞恥心から、誰かの注意をひくようなことはしたくないと、行動を慎むようになるだろう。

実際のところ、ニカーブやブルクゥの着用はイスラームの規定に則したものではなく、敬虔さや礼儀正しさを意味するものでもない。それはむしろイスラーム以前からの古い慣習で、イスラームが興った後にも継承されてきたものである。そのことは、この慣習がイスラームの国々ではあまり知られておらず、イスラームを宗教としない東洋の国々でみられることからも明らかである。イスラームの規定では、クルアーンにあるように、胸に覆い（ヒマール）をかけるように求められており、ブルクゥやニカーブで顔を覆うことは求められていない。

ここまで顔や手の露出について論じてきたが、ここからは女性を家に閉じ込めて男性との交流を禁じる「隔離」という意味のヒジャーブについて考えてみたい。その際、二つの側面に着目する。一つは預言者の妻たちについてであり、もう一つはそれ以外のムスリム女性についてである。聖法が言及しているのは、この二つの場合のみである。

第一の側面については、クルアーンに次のような章句がある。

《信仰する者よ、預言者の家に食事に呼ばれても、食事の準備が完了するまでは、家の中に勝手に入ってはならない。だが呼ばれた時は入りなさい。食事が終ったならば立ち去れ。世間話に長座してはならない。こんなことが預言者に迷惑であっても、預言者はあなた方を（退散させることを）遠慮するであろう。だがアッラーは真実を（告げることを）遠慮なされない。またあなた方が、彼女らに何ごとでも尋ねる時は必ず帳（ヒジャーブ）の後ろからにしなさい。そのほうがあなた方の心、また彼女らの心にとって一番汚れがない。またあなた方は、アッラーの使徒を、悩ますようなことがあってはならない。またあなた方はどんな場合でも、彼の後で彼の妻たちを娶ってはならない。本当にそれらは、アッラーの御目には大罪である》［三三－五三］。

《預言者の妻たちよ、あなた方は（外（ほか）の）女たちと同じではない。もしあなた方がアッラーを畏れるならば、心に病ある者の意を動かさないよう、言葉が軽くてはならない。端正な言葉でものを言いなさい。あなた方の家に静かにして、以前の無知時代のように、目立つ飾りをしてはならない》［三三－三二～三三］。

イスラームのいかなる法学派の著作や注釈書も、この章句が預言者の妻だけの隔離（タハッジュブ）について言及しているという見方で一致している。至高のアッラーは彼女たちに自らの隔離（タハッジュブ）を命じ、その理由を明示した。あなた方は外の女性たちと同じではない、というのだ。この言葉は預言者の妻たちに向けられているので、外の女性たちには適用されない。隔離（ヒジャーブ）は強制ではなく、特にムスリム女性一般にとって何ら義務ではないのだ。

一方、第二の側面について、法解釈に関する書物では、預言者が女性に対して親族ではない男性と二人きりになることを禁じたとして、次のようなハディースが伝えられている。「男性は、結婚が禁じられた範囲の身内を除いて、女性と二人きりになってはならない」。イブン・アービディーンも次のように述べている。

身内（マフラム）[15]以外の女性と二人きりになることは禁じられている。ただし、借金を背負って廃墟に逃げ込んだ後に連れ戻されている者や、醜い老女の場合、または仕切りがある場合を除く。見知らぬ女性と二人きりになることは、禁止事項と考えてよいほど忌み嫌うべき行為であるとも言われている。アブー・ユースフ[16]によれば、それは禁止事項ではない。彼は言った。「仕切りがある場合や、身内の男性や信頼できる女性が一緒にいる場合は、禁止は解かれる。〔身内ではない〕男性がもう一人いる場合はどうなのか。それが許されるとは思えない」。

アッラーが預言者の妻たちに課した事柄に、すべてのムスリム女性が従うことが望ましいと考える者もいるだろう。しかし、《あなた方は（外の）女たちと同じではない》という章句は、両者の同一視が望まれていないことを示している。また隔離（ヒジャーブ）しないことも理解され、尊重されなければならない教えだと警告している。この教えに背いて、預言者の妻に倣えばよいという考えは正しくない。生活上の便宜の優先が奨励される一方、有意義な事柄を妨害したり、制限したり、阻止したりすることは望ましくない。クルアーンでも、アッラーは次のようにおっしゃっている。

《アッラーはあなた方に易き(やす)を求め、困難を求めない》〔二―一八五〕。

《この教えは、あなた方に苦業を押しつけない》〔二二―七八〕。

《信仰する者よ、いろいろと尋ねてはならない。もしあなた方に明白に示されると、かえって悩まされることもある》〔五―一〇一〕。

もしも〔預言者の妻という〕模範に従うよう求められているならば、深い敬虔とイスラームへの帰依で知られる正統カリフの一人が家族を隔離しなかったという次の話はあり得ないだろう。

サラマ・イブン・カイス(17)は、戦況を伝えるために部族の者をウマル・イブン・ハッターブ〔第二代正統カリフ〕のもとに派遣した。その男はウマルの家に着いた時の様子について、後に次のように語った。「私は、挨拶をして、ウマルに会う許しを求め、許しを得て、家に入りました。ウマルは粗末な敷物に座り、布の詰まった二つのクッションに寄りかかっていました。その一つを私に投げてよこし、私はそこに座りました。その部屋の隣には、小さなカーテンで区切られた別の部屋があり、ウマルは、「ウンム・クルスームよ。われわれの食事を」とおっしゃいました。すると、彼女が塩の塊入りのオリーブオイルを塗ったパンを運んできました。ウマルは、「ウンム・クルスームよ。こちらに来て一緒に食事をしないか」と言いました。彼女は「男性がいらっしゃるようですが」と答えたが、ウマルは「そうだが、彼はこの街の者ではないのだ」と言います。すると彼女は、知り合いではないということは分かったが、「もし男性のいる場所に出るようにというのであれば、イブン・ジャアファル[18]やズバイル[19]、タルハ[20]が自分の妻を着飾ったように、私も着飾ってくださいまし」と述べました。これを聞いてウマルは、「ウンム・クルスームはアリー・イブン・アブー・ターリブ[21]の娘で、信者の長たるウマルの妻だと紹介するだけでは不十分なのかい」と言い返しました。そして私の方を向いて「どうぞお食べください。妻が納得してくれたなら、さらにおいしいものを出してくれるでしょう」とおっしゃったのです[22]」。

すでに述べたように、イスラームの聖法は、女性の隔離(ヒジャーブ)をまったくもって義務としていない。隔離(ヒジャーブ)には何ら有益なことはなく、さまざまな面で有害なのだ。この問題は後でまた論ずるとしよう。

2　社会的な見地

これまでヒジャーブを聖法に則した形に戻すべきだと論じてきた。西洋諸国やそのあらゆる伝統を真似たり、目新しさから飛びつきたいという理由で、こう要求しているわけではない。われわれはむしろ、イスラームの慣習を尊重し、大切にしている。慣習は人々が望んで保ち続けてきたものだからである。毎日服を着替えるようにヒジャーブの慣習も脱ぎ捨てることができるとは思わないが、それでも慣習を変えたいというのがわれわれの願いである。なぜなら、ヒジャーブを聖法に則した形に戻すことは、日常生活を変える大きな一歩となるからだ。単に感覚的に良し悪しの判断をしているのではない。何が女性や男性の生活のあり方を健全に支えるかを考えてのことである。

ここで問うべきは、われわれは人生を満喫し、生き生きとしたものにできるのか、それとも死んで滅びてしまうのかということだ。周辺諸国の人々が幸福や福利を競って追求する中、われわれは先祖から受け継いだ慣習に満足するだけで自分たちの立場を危ういものとせねばならないのか。他国の人々はわれわれをあっという間に追い越していく。われわれはそれをじっと見ているだけだ。自らの立場を自覚していないのか、自覚はあってもただ唖然としているのか。他国の人々が進歩し、自分たちが遅れているのはなぜかを考えなければならない。いかにして彼らは力を蓄え、われわれは脆弱になったのか。なぜ彼らが幸福で、われわれが惨めなのか。われわれは、自らの宗教と正しき祖先が示した道に目を向け、それを模範としてその言葉に耳を傾け、良い教えを引き継がなければならない。いかに行動するか吟味し、最良のものを採り入れて、幸福と進歩、力を得る道のりを他の人々とともに歩んでいかねばならない。これこそが、われわれが見すえている重要な課題ではないだろうか。

ヒジャーブは、わが国のさまざまな課題の中で最も重要だ。もし読者諸氏が感情の赴くまま、慣習に盲目的に従う人間ならば、ヒジャーブは良いものであるように思うかもしれない。なにしろ、幼少時から慣れ親しんでいるからだ。ヒジャーブを用いる女性に囲まれて育ち、生活する中で、それは馴染みある習慣となった。父や祖父の世代から引き継ぎ、違和感を抱かず、理性に準じて考えることなくそれを自明とみなし、まさに機械的に受け入れているのだ。しかし、そうした感情を呼び起こす事柄を取り除き、祖先から受け継いだ装いを脱ぎ棄てたらどうなるだろうか。事実に基づく自身の経験によっておのれの観察をもとに意見をもち、問題をあらゆる角度から検討したらどうだろうか。真理の重要性や崇高さが意味をなし、虚飾や妄想にごまかされることもなくなるだろう。そうして良心の声に触れると、周囲の人々がいかに気まぐれであろうとも、惑わされることはない。そうすれば、女性は人生を思いどおりに生きられる。そして、聖法と生まれもった自由を享受せずして、完全に成熟した存在にはならない、なり得ないということが分かるだろう。さらに、女性の可能性が最大限にまで高まることにも気づくだろう。この時、女性を閉じ込める(ヒジャーブ)ことは、女性の進歩を阻み、それゆえ共同体の発展を阻む大きな障害だと気づくはずだ。

すでに述べたとおり、女性の教育は、本人や家族、そして社会に、大きな利点と良い影響をもたらす。共同体を脆弱にする最大の原因は、女性の活躍の場を奪うことである。子どもの教育は、母親が最初のしつけ役とならない限り成り立たないことも、先に指摘したとおりである。遺伝と教育という二つの方法をもってしか、男子も女子も健康な体に加えて、素養や才覚、知性、情緒を身につけることはできない。子どもは少なくとも父親と同じくらい母親の遺伝的影響を受ける上、出産後のしつけにおいては、母親の影響のほうが父親のそれよりも大きい。したがって、ここでは、女性が現在のような形で閉じ込められた(ヒジャーブ)ままならば、未来の母親たちは十分な教育を得られないということを証明したい。本章を最後まで読み終えれば、いかに諸課題が互いに結びついているか、大きな問題が小さな問題から生まれているかが分かるだろう。

男児が小学校で学ぶことすべてを女児にも教え、彼女の性質が健全になるよう育てたとしても、その後、家に閉じ込めて男性との交流を禁じれば、彼女は学んだことを徐々に忘れ、自分でも気づかないうちに性質を変えていくに違いない。自覚しないまま元に戻り、またたく間に何も学んでいない他の女子と同じ状態になるだろう。なぜなら幼少時に身につけた知識は不十分、不正確で、完全な知識ではないからだ。一方、青年となるまで熱心に励みつづければ、幼い頃身につけた知識が血肉化する。子どもは物事の呼び名を知っていても、その意味をさほど理解しているわけではない。幼少時の教育の最大の利点は、子どもたちが熱心に取り組むことに慣れ親しみ、真理の探求を愛し、学ぶための素地を整えられることだ。初等教育のみで終わった場合、有用な知識は忘れ去られ、その精神から徐々に消え去っていく。かくして学校で過ごした時間は無駄になってしまうのだ。

ヒジャーブを着用し始める一二歳から一四歳にかけては、少女が女性に成長し始める年頃である。この時期、女性は男性と同じく、世界を経験し、人生の意味とそこで必要となるものを模索する。ちょうど才覚が芽生え、性格や性質が露わになる年頃だ。また、学校で学んだものとは異なる、それ以上に重要な学びを身につけだす。それは生活での学び、すなわち人々と交わり、観察し、そのふるまいに親しんで得る学びだ。この頃自分の民族や共同体、祖国、宗教、そして政府とは何かを知る。素養を身につけ、性格や適性を表面化させ、まるで水を得た魚のように活発に活動する。それは希望と意欲に溢れる活発な年頃である。ところが、その時期に隔離され、それまで常に交流のあった世界から断ち切られると、少女は成長を止めてしまうどころか退化し、自身を彩るすべてを失ってしまうだろう。あらゆる知識を忘れ、あらゆる努力を無駄にし、周りの人々の期待も失ってしまうだろう。だが、彼女に罪はない。彼女自身は、進歩や成熟を永遠に奪う馬鹿げた習慣によって、無力化されたかわいそうな存在なのだ。

女性は家で教育を受ければ必要なことを十分学べるという意見もあるが、これはまったくの誤解である。知識欲を高め、周りの人々がどのように生活し、何に取り組んでいるのかを理解したいという渇望、真理の発見に対する情熱、読むことや学ぶことへのあらゆる意欲。閉じ込められた女性はこれらについて満たされることがない。隔離(ヒジャーブ)は、女性を小さな空間に追いやってしまう。そこでは何も見えず、何も聞こえず、周りのつまらないおしゃべり以外何も知ることができない。そうして、思想や活動、取り組みが営まれている、生き生きとした世界との間に壁がつくられる。彼女には世界からほとんど何も届かない。たとえ届いたとしても、歪められ、まったく違う意味になっていたりする。逆に、外の世界と交流を続ければ、外界の出来事やそこでの経験に目を向け、豊かな知識を得るだろう。このような知識は、世界と交わり、ともに行動し、目撃し、耳を澄ませ、あらゆる生活の事象に参加してこそ生まれる。女性たちがそれらすべてを経験し、学んだ基礎的な知識を活用する手助けをしてあげれば十分だ。もし、その子が生まれつき優秀で、天賦の才能に恵まれていれば、基礎知識を詰め込む必要はないかもしれない。

たとえ家に閉じこもっていようとも、少女は読書を通じて知識や教養の不足を補えるだろう。だが読書を通じて得た知識は経験を伴わず、行動で確認しなければ、単なる想像の産物となる。彼女の兄弟を彼女と同じように扱い、一五歳〔少年期の終わり〕になるまで家に閉じ込めたなら、結果は同じだろう。それどころか四〇歳の男性だって、世界から隔絶され、女性や子ども、家政婦とともに四方の壁に閉じ込められたら、徐々に知性や判断力の低下を感じ、やがて周りと同化していることに気づく日を迎えるに違いない。かくしてある年齢になったら娘を隔離してもよいとか、基礎的な教育だけ与えれば弊害はないなどという考えは間違っている。隔離の弊害はあまりに大きいからである。教育で得たものを失い、将来向上する可能性を奪うのは、火を見るより明らかだ。自身を顧みて、一五歳の頃を思い出してみれば十分だろう。世界について何も知らない子ども同然だった。人生の意義も知らず、何が有益で何が有害か分からず、権利と義務を区別できず、確固たる決意で何ごとにも取り組むという姿勢をもたなかった。成熟する最大の要因は、継続的な教育や絶え間ない知性と精神の鍛錬だった。それは読書の賜物というよりは、実際に見て、試して、人々と交わって、他人の経験やさまざまな出来事を知って培ったものである。

実際のところ、個人の教育は、ある年齢まで続ければ、ある次元に達すれば、それで終わりというわけではない。わずかな期間にしっかりと学んで学問や知識を身につけたとしても、その後に安逸をむさぼるのであれば、教育の意味はない。教育は一般に考えられているような生易しいものではない。学校教育のカリキュラムで決められた一定の知識を詰め込み、試験に合格して卒業証書をもらえば、後は怠惰で無関心になってもかまわないと考えがちである。しかし、教育は、成熟に向けてさまざまに取り組む継続的な過程である。生まれ落ちた日からこの世を去る日まで、人生のすべての段階で必要な取り組みなのだ。

読者諸氏が隔離(ヒジャーブ)の弊害の証拠を得たければ、都会で教育を受けた女性と、田舎の、あるいは商いを営んでいる家庭の、教育を受けていない女性を比べてみるとよいだろう。都会の女性は、読み書きもでき、外国語も話し、ピアノも弾くが、生活の仕方については何も知らない。自立した生活を送ろうとしても、自分の身の回りの世話すらできず、生活を成り立たせることができない。その一方で、田舎の女性は無知かもしれないが、物事に対処したり、何かを試みたり、実践したり、主張したりなど、さまざまな出来事を経験して多くの知識を身につけている。もてるものすべてを実際の経験として活かしている。もし両者がともに何かに取り組んだとしたら、都会の女性は田舎の女性に打ち負かされてしまうだろう。東洋社会〔オリエント地域〕のキリスト教徒女性の大半は、一部のムスリム女性ほど学校教育を受けていないにもかかわらず、生活に必要な事柄について理解している。キリスト教徒の娘たちは男性と交流する中で、さまざまに見聞きするからだ。彼女らは書物で得る以上の意味やアイデア、イメージ、着想に触れることができている。この交流のおかげで、ムスリム女性と同じ性で、同じ地域に住みながらも、いっそう意識を高めることができる。

われわれは、エジプトの女性が生まれながらに他の国々の女性たちと同程度になる能力を備えていると知っている。それでも彼女らの地位が著しく低いままなのは、われわれ男性がその知性と感性を奪い、生まれながらの権利を侵害し、価値を貶めてきたからだ。

われわれが女性の隔離(ヒジャーブ)を望んだがために、彼女たちの健康も蝕まれてきた。家の中に閉じ込め、新鮮な空気を吸ったり太陽の光を浴びたりすることを禁じ、心身を鍛える機会を与えなかった。昼も夜も家から一歩も出ない女性がいることを誰もが知っている。彼女らは家に閉じこもり、使用人や女中、ほんの少しだけ滞在して帰ってしまう女性の客以外に、誰とも交わらない。夫を見るのも、夜寝る時だけだ。夫は昼間仕事に忙殺され、夜の大半も近所や外で過ごすからだ。

多くの女性が生涯を通して監禁され、劣悪な環境で生活を送り、健康を害していることは周知のとおりである。心身ともに病み、この世の生活の楽しみなどまったく享受することがない。かくして大半の女性が肥満と貧血に陥る。一度子どもを産めば、虚弱になり、艶を失い、まだ若い盛りであるにもかかわらず老婆のようにみえる。すべては、男性が女性の貞節が失われることを恐れた結果だ。隔離が女性の貞節を守り、腐敗を食い止めるという言い草には何の根拠もない。女性が隔離されている国々と自由を享受している国のふしだらな行為の実態を比較する、正確な公式統計は今のところ知られていないからだ。たとえ、かかる統計があったとしても、実態を明らかにしたり、否定したりする証拠にはならないだろう。国の腐敗が進むか歯止めがかかるかは、隔離だけでなく多くの要因と結びついているからだ。その国の生活様式や人々の気質、地理的な位置、品格、そして教育は、精神を蝕んだり、高揚させたりする重要な要素である。精神がいかに蝕まれているかは、ヨーロッパでも国によって異なる。隔離の慣習を引き継ぐ国々でも差異はみられるが、同じ国であっても時代によって違いがある。

慎ましさを保証するという意味では、女性を隔離から解放したほうが良いのは、経験から明らかである。米国の女性が世界で最も自由を享受しているのは議論の余地がない。大半の女性は男性と交流する。女子生徒は男子生徒と同じ学校に行き、席を並べてともに勉学に励む。それにもかかわらず、詳しい筋によれば、米国の女性は他国の女性よりもずっと慎み深く、高い倫理を有している。また人生のあらゆる段階で男女の交流を経験しているからこそ、優れた資質をもっているという。一方、遊牧民（アラブ）の女性やエジプトの田舎の女性の例もよく知られている。彼女たちも、ヨーロッパの女性とほとんど変わらないくらい男性と交流するが、隔離されて欲望を抑えきれず悪しき考えに浸る都会の女性と比べても、めったに精神を蝕まれることはない。

これらの事例からも、男性と交流のある女性のほうが隔離された女性よりも、淀んだ妄想に耽らないと考えられる。田舎の女性は男性の姿を見たり、その言葉を聞いたりすることに慣れており、どんな男異性として意識することが欲望を喚起する最大の要因であることは疑いない。名誉や慎み深さを保ち、が肩を並べて歩いているので、一方が他方に目を奪われることなどないのだ。ロッパ諸国やイスタンブル、エジプトの田舎の人々、半砂漠の遊牧民には見られない。ふだんから男女性は男性が好みそうなしぐさをしたり、声を出したりする。その逆も然りである。こうした姿は、ヨーら、われわれが日常見かける光景の原因が分かるだろう。道で男性に話しかけなければならない時、女れれば、互いの姿を見たり声を聞いたりするだけで欲望が喚起され、想像に身を任せてしまう。ここか同じようにしか女性を意識しない。感覚的にも心情的にもめったに混乱しない。男女とも隔離を強制さ意味はないとでもいうかのようだ。逆に女性と一緒にいることに慣れている男性は、男性に接する時と居合わせた人々が嫌がる言動もしてしまう。まるで男女が互いの欲望を満たさないと、同じ場所に集うさを眺め続ける。あらゆる礼儀や作法を忘れ、女性に触れようと手を伸ばし、肩をぶつけようとする。もたない限り、女性と一緒にいると自身をコントロールできない。飽きもせず女性を見つめ、その美し

同じような反応は、男性にもしばしばみられる。女性との社交に慣れていない男性は、強い自制心をで、余計な考えが浮かんでしまう。もりもなかったし、自分が見られるつもりもなかったがゆえに、意識過剰になる。男性が目に入るだけけで異性として意識してしまう。そこには自覚も、意図も、悪意もないのだが、見知らぬ男性を見るつてる行為は、聖法でも禁止されていることはすでに述べた。だが、隔離されてきた女性は男性を見ただて友愛を育み、ともに多くの時間を過ごして互いに惹かれ合ったがゆえであろう。不要な欲望をかき立性を見ても欲望をかき立てられたりしないからだ。もしも感情が高ぶるとすれば、それは長きにわたっ

恥ずべき事柄に手を出すことがないのは、隔離されていない自由な女性たちである。彼女らは、隔離された女性よりも何倍も優れ、讃えられるべき存在だ。家に閉じ込められた女性にとって貞節は強制の産物であるが、自由な女性にとっては選択の結果だからだ。両者の違いは大きい。見張りに監視され檻に入れられ高い塀に囲まれている女性が慎み深いと、どうして誇ることができるのか、私には分からない。

罪を犯していないにもかかわらず牢獄にいるのであれば、どうして純粋無垢な人間だと分かってもらえるのだろうか。閉じ込められ、隔離されている女性は、どうすれば貞淑の美徳を発揮できるのか。彼女たちが貞節であると言うことに何の意味があるのか。貞淑とは、欲望に身を任せることができるのに、そうしようとしない心の動きだ。おそらくアッラーは、強制ではなく選択に基づいた性質として貞淑であれとお求めになったのだろう。女性に委ねられた慎ましさとは、選択して獲得したものであるべきで、決して強制によって得られた性質ではない。忌み嫌われるものを控えるだけでは、正しい道を歩んだことにならない。預言者（アッラーの祝福と平安が与えられますように）も、「愛を貫きながらも貞節を守り自制的な者であれば、死後に殉教者とみなされるだろう」とおっしゃっている。

実際のところ、われわれは女性が貞淑ではあり得ないと思い込んで行動しているのではないか。女性をよく知りともに暮らした経験がありながら、それでも彼女たちを信頼しない男性がいるというのは奇妙ではないか。母や娘、妻たちが自分の身を守る術を知らないと決めつけるのは、恥ずべきことではないか。純粋な、愛すべき女性たちを信頼せず、これほど偏った目で彼女たちを見ることが許されるのだろうか。

偏見なき方々に問いたい。われわれと同じ人間をこのように扱うことは正しいのか。精神や情緒、心情、知性、感性もわれわれと同じなのに。こんなに女性を信頼していないのは、男女とも同性しか尊重していないことの裏返しなのか。

賢明な方であればお分かりだろうが、男性がいかに細心の注意を払って女性を守る準備を整えたとしても、彼女の心をつかんでいなければ何の意味もない。心をつかんでいれば、完全なる信頼関係を築きうるのだろうが、逆にそうでなければ信頼関係はもち得ない。男性は女性の行動や行く先を四六時中監視することなどできないからだ。

男性が外出したり、妻の外出を何らかの理由で許す時、彼女が自分で身を守り自制しない限り、誰を信用できるというのか。妻の心が離れてしまったら、その体を管理したところで何の役に立つのか。妻が自ら決めた相手を慕うことを阻止できるというのか。妻が窓越しに見かけた男性に心を奪われ、少しでも親しくなりたいと望むのは不貞ではないのか。その瞬間に貞淑の覆い(ヒジャーブ)は引き裂かれるのではないか。その男性と距離があって、実際には話しかけられなければ彼女は貞淑なのか。確かに諸法では目の姦淫や心の姦淫に身体刑を科していない。懲罰やハッド刑〔身体刑〕は、心に浮かんだことには適用されないし、また品性を重んじる敬虔な者の見方においても、心が一つに結びついても体が離れていれば、咎められないとされているからだ。

それにもかかわらず隔離が続いていることに、何の意味があるというのか。家の中で、貞淑とは正反対の不名誉なことが起きていると聞いたことがないのか。女性にブルクゥをかぶせ、閉じ込めて監禁すれば、倫理の腐敗を阻止できるというのか。決してそんなことはないだろう。

最近、女性のモラルの低下について、以前よりも頻繁に耳にする。女性は堕落したとの噂が広がっていると言う人もいるだろう。確かに、堕落した行為は、たとえば三〇年前に比べて広まっており、それは隔離(ヒジャーブ)の伝統が緩んだせいだと言う者もいるかもしれない。だから昔のような隔離こそが、貞淑さや名誉を守る上でいっそう適しているというわけだ。かかる主張について、隔離が緩み一部の男女が互いに知り合うようになったことでモラルの低下が助長され、忌まわしき状況がもたらされた可能性があることは否定しない。しかし、あえてつけ加えたいのは、もし隔離の慣習がこのままゆっくりとしか改められず、現状が維持されるのであれば、苦難はいっそう深まり、倫理観は損なわれるということだ。要するに、原因は隔離が緩やかになったことではなく、他の多くの要素、とりわけ無知と教育の欠如にあるのだ。

教育の欠如は、軽率さや思慮のなさを生み出す。かくして家庭内や狭い環境にとどめ置かれた女性は、道行く若い男を延々と眺めて暮らすようになる。その青年の身振りに応えて軽率にも手を振りかえして合図を送り、話をしたこともないのに落ち合う約束をとりつける。視線と合図の交換のみで交わされた約束だが、お互いの心情も性格も認識も不明瞭なままだ。男女を結びつけるはずの互いの精神や、知性、体つきについては知らないままなのだ。

教育の欠如はあらゆるヒジャーブの内側に入り込み、女性を堕落させるべく、すべての扉を開けていく。危惧されるのは、それが女性から女性へ、階級から別の階級へと伝染していくことだ。これまで目にしてきたように、どれほど厳重に隔離された者でも、最も卑しい、貞節や慎ましさから程遠い女性たちとつき合うことは拒まない。女主人は、使用人の妻と気兼ねなく交流し、慎ましさという点で適切な話題かどうかをまったく気にせずおしゃべりに熱中し、噂話に耳を傾け、行商人や物売り女と話に花を咲かせることをためらわない。それどころか無知ゆえに状況をわきまえず、どこの馬の骨かも分からない、どのようなモラルの持ち主かも把握できない女性たちとの交際に夢中になる。その中でも最もおぞましく、倫理観の欠如だと思われるのが、売春婦を祝宴の席に正式に招待し、母や娘、老いも若きもいる前で踊りを披露させることだ。これらは教育が行き渡っていないために起こるのであり、品性を蝕む最も深刻な問題である。隔離を緩めたことなど、些細な話に過ぎない。

今、われわれはさまざまな経験をし、西洋諸国と交流し、関係を築く中で、西洋人が自分たちよりも進歩し、強力であると知っている。われわれの大半は、とりわけ欲望を満たし、くびきから解放されるために、西洋人の慣習を表面的に模倣した。かくしてわが国の上流階級は、妻やその周りの者にいっそう寛容になり、ピクニックや観劇に出かけることを許すようになった。こうした行動を周りの女性も真似るようになり、モラルを低下させる者もあらわれた。

前述の要因がこうした現状をもたらした。それをなかったこととして従来の厳格な隔離に戻ったとしてもわれわれのためにはならないし、そもそもそんなことは不可能だ。むしろ現状に向き合いながら、弊害を警戒するべきである。われわれにできるのは、まさにこれだ。

変化を否定してもよいことは何もない。隔離の弊害を挙げたのは、古い制度に戻ることができないからだ。変化は否応なしに生ずるのであり、時を経るにつれますます大きくなっている。また、男性が女性への接し方を改めたのも変化の一因である。男性の多くは女性に優しく接し、喜んでもらいたいと考え、かつてないほど女性を尊重するようになった。女性たちもこの変化を受け入れ、新たに獲得した自由と解放を、生活に不可欠な権利とみなすようになった。そのため男性が四〇年前に強いていたような因習を今の女性に課すのは容易なことではない。

まずは、隔離の緩和のせいで起きたとされる弊害に対処すべきである。自由と解放に向かう漸進的な歩みにおいて、教育は女性をあらゆる腐敗から守る鉄壁のヴェールであり、難攻不落の城塞となる。

教育や訓練は、女性の精神を向上させるのに有用だが、自由は女性のモラル低下を助長すると言う者がいるかもしれない。しかしわれわれが求めている自由は、赤の他人と二人きりになってはならないといった、制限を伴うものだ。このような禁止事項があれば、二人きりになることで生じる堕落を十分避けられる。自由そのものは、健全な教育によって支えられるのであれば、弊害とはなり得ない。正しい教育により、個々人は自立し、自らの意思で歩めるほど強くなるからだ。適切な教育を修めた者であれば、自立し、他人に依存しない。教育が不足した者はあらゆる事柄において他人を頼りにする。男女の自立は、どん底の状態から自らを高め、卑しめられた状態から脱することにつながる。このように女性の教育こそが、われわれが追求する目標となる。

正しい教育と独立した意思は、時や場所に関係なく人間を進歩させるために不可欠な要素だ。それはいかなる国においても、幸福を実現するために追求される目標だ。また成熟を目指す国では、最も尊い手段となる。分別のある人なら、この二つの要素が女性に悪影響を及ぼすなどと言えないだろう。教育と独立した意思が女性を蝕むと言う者は、この世で何が有益かを理解できないほど視野が狭いのだ。有益な事柄であっても悪用すれば、弊害しかもたらさない。

男性の教育にも多くの欠陥がある。多くの男性は、学知とその経験を自分や他人に悪影響をもたらすことにしか用いていない。しかし、だからといって、男性は何も学ばないほうが良いと言えるだろうか。

男性は無知に目をふさがれたまま放置されてよいのか。分別のある人間がそのような理屈をこねるとは思えない。男性を無知や隷従状態のままにしてはならないし、高みに至るには学知と思想の自由、取り組みを重んじる他ない。そう思う者であれば、女性をめぐるこれらの課題についても意見が食い違うはずはないだろう。生まれ持った素質や特徴に関して、男女にいかなる違いがあるというのか。

われわれは女性が貞淑であるかどうかに気を取られるあまり、熱心にそれを求め、守るためにあらゆる仕組みを考え出した。貞節を過度に賞賛し、すべてを犠牲にして守ろうとする一方で、他のすべての素養や特質を軽んじ、ないがしろにしてしまった。確かに貞淑さは女性の特質の中で最も美しく最もきらびやかな飾りだ。だがそれは、女性が他の素地や性質と同じように自ら身につけてこそ意味がある。成熟した知性、秩序を保つ力、子どもの教育、家庭生活の保持など、女性が負うあらゆる責任と同じなのである。いずれも、成熟した慎ましさを身につけるために非常に大切である。それらの欠如は、貞節そのものを失うのと何ら変わりないほどの害をもたらす。

聖法も実定法も、婚姻契約を交わしてはじめて男女の関係が法的に認められるという点で合意している。神聖なる契約のない男女の関係は禁止され、忌み嫌われる。契約は家系の維持と人間精神の成熟という意味でも不可欠である。これに反するような行為は、忌まわしいものとして間違いなく非難を浴びる。だが聖法と実定法は、それ以外にもいくつかの行為を禁止し、不貞よりもおぞましいものとして厳しい懲罰を与えてきた。それらの行為が社会秩序にとってより有害だとみなしたからである。たとえば殺人は、宗教的・法的に不貞よりも深刻な犯罪だ。それなのになぜわれわれは、殺人を予防する手段よりも不貞を予防する手段のほうに執着してきたのだろうか。

われわれは日々無数の悲劇にさらされている。それでも生活の糧を得るために行動し、危険を顧みずに旅に出る。そして殺人や強盗、横領、偽造、中傷といったさまざまな犯罪が蔓延り、人々を追いつめ安寧を脅かしていることに気づくはずだ。犯罪によって問題が生じるため、われわれはアッラーの定めに従いながら、懲罰や教育といった正当な手段で社会から邪悪を取り除こうと努める。なぜ女性のふしだらな行為を、社会におけるこうした犯罪と同列に見ないのか。なぜ、不貞行為を他の犯罪以上におぞましく忌み嫌うべきものとみなし、他の犯罪では使われない措置を用いてでも予防しようとするのか。

いずれにせよ、想像上の害悪を避けるために、現実の害悪を引き起こすことは許されない。不貞は起こるかもしれないし、起こらないかもしれない。だが、女性を隔離し、生まれつきの能力の発展を阻止すれば、後々弊害が出ることは必然だ。女性に制限を課すだけだと思っていても、それがあらゆる形で害をもたらすのだ。

隔離しなければ、妻は他の男を好きになるかもしれないと妄想する男性がいる。だから妻を戸の内側に押し込めて鍵をかければ、その男性は悪魔の囁きの心配から解放されると思い込む。彼はその後何が起こるかも、実際のところこうした措置が無意味だということも分かっていない。かかる行為は、男性の自己満足のために他人を生殺しにし、妻が家庭で世話をしている者たちの心まで蝕んでしまう。

先祖は、われわれと同じように妄想を抱き、妻を閉じ込めてきた。それどころか、あらゆる技術を駆使して安心できるような手段をとりいれてきた。私は中世のヨーロッパで貴族が使っていた最も異様な方法について読んだことがある。それは「貞操帯」と呼ばれる鉄製のベルトで、鍵は常に保護者である男性のポケットに入っていた。しかし、中には愛人に合鍵を与える女性もいた。まもなく男たちは自らの過ちに気づき、妄想は有用というよりもむしろ有害であると理解した。知識が広まるにつれて、人々は健全な知性や、迷信から解き放たれた確かな学識によって生活習慣を判断するようになった。そして女性が男性と力を合わせて揉め事に対処したり、男性の欠点を補ったりしなければ、幸福は実現しないと理解した。女性に期待をかけ、教育と学知を用意した。女性は囚われの身から解放され、自由を享受し、男性とともに歩み、人生において協力し、あらゆる事柄について意見を述べるようになった。そびえたつ建物に囲まれた近代的な街をつくり、その安定した基礎を固める上で、その最たる土台となるのは女性であると言っても過言ではない。

西洋人が子女に教育を施し、男性との交流を促して得られたものは、前述した利点にとどまらない。それどころか日々の活動の中で多くの効果を得て、経済的観点からも役に立っている。西洋の中産階級の家を訪ねると、東洋の中産階級の家よりも秩序があり、整頓され、美しい調度品が備わっていることが分かる。しかも西洋人はそれらを東洋人よりもはるかに少ない費用で賄っているのだ。

その一方で、われわれの自宅は必ず男性用と女性用の二つに分かれている。新しい家を建てたければ、実質的に二棟の家屋を用意しなければならない。もし家を借りたければ、実際は二棟を借りなければならない。これに、それぞれの家具や寝具が加わる。使用人も二組必要である。男性用の区域で働くグループと、女性用の区域で働くグループだ。さらに車も男女それぞれに必要となる。男性が妻や母と同じ車に乗ることはないからだ。食費やその関連費も必然的に増える。男女問わず客が訪れれば、大きなテーブル一台ではなく、二台のテーブルを確保しなければならない。このように費用はかさむばかりで、稼ぎも消えていく。その理由は女性を厳重に隔離しているからに他ならない。

西洋人は知性と感性を成熟させ、目を見張るような蒸気や電気を発見し、日々危険を冒してでも学知と進歩を求め、生活上の楽しみよりも名誉を重んじている。そのような人々が、女性の貞節を守り、保持する方法を分かっていないというのだろうか。また、隔離の伝統を放棄した西洋人が、いまだにその有用性を認めているとでもいうのだろうか。それはあり得ないだろう。西洋社会でも短絡的な人々が行き過ぎた形で隔離を行っていたが、教養と繊細な感性を身につけた人々がそれを放棄したからだ。

教養と繊細な感覚を培った者であれば、女性とは権利と義務を有し、男性と同じ人間に他ならないと分かるだろう。また聖法の規定を超えて、一方の権利が過大となることは許されないし、あらゆる事柄は各人の意思や選択に委ねられていると理解するだろう。

教養と繊細な感性を身につけた男性ならば、女性の隔離はある種の処刑に等しいと分かるはずだ。良心に照らせば、自分の慰めや安心のためにかかる犯罪に手を染めたりしないだろう。

教養と繊細な感性を身につけた夫ならば、他の男たちからどれほど引き離そうとも、無知な妻に対して心安らぐことはないだろう。

教養と繊細な感覚を身につけた男性ならば、単なる気分や情欲ではなく、良き選択と健全な感性で同等の人間と結ばれた愛こそ最大の喜びだと分かるだろう。その愛を深め、絆を強めるよう心がけ、それを維持するためにできる限り努力するだろう。

教養と繊細な感性を有する男女ならば、肉体的な関係のみで満足することはなく、知性の調和と精神的な融合を何よりも欲するだろう。

現在われわれに求められるのは、専横な支配を忌み嫌い、奴隷精神に立ち向かい、一つの高遠な目標に向けて人間的な力を注ぐ姿勢である。女性が、それまでないがしろにされてきた権利の回復を示唆する慈愛に満ちた〔イスラームの〕精神の分け前を受け取るのは当然だろう。つまり、女性に手を差し伸べ、「女性と孤児という二つの弱者のためにアッラーを畏れよ」という預言者の言葉を実行に移す義務がわれわれにはあるのだ。知性を鍛え上げ、精神を成熟させ、適切な教育を受けて堕落を退け、欲望に抗い、快く対処し、人に優しく接するのであれば、敬虔さが損なわれることはない。われわれは憎悪や強制ではなく、愛情と思いやりに満ちた関係を女性との間に築かなければならない。これはわれわれの人間性と聖法が求める義務であり、祖国における義務でもある。社会のすべての人々が、それぞれの働きを通じて生き生きと責務を全うすべきなのだ。

本章を締めくくるにあたって、読者に伝えなければならないのは、現在の女性たちに対してヒジャーブの伝統を即座に放棄せよと言いたいわけではないということだ。こうした革命的な行為は、あらゆる突然の変化と同じように、おそらく堕落をもたらすだろうし、その目標に達することはない。むしろ私が求めているのは、娘たちが若い頃から、こうした変化に向けて準備する環境を整えることである。娘たちは徐々に自立心を芽生えさせ、貞節さとは精神的な素養であって、決して体を隠す衣服の問題ではないと分かるだろう。保護者が見守る中、イスラームの法に則した制限を守り、自身の品性を保ちながら、身近な者であれ、赤の他人であれ、周囲の男性と関わることに慣れていくだろう。こうして準備しておけば、最小限の危険にさらされることもなく、男性との関係性を構築できるようになるだろう。もちろん隔離から解放されない女性も中にはいるにせよ、である。

注

(1) アミーンは「ヒジャーブ」という単語を、顔や体を覆うヴェールだけでなく、女性の「隔離」、男女の空間を隔てる「帳」、さらには一般的に「閉じ込める行為」などの意味で用いている。本書では包括的な意味や顔や体を覆うことに言及している場合は「ヒジャーブ」とし、隔離を意味する場合は「隔離（ヒジャーブ）」とするなど適切な訳語を当てながらルビで原語を示す。

(2) ドゥック・ダルクール（Duc d'Harcourt. 一八三五―一八九五）は、一八九三年に『エジプトとエジプト人』（*L'Égypte et les égyptiens*）を出版し、エジプトの後進性の原因は女性の地位が低いことにあるとの議論を展開した。これに対して、アミーンは一八九四年に『エジプト人――ダルクール氏への応答』（*Les Égyptiens: réponse à M. le duc d'Harcourt*）にて反論を試みた。

(3) ピエール・ラルース（一八一七―一八七五）：フランスの文法学者、辞書編纂者。

(4) 新約聖書（「コリント人への第一の手紙」一一章四―一五）に女性の覆いに関する言葉があり、これを根拠の一つとしてヴェールが浸透したといわれる。

(5) イブン・アービディーン（一七八四―一八三六）：ダマスカスで活躍したハナフィー派の法学者。代表作は『ラッド・ムフタール』〔選ばれし至宝への困惑した返答〕等。

(6) イブン・アル＝ムクリー（一三五四―一四三三／三四）の『ラウド・ターリブ』。

(7) ウスマーン・イブン・アリー・ザイライー（一三四二没）：ソマリア出身でカイロにて活躍したハナフィー派の法学者。

(8) イブン・アッバース（六一九―六八七）：預言者の従兄弟。預言者没後にクルアーン解釈の権威の一人となる。

(9) イブン・ウマル（七四九没）：第二代正統カリフ・ウマルの息子。

(10) ニカーブとは顔覆いのこと。一九世紀から二〇世紀はじめにかけて、長方形の白く薄い顔覆いで、目の下から胸まで覆うものが流行した。

(11) アスマー（五九四頃―六九二）：イスラーム初期の教友の一人。アーイシャの姉に当たる。

(12) ムハンマド・シディーク・ハサン・ハーン・バハーディル（一八三二―一八九〇）：インドのボーパール藩王国

のイスラーム学者。

(13) 「フィトナ (fitna)」は、クルアーンの中で、誘惑や試練、責苦、罰、騒乱など、さまざまな意味で用いられる。ヒジャーブとの関連で用いられる場合、フィトナとは女性による誘惑やそれによってもたらされる社会の混乱を意味する。

(14) ブルクゥは一般に目から下を隠す顔覆いである。当時用いられていたのは長方形の布で、額から紐でつるされた。長さは胸までの短いものから、地面に届く長いものまであった。

(15) イスラーム法規定において婚姻が禁じられた範囲の親族。

(16) アブー・ユースフ（七三一－七九八）：アッバース朝に仕えたハナフィー派を築いたイスラーム学者。代表作に『地租の書』等。

(17) サラマ・イブン・カイス：教友の一人。

(18) アブドゥッラー・イブン・ジャアファル：預言者ムハンマドの父方の叔父アブー・ターリブの孫で、アリー（第四代正統カリフ）の甥に当たる。

(19) ズバイル・イブン・アウワーム：預言者ムハンマドの従兄弟。妻はアブー・バクル（初代正統カリフ）の娘アスマー。

(20) タルハ・イブン・ウベイドッラー：イスラーム生誕期にウフドの戦いやラクダの戦いで活躍し、預言者によって天国を約束された教友一〇人の一人に入っている。

(21) 後の第四代正統カリフ。アリーは預言者ムハンマドの従弟で、預言者の娘ファーティマと結婚した。つまり、ここに登場するウンム・クルスームは預言者の孫でもある。

(22) タバリーの『歴史』第五巻に典拠。

教育を受けたエジプト人で、国がいかなる状態か、何を必要としているかを知る機会に恵まれた者であれば、祖国が今日歴史的に最も重要な段階に入っていると分かるはずである。

われわれが生きる今ほど、知識が普及し、国民としての連帯感が生まれ、国の隅々にまで安寧と秩序が行き渡り、進歩のための準備が整った時代はなかった。とはいえ、これほどの危機に見舞われた時代もない。蒸気と電気のおかげで西洋諸国の文明はまたたく間に発展し、世界各地へと影響力を広げ、どんなわずかな空間であってもそこから逃れられない。西洋諸国は、進出した土地では必ず、農業や工業、商業に関わる資源を独占し、たとえすべての現地住民に損害を与えたとしても、あらゆる手段を講じて自らの目的を果たそうとしてきた。

西洋人が追求するのは現世での生活における幸福である。彼らはそれを得るために、あらゆる機会と手段を活用する。知性を用いることが多いが、必要に応じて暴力や武力にも訴える。ただし彼らは力を誇示したり、名誉を得たりしたいがために、支配や植民地化に勤しむのではない。というのも、名誉は知性的な活動や学知に基づいた創造的な取り組みを通じて得るものだと分かっているからだ。むしろ英国人がインドに、フランス人がアルジェリアに、ロシア人が中国に、ドイツ人がザンジバルに入植を試みたのは、権益のためである。彼らは、資源のある国々に進出し、現地の人々がその価値や活かし方を知らないのをいいことに、自分たちが利益をせしめようとする。

西洋人は未開社会に出くわすと、どんなに困窮していようが、住民を一網打尽にし、まるごと土地から追い出した。それはかつてアメリカやオーストラリアで、最近ではアフリカで起きていたことだ。ヨーロッパ人が占領した地域で、地元住民は自発的に土地を離れるか、または強制的に追放されて、まったく痕跡を残さなかった。一方、すでに文明や歴史、宗教、法律、精神、慣習や基本的な制度に支えられたエジプトのような国に出くわすと、別の対応をした。新参者は住民に混ざり、交流して、しばらくの間友好を深めるものの、まもなくその国の最も重要な資源を独占しようとする。彼らは住民よりも多くの資金や知性、知識、武力を有し、日々進歩を重ねているからだ。そうして彼らが発展すればするほど、現地の人々はいっそう惨めな状況に置かれる。これが、チャールズ・ダーウィンが言うところの「適者生存の法則」だ。神は生きとし生けるもののすべてにこの性質を与え、それぞれが完全に成熟した段階に発展するよう促された。この生存競争の中で弱り敗れた者は、衰え、消え去り、この戦いにおける強者は、神によって勝者の地位を与えられた。不断の戦いの場で勝利して帰還した者は、自分たちがより優れた、尊い存在であると証明した。そうした種が生き延び、次世代を育み、子孫を増やして繁栄し、同種の中で最も成熟し永遠に影響力を示すことになる。

衰退や滅亡を逃れる方法は唯一つしかない。国(ウンマ)としてこの戦いに備えることだ。警戒を怠らず、いかなる攻撃にももちこたえるだけの力を結集しなければならない。とりわけ精神的な力、あらゆる力を生み出す基礎となる知力と科学力が必要になる。

われわれが国として、〔西洋という〕競争相手と同じように学び、教育に邁進し、展望をもって取り組み、彼らと同程度に武装して戦いに挑めば、生き延びることができるだろう。それどころか競争を有利に推し進め、相手を凌駕し、自らの富を守り抜くこともできる。自らの国土であれば、つまりそれが、よそ者ではなく住民の土地であれば、そこでよりよい生活を営むことができるからだ。こうした誇るべき状況を手に入れながら大多数の人が繁栄しないことなどあろうか。

そして、これこそが、われわれの目の前に開かれた道だ。この道のりに立ちはだかる障害は、われわれ自身のあり方だけである。もしエジプト人が心から堅い意思をもって幸福を求め、生き残ることを望み、滅亡の危機からの脱却と解放を目指すのであれば、あらゆる悪しき伝統、望ましくない事柄を捨て去り、この道を歩まなければならない。そして改革のために自立し、政府任せの無駄な望みのために時間を費やしてはならない。政府にできることは限られている。むしろ大多数の民衆が自ら率先して動いたほうが、改革に邁進できる。政府がなすべきことをしていないと、日々ぼやいて何の利益があるだろうか。われわれがやるべきことをしないのは、政府のせいだとでもいうのか。

今日、エジプト人は、かつてないほどの公正と自由を享受しているようだ。この二つは国家にとって何よりも必要なものであり、改革を目指して現在取り組んでいる偉大な計画もその二つがなければ成し遂げられない。まさに今こそ、機を捉えて大地を耕し、草木に水をやり、果実が実り熟すまで待ってから、収穫しなければならない。農夫は大地に種を蒔く前に、土地の性質や準備の段階で必要な仕事が何かを知っておくべきだが、それは資金を無駄にせず、最大の成果を生むためだ。同じように、われわれも国の発展が遅れている原因を探らねばならない。そしてそれが分かれば、その原因を取り除く必要がある。その際、方向を見失ってはならないし、不毛な試みを避けなければならない。

ここで本題に入る前に、東洋社会の物事に通じた方々にとって周知の見解を確認しておきたい。それはムスリムの社会は概してどの地域も遅れており、その原因は共通しているということだ。

民族や地域の特性の違いが各地のムスリムの劣勢に影響を与えたわけではない。もしそれが原因ならば、トルコやエジプト、インド、ペルシア、ボスニア、中国での繁栄の仕方や文明の傾向にも差異が生じるはずである。ところが、そうした違いはなく、民族や地域によって人々の性質や慣習が異なるだけである。たとえば、トルコ人は清潔好きで誠実で勇敢だが、エジプト人はその逆だという具合だ。だが両者にはそうした相異もあるが、無知で怠惰で劣勢だという共通点もある。となれば、この二つの社会には、同じ状況に陥るような共通した原因があるに違いない。

これらすべてのムスリムにみられる共通項は宗教だけなので、ヨーロッパ人やムスリム社会のエリートの大半は、「ムスリムが凋落し遅れた原因は、宗教の他にない」と言い張る。イスラームが根づいた地域の住民でさえ、こうした意見に同調する。とはいえ、こうした人々のうち誰一人、特にイスラーム諸国の状況に頭を悩ます卓越したムスリム人士であればなおさら、「本来のイスラーム」がムスリム凋落の原因だと主張する者はいない。異教徒であれ、生まれながらの信徒であれ、イスラームを知る者は、その力を讃え、それに敬意をあらわし、かつて広大な版図を誇ったことからも、宗教こそが人間を進歩と発展と幸福に導く最良で最大の要素だと考えている。ただし、今日の一般信徒や大半の宗教学者が「イスラーム」と呼ぶものには、純粋な宗教とはまったく関係のない教義や慣習、虚偽の伝統も含まれると彼らはみている。それは新たにつけ加えられた異物(ビドア)である。この混合物を人々は「宗教」と呼び、「イスラーム」とみなすのだが、実際にはこれこそがムスリムの進歩を阻害しているのだ。

イスラームという宗教が本来のものから変わってしまったことは、誰も否定できない。イスラームの神学者であれ法学者であれ、アッラーに〔知の〕光を与えられたごく少数の者を除いて、気の赴くままにイスラームを弄び、嘲笑の的となるまで貶めてきた。こうした輩には、クルアーンの次の章句を突きつけたい。《かれらは自分の宗教を遊びや戯れと心得、またこの世の生活に欺かれた者たちである》〔七―五一〕。

ただし私は、ムスリムが現在置かれている状況が、宗教の凋落ゆえのものとは思わない。それはむしろ、男女を問わずムスリムに広がる無知の結果なのだ。

預言者やカリフ、教友は皆、信仰に身を捧げながらも、同時に現世の事柄にも熱心に取り組んだ。スンナの教えにあるように、また宗教指導者らが合意しているように、宗教はそれを維持しようという力が働かなければ存続し得ない。生誕から一世紀も経たぬうちに、イスラームの旗が世界の主要な地域にはためいた。驚異的な早さで布教を行ったのは、人々に改宗を強いるためではなく、イスラーム地域の境界線を防衛し、同時に支配領域を拡大し、商工業でさらなる利益を得るためであった。まさに現在、ヨーロッパ人はこれを東洋で行っている。

イスラームが誕生してから二世代も経たないうちに、ムスリムの支配地域や居住地の隅々を学知の光が照らした。ムスリムはあらゆる学問や技術の分野で学び、書物を著し、貢献した。イブン・ハルドゥーン(1)が「文明にはそぐわない文盲の人々」と呼んだ遊牧民(アラブ)でさえも、この流れに引き寄せられ覚醒を促されて、競うようにこの旗の下に集った。[2] こうした動きは、人々の思想を深め、見識を広げ、人知の及ぶすべての事柄においてみられるようになった。イスラームの神学に没頭する者もいれば、自然科学に、天文学や数学に、歴史や地理学に、哲学や倫理学に、それぞれ取り組む者もいた。工業や商業が軽視されることはなく、建築や建造も盛んになった。商品を満載した船が世界各地を航海した。この繁栄は、タタール人のオリエント地域侵略やカリフ権勢の弱体化などさまざまな出来事がムスリムに降りかかるまで続いた。そして、アンダルスからアラブの国家は消滅し、イスラーム科学はヨーロッパに移り、ムスリムはイスラーム以前のような無知の時代(ジャーヒリーヤ)に戻った。

こうして、東洋社会〔オリエント地域〕で学知の灯火は消し去られた。イスラーム学者は神学やアラビア語文法にのみ目を向け、その他の学問に背を向けた。

人々の頭を無知が支配し、その精神に蒙昧が蔓延り、もはや宗教の真理は理解不可能となった。彼らは自らの力不足ゆえに、もはや理性を持って立ち上がることはできないと感じ、高みから退き、こぞって怠け者になり、愚か者のように振る舞った。自らを欺く子どものごとく無知で、自分の知識を過信し、自身だけでなく周りの人々も傷つけるようになった。

これらの無知な者を見たまえ。こうした輩は二つの案があれば常により不適切なほうを選び、二つの方法があればよりややこしいほうを選び、二つの活動があればより有害なほうを選ぶ。美徳であれ有益な何かであれ、真理は虚偽と区別がつきにくく、ただ目を開けているだけの者には見えないからである。それは事の成り行きを見定めることのできる鑑識眼をもつ者にしか見えない。そうなるためには、怠惰で無知な者が避けようとする困難に立ち向かい、将来の利益のために今の楽しみを我慢しなければならない。

現在のイスラーム学者は、世界の動静や理性に基づいた学知、現世の利益に関心を向けることなど、イスラームにとってまったく無意味だと考えている。彼らにとって究極の学知とは、「慈悲あまねく慈愛深きアッラーの御名において」の詠唱の仕方を、少なくとも一〇〇〇通り以上知っていることだと言っても過言ではない。彼らに日常にまつわる事柄への関心について尋ねてみたまえ。モノの製造方法や、居住する国や近隣国の状況、さらにはそれらを占領している国々の地理的位置や勢力や弱点について尋ねてみればよい。臓器の働きや場所について尋ねたら、質問者や質問自体を馬鹿にし、肩をすぼめて罵るだろう。政府の仕組みや法律、政治・経済のあり方について尋ねたら、彼らが何も知らないことが分かるだろう。気高い精神をもつ者であれ、卑屈な者であれ、目的もなく暮らし、堕落を受け入れてしまう。人間が何か有益なことに取り組むとか、そのような選択は考えず、すべてを運命に任せるとまで言い出す始末だ。ところが、生活の糧を不当な方法で得ようとする様子や、かき集めた取るに足らないものを大切に守ったり、自身の名誉や矜持だと思い込んでいるものにしがみついたりする様子を見た時、彼らが最も汚い部類の人間であることが露わとなる。彼らがお互いに嫉妬し合っていることは周知の事実だ。実際のところ、困難な取り組みから逃げ出そうとし、宿命を言い訳に大衆をあらぬ方向へと導く。純朴な人々に対して、「あなたたちが聖法(シャリーア)に従って行動しなかったから、こんな宿命となってしまったのだ」と言い聞かせる。そして、こうした哀れな輩は、アラビア語の表現を知り、文法を知ってさえいれば、宗教と世界を知ることができると思い込んでいる。彼らと偉大なる真の教えの間には大きな溝があるのだ。

ムハンマド・アブドゥ師[3]が、イスラームについて述べていることを一部引用しよう。この時代のムスリムの思考に注意を喚起するのに、これ以上の言葉はないからだ。

イスラームが能力を有するすべての者に〔自らの意思による〕行動を要求していることは、以下の章句に示される。《一微塵の重さでも、善を行った者はそれをみる。一微塵の重さでも、悪を行った者はそれをみる》〔九九－七、八〕。《人間は、その努力したもの以外、何も得ることはできない》〔五三－三九〕。イスラームでは、食べ物や飲み物、衣服、装飾品のいずれであれ、大地から得た恵みを活用することが許されている。ただし自らを傷つけたり、保護下にある者や他人を害したりすることは許されない。この制限は、人類全体の利益のためにすべての者に課される。イスラームは、あらゆる個々人に自身の行動に責任をもつよう求めた。かくして人々は競うように関心の幅を広げた。そして尊重すべき他者の権利とぶつからない限り、行動を妨げられないのである。

イスラームは盲目的な踏襲(タクリード)を否定し、それと徹底的に戦ってきた。精神に巣食った踏襲の力を取り除き、思考に入り込んだその根を引き抜いた。諸国の人々を蒙昧に導くような思考の土台を取り去った。一喝をもって理性を呼び起こし、長い眠りから目覚めさせた。真理の光が差しこむほどに、理性は幻影に満ちた神殿の支配から解放された。人々は「眠り給え、夜闇は深く、道は険しく、目的地は遠く、旅は困難で、蓄えはわずかだ」という馬鹿げた教えを植えつけられていたのだ。

人々のざわめきをものともせず、イスラームの声が響き渡り、「人間は〔蒙昧の〕手綱によって導かれるために創造されたのではない」と宣言した。それどころか、世界がいかなるものか、森羅万象をいかに理解するのかを知るための知識と学識を生来の素質として人間に与えた。教育者の第一の役割は、この探究の道に向う者に警告や助言、そして導きを与えることとなった。

アッラーは真理を求める人々を、《御言葉を聞いて、その中の最も良いところに従う者たち》［三九―一八］と評価された。誰の発言であろうとその意義を判断できる、すなわち善きものを採り入れる一方で、健全性や有益性を見出せないものを放棄できる人々とみなしたのである。イスラームにおいて支配者は、命令や禁止を強いる立場になく、被支配者の監視の目にさらされている。支配者は必要であれば人々から情報を提供されるが、統治のあり方に応じて、また自身の考えや想像ではなく知識と実力によって、その正当性を判断されるようになった。

イスラームは、祖先から子孫へと引き継がれてきた悪しき慣習から、人々の精神を解放した。先人を盲目的に踏襲する者を未熟な愚か者とみなし、「先例は模範となる知であり、精神である」といった考え方を諫めた。先に歩いた者も後に続く者も、判断力や生来の特質に何ら違いはない。だが後に続く者ならば、過去の知識を学び、検討し、先人が触れられなかった域に近づき、有効に活用することができる。現在を生きる世代はこうして先人の過ち、祖先の悪しき圧政によってもたらされた結果から教訓を得ることができる。《言ってやるがいい。ムハンマドよ。「地上を旅して、真理を拒否した者の最後が、どうであったかをみなさい」、と》［六―一一］。ありがたきアッラーの門戸は、それを求める者に対して閉じられることはない。その慈愛はすべてを包み込み、努力する者を排除することはない。

宗教学者は、祖先の伝統を正しく選択できず、先人の道のりに踏みとどまるだけであった。彼らは、《いや、私たちは、祖先たちの奉じたものに従う》［三一－二一］、《私たちは祖先が、一つの道を踏んでいたのをみて、その足跡によって導かれているのです》［四三－二二］という章句に描かれる輩と同じなのだ。(4)

現在のエジプトやイスラーム諸国の学者がこうした見方を共有し、同様の発言をしているのは喜ばしいことだ。アズハル大学などの機関で学ばれている学問が、理性を育み理解を促し、有意義に活用できるような科学的な真理に基づかなければ何の意味もないと、人々も認めている。

実際のところ、イスラームの統一神学（タウヒード）も法学（フィクフ）も、一般的な学知に精通し、科学的な原則に予め基づかなければ何ら有用ではあり得ない。統一神学とは、あらゆる学知の最終的な形であり、総合科学の真髄ではないのか。イスラームの法学は、人間を創造主と結びつけるとともに、他の人々との関係を築くための宗教的な学知ではないのか。イスラームの統一神学と法学は、心理学や解剖学、生理学、歴史学、数学、自然科学など、思想を深め、知性を高めるような科学を必要としているのではないか。実際、科学は一つの根からいくつもの枝葉に分かれながらも、その根から栄養が行き渡り、一つの生に奉仕し一つの果実を生む木のように一体となっている。そしてその果実はあらゆる存在における真の知識に他ならないのではないか。

こうした見解を示す卓越した学者の意見に耳を傾けるかどうかは、われわれ次第である。学者らはわれわれ以上に宗教が何を必要としているのかを理解している。世界が何を必要としているかも知っている。宗教を長き眠りから目覚めさせ、障害を乗り越え、信徒の道に立ちはだかる諸困難を克服するといった有意義な取り組みのために、こうした学者を支えていかなければならない。

さまざまな形式だけでなく信仰のあり方においても、今日宗教が凋落していることは周知の事実であり、これに関して饒舌な説明は不要である。われわれは、宗教の凋落が知性の堕落に起因していることを示そうとしてきた。発展を食い止め、他の問題を引き起こす最たる原因は、男女の教育を軽視してきたことにある。もしこの原因を放置するならば、国の状況は改善されず、宗教も含めてあらゆる問題が野放しにされるだろう。逆に、この原因を取り除きさえすれば、国のあり方、つまり知性的、倫理的な生活のあり方すべてが、それに宗教すらも、改められるだろう。

男性の教育により国の状況が改善され、逸脱した軌道が修正されることは周知のとおりだが、女性の教育の必要性についてはさらなる説明を要するだろう。女性は心身を教育しなければ、完全に成熟した存在にはならない。身体の教育が必要なのは、健康や美しさを保つためである。女性も男性と同じく、体操やスポーツで体を鍛えなければならない。脆弱な体には、脆弱な知性しか宿らないからだ。女性が神経や脳の混乱に度々見舞われるのは、身体のさまざまな器官の働きが乱れているからである。あらゆる面において、健全な知性は健全な体に宿る。アングロサクソン人が他の民族よりも優れている秘密はここにある。

友人のアフマド・ファタヒー・ベイ・ザグルールは、『アングロサクソン人の進歩の秘密』(5)をフランス語からアラビア語に翻訳した。同書を読めば、アングロサクソン人の活気や冒険心、洞察力、見識など、他国の人々よりも優れた性質が、球技や水泳、乗馬で鍛えられた成果だと分かるだろう。さまざまな活動において自由と独立が保障され、少年少女の教育に大きく貢献している結果だとも分かるはずだ。

こうした取り組みを、フランスなど他の国々も倣うようになった。知性の教育は身体の教育を伴わない限り、成果を生まないと認識されたからだ。知性のバランスは、身体機能のバランスなくして成り立たない。子どもは両親、特に妊娠中の母親から心身の状態を引き継ぐという説を思い起こしてもらえば、女性の健康に配慮することで、男性も女性も含め、社会全体がどれほど恩恵を受けるか分かるだろう。

一方、女性に知的な教育が重要なのは、そうしなければ女性の価値が損なわれてしまうからだ。これは現在のわれわれの社会をみれば分かることである。女性が子どもを産み、人間という種を維持しているのは確かだが、この役割はすべての生物の女性や雌にみられるのだから、人間の女性と子沢山の雌猫にまったく差異はないと主張しているようなものだ。

事実われわれは、女性の役割は子どもを産むことだという考えに囚われすぎ、それ以上何も求めてこなかった。女性は他の活動に適していない、公的な場であれ私的な場であれ、男性には不要な存在だと思い込んでいるからだ。さらに、男性が立派な大人になるのは、幼少時から母親に大切に育ててもらったおかげだということも忘れている。男性諸君に理解していただきたいのは、男性と母親には強い絆があるということだ。これが本書における核心的な主張である。繰り返しになるが、母親がしっかり準備してあげなければ、男性は成功できないのだ。これが今日、文明が女性に託した崇高な役割である。すべての発展した国々では、女性たちがこうした責任を担っている。つまり、子どもを産むだけでなく、大人になるまで育て上げるのだ。

当然ながら、第一に、女性には子どもを産む役割、すなわち純粋に肉体的な活動がある。この点は他の生物と共通しており、健康な体こそが不可欠だ。だが第二に、教育という役割があり、これは人間に特徴的な知性の活動だ。実践にあたっては幅広い分野に関する教養、豊かな経験、多様な知識が求められる。

真に有益な事柄を追い求めるすべての国において、注目されるべきは家族のあり方だ。家族こそが国の基礎となるからだ。もし女性が家族の基礎だとすれば、女性の知性が成熟しているか否かは、そのまま国の発展や遅れに影響を与える。

女性は家族を判断する基準である。もし女性が卑しい性格であれば、夫や親族、子どもから蔑まれ、その家族は互いを結びつける絆もないまま、バラバラになってしまう。生活の秩序も規律もなく、品性や慣習も蝕まれる。一方、女性が知性と品性を重んじれば、家族全員に指針を与え、全員の尊敬を集めることになる。また家族は誰もが自分自身を尊重し、愛情溢れる成熟した秩序の下で生活し、互いに強く結びつき、団結を示すだろう。このような家族の性質は、国においてもみられる。各国の振る舞いは、それぞれの家族の振る舞いでもある。国レベルの性格や倫理観が、家庭でみられないことなどあり得ない。国民それぞれの倫理観が、家族それぞれの倫理観と異なることもない。家族が高い精神性を示すのならば、国も同様である。家族の精神が蝕まれていれば、国の精神についても然りである。こうして女性の活動の度合いから、その国の発展や遅れが明らかとなる。要するに、国の進歩にはさまざまな要因が関わるが、その最たるものが女性の進歩なのである。逆に国の凋落もさまざまな要因で生じるが、女性の地位はその筆頭と言えよう。

女性が貶められているわが国の現状は、実りある未来に向けて発展していく上で最大の足かせとなっている。女性に対する教育を、いずれ手に入れればよいぜいたく品だとか、ゆっくりと時間をかけて準備すればいいものと考える人が多いが、そうではない。男性の教育の利点を説いて、女性の教育よりも優先させるべきだと誤解している人は実際大勢いる。しかし、女性の教育も、即座に着手し、必要な準備を行わなければならないほど重要な取り組みである。それをすぐさま実行に移せば、あらゆる改革がいっそう容易くなるであろうし、逆になおざりにすれば、他のすべての努力が台無しになるような、喫緊の課題なのだ。

ヨーロッパではこの一世紀、女性の教育に尽力してきたが、その結果として、女は子どもを産む機械にすぎないという従来の主張は間違っていたことが明らかになった。理性が権力に、自由が専制支配に取って代わると、それまでの無知の時代には知られていなかった女性の潜在能力が明らかになる。また、女性は男性と同じように高度な職務に適しており、女性が男性より劣る状態は一時的なものであり、自然ではないという理解も深まった。眠りから目覚めた女性は理性の光を灯し、才能を活かし、思想と学知を身につけ、物事に取り組む力を鍛え上げる。知性を高め、かつての世代には想像できないほど感性を鍛え上げる。女性は自由を享受すればするほど、進歩を遂げてきたのであった。

西洋人女性の運動や活動を知る者であれば、彼女らが文明の発展に計り知れないほどの多大なる貢献を果たしてきたと分かっているだろう。工業や商業、科学、芸術のいかなる分野であれ、男性と肩を並べて活躍する女性たちの姿がみられる。女性が率先して動かなければ慈善活動は成り立たない。政治的な活動も然りだ。男女の差異があるとすれば、女性に政治的な権利が与えられていないことだけである。ヨーロッパ社会で期待されているように、もし女性に政治的権利が与えられれば、男女の平等は実現するのだが、すでにそうした権利の大部分を得た者もいる。米国と英国では市町村議会の、フランスでは商業裁判所の選挙権を、それぞれ女性も獲得しているし、米国の一部の州では女性が州議会議員になっている。欧米ではどの国の女性団体も女性の権利を要求し、その獲得を目指さない集団など存在しない。例年のように、女性たちの活動は新たな成功を遂げ、歴史的偉業が果たされている。

弱い立場に置かれた女性たちが驚異的な力を示したこれらの運動を知れば、近い将来女性が男性と平等なあらゆる権利を確実に手にできると確信するに違いない。その後、どのような展開となるのか、女性が〔男性と同じ立場で〕満足するのか、それとも進歩と発展を続け男性以上の立場を得るのかは、神のみぞ知るところである。

女性はすでに商業や工業、芸術、科学の分野で活躍しているが、個別の実績だけみれば、国の中でさほど大きな影響力をもっているようにはみえないだろう。しかし、全体としてみるならば、女性が国のあり方に著しく影響を与えているのは明らかだ。それは、われわれが気づいていない、活かしていない重要な資本なのだ。最も嘆かわしいのは、わが国が、女性の慈善活動を禁止していることだ。慈善への衝動は女性がもって生まれた性質である。女性は、繊細な感性や優しい心で、たいていの男性が逃げ出すような貧者や病人への奉仕に耐え、行き届いた配慮をし、精神的な支えとなる。こうした性質はたいていの女性にみられるが、無知な者は例外である。無知な女性は、慈善活動をしようとは思わず、慈愛の宝に満ちた精神を生かさず、ごく些細で卑しい事柄に囚われてしまう。

ここまで文明国における女性の取り組みについて論じてきたが、イスラーム初期の女性もまた少なからず、ムスリムの公益のために何らかの役割を果たしてきた。ムスリムであれば、預言者の言行録に関する多くの部分が、テーマは多岐にわたったにせよ、アーイシャやウンム・サラマ(6)、その他の信徒たちの母（預言者の妻）や教友である女性たちによって伝えられたことや、少なからぬ女性が、学知に長けた者や優れた詩人として名を馳せていたことを知っているだろう。それに、アーイシャがカリフ〔ムハンマドの後継者〕の人選にも口をはさみ、あるカリフ〔第四代正統カリフとなったアリー〕に対抗する集団を率いたことも周知のとおりである。アーイシャが人々に対して自分の集団に加わるよう訴えた演説を、ここで引用しよう。ちょうどバスラに入る時に語ったものだ。

街のならず者や口論を続ける部族たちが〔マッカの〕預言者の聖域に押し入り、おぞましい行為に訴え、成り上がり者たちをかくまった。何ら正当な理由なくウスマーンを殺害したのだから、アッラーと預言者の呪いに値する者たちだ。禁じられた血を流し、他人の所有物を略奪することを合法とみなし、神聖な街と神聖な月を冒瀆した。名誉と身体を引き裂いた。危害を加える、慎みを知らない不信心者であり、自分たちを憎んできた人々の家屋に陣取った。私は外に出て、これらの輩が何をもたらしたのか、人々がいかなる被害を被っているのか、この状況を変えるために何をすべきか、ムスリムたちに語りかけた。《彼らの秘密の会議の多くは、無益なことである。ただし施しや善行を勧め、あるいは人々の間を執り成すのは別である》〔四－一一四〕。われわれは、老若男女を問わず、アッラーの命、預言者の命のままに改革に目覚めなければならない。これがわれわれの大義だ。そのことをあなた方に訴え、奮起を促したい。禁止されたものを忌み嫌い、変革に邁進しなさい、と。[7]

これに関してウンム・アティーヤ[8]も次のように述べている。「私は預言者とともに七回にわたって遠征に出かけた。従軍し、食事を用意し、負傷者の手当をし、病人を看護した」。この一文を読んだ者は、看護婦として人命救助活動に身を捧げている西洋人女性の話かと勘違いするだろう[9]。

カリフやイマーム職、あるいはいくつかの証言に関しては、聖法に女性よりも男性を優先する規定があると考える向きもある。だが、かかる規定は、女性の私生活や自由とは何ら関係がない。聖法を定めたアッラーは、女性の役割を家庭内に限定したり、男性のみに公的な役割を与えたりしたわけではない。ヨーロッパ社会では、文明化に必要な性別による役割分担はあったにせよ、女性たちが自身の能力にふさわしい、高い地位に就くことは妨げられなかった。賢明な者ならば、聖法があらゆる文明的な活動に勤しむ権利を女性に認めた目的を、正しく理解するだろう。その中には女性が男性の後見人になる資格も含まれている。また、女性の権利行使を禁じるような慣習を容認することもないだろう。

私がこれまで論じてきた一連の原則を認める者であれば、すべては次の一言に要約しうると気づくに違いない。それは「国の状況を改善したければ、女性が置かれた状況を改善しなければならない」ということだ。この主題についてあらゆる観点から思考をめぐらせば、真実は明確になり、すべての秘密が白日の下にさらされるだろう。われわれは、現実だと思い込んできた妄想から脱却するのだ。それによって今後、女性たちが未来を用意され本来の姿どおり美しく輝き、心と体の二つの成熟した衣を身にまとっていることに気づくだろう。

注

（1）イブン・ハルドゥーン（一三三二－一四〇六）：アラブの歴史家、思想家。代表作に『歴史序説』等。

（2）アラブ・ナショナリズム時代に先立つ一九世紀末に至るまで、「アラブ」は伝統的に都市住民とは区別される「遊牧民」の意味で使われる場合が多かった。クルアーンにおいてもアラブの複数形「アアラーブ」で遊牧民を指しつつ、《(遊牧の) アラビア人の不信心と偽善は最も甚だしい》［九－九七］などといった章句がある。

（3）ムハンマド・アブドゥ（一八四九－一九〇五）：エジプトの代表的なイスラーム改革者。カースィム・アミーンの師匠にあたる。

（4）引用元は、ムハンマド・アブドゥ『統一のメッセージ』（一八九七）。原文は Muḥammad ʻAbduh, *Al-Aʻmāl al-kāmila lil-imām al-shaykh Muḥammad ʻAbduh*, ed. Muḥammad ʻImāra, Cairo: Dār al-shurūq, 2006, Vol.III, pp. 468–469. 英訳として Muhammad Auduh, *The Theology of Unity*, trans. Ishaq Musa'ad and Kenneth Cragg, Islamic Book Trust, 2004, pp. 126–127 を参照。

（5）原著はフランスの教育学者エドモンド・ドモラン（一八五二－一九〇七）が一八九七年に出版した『なぜアングロサクソン人は優れているか?』(*À quoi tient la supériorité des Anglo-Saxons?*)。アフマド・ファタヒー・ザグルール（一八六三－一九一四）は、二〇世紀前半の代表的な民族主義政治家サアド・ザグルールの弟にあたる。アフマドは、一八九九年にドモランの同著のアラビア語訳を出版し、当時植民地支配下にあったアラブ地域の言論界に多大なインパクトを与えた。

（6）ウンム・サラマ：預言者ムハンマドの妻の一人で、預言者の言行を多く伝えたことで知られる。

（7）タバリーの『歴史』第六巻に典拠。

（8）ウンム・アティーヤ・アンサーリー：バスラ出身の女性の教友の一人。

（9）ナイチンゲールを指していると推測される。なおナイチンゲールは、一八四九年から五〇年にかけてエジプトで貧者や病人の手当てに勤しむ修道女を訪れたことで知られる。

第四章　家族

女性の地位向上は教育のみでは実現せず、そのために家族のあり方を成熟させることも必要である。女性の精神的な成長によって家族のあり方が成熟するのは確かだ。だが、家族のあり方は慣習や聖法（シャリーア）のルールとも結びつき、女性の地位向上やその低下に大きく関わるようになった。それゆえ結婚や一夫多妻婚、離婚といった家族生活をめぐる最も重要な諸課題を検討しなければならない。以下では項目ごとに簡潔に論じていこう。

1　結婚について

イスラーム法学者の著書には、結婚を「男性が女性と同衾するための契約」と捉えていると分かる記述がある。その中には、夫と妻の間に肉体的な欲望以外のものがあることを示す表現が一つもない。これらの書物は、善き男女が互いに対して求める、最も重要な精神的な義務について何も語っていない。クルアーンは結婚について明確に定義している。文明化した国々のいかなる法をみても、クルアーンの定義以上に的確なものはないと思う。至高なるアッラーは次のようにのたまう。《かれ〔アッラー〕の印の一つではないか。あなた方は彼女らによって安らぎを得るよう（取り計らわれ）、あなた方の間に愛と情けの念を植えつけられる》〔三〇－二一〕。

神の啓示の書にある言葉と比べてみれば、イスラーム法学者らがいかに女性の地位を貶めてきたかが分かるだろう。彼らの主張がムスリム全体に広まり、結婚は貶められ、男が女の肉体を弄ぶための契約とみなされても驚くべきことではない。こうした歪んだ考えに基づき、法規定の枝葉末節に拘泥した見解が示されてきた。

アッラーは結婚を夫婦の愛と情けに基づいた素晴らしい制度としたにもかかわらず、さまざまなイスラーム学者のせいで、それは男の享楽の道具として曲解された。愛と情けに関する事柄はすべて無視され、それに反するあらゆる事柄に執着されるようになった。

互いに惹かれ合う感情があることを確認した上で、男女に婚姻契約を結ぶことが求められるのは、夫婦間の愛情を育むためである。情けを互いに抱くためには、それぞれが相手に優しく接することが求められる。ところが、聖法における結婚の本来の意味がないがしろにされると、結婚は軽視され、それに伴う義務は無視されるようになる。その結果の一つが、男女が互いを直接見ることもないまま、婚姻契約が成立するようになったことである。

すでに述べたが、イスラームのいかなる法学派も、婚約した男性が相手の女性を直接見ることを容認してきた。ハディースによれば、預言者はある男性信者に対して、「彼女〔婚約者〕を見なさい。そうするのがあなたにふさわしい」と命じたという。となれば、なぜわれわれはこのような有益なアドバイスを無視し、さして重要ではない見解にばかり固執しているのだろうか。有益な事柄よりも有害な事柄を選んでしまうのは、無知な人々にありがちである。

健全な知性をもつ男女が、お互いをよく知らないまま、生活をともにし、すべてを共有する契約を結ぶことなど、どうしてできようか。普通の人々は、実際に自分の目で見て、不具合がまったくないと確かめなければ、納得して羊やロバを買わないだろう。だが、そういった賢明な者が、結婚となれば心を迷わせ、性急に軽率になるのはなぜか。

「女性は窓から何度か婚約者を見ている」と言うかもしれない。男性も母や姉妹から、「髪は黒く、頬は白く、口は小さく、背は中くらいで、真面目な性格だ」などと、婚約者の容姿や性格を伝えられているだろう。そうして知るべきことを知り得るのだが、このような断片的な説明は、他人を正確に理解するのにまるで役に立たない。その説明だけでは、安心してともに暮らし、愛情をもって子育てができる相手かどうか分からない。分別のある人ならば、考え、話し、行動する生身の人間としての相手の姿を性格なども含めて自分の目で見て、感性や感覚が合うか、求めるものや気持ちなどが同じかを判断することが不可欠だろう。

なぜだか分からないけれども、どうも第一印象が悪いということはしばしばある。逆に距離があった時はよく思っていなかったが、近づいてじっくり話してみると印象が変わることもある。ひと目見た時は美しい容姿に惹かれたが、近づいて言葉を交わしてみるとまったく気持ちが変わることだってあるだろう。とりわけ容姿から受ける印象は、好きになろうが嫌いになろうが、実際の美しさや醜さとは関係ない。皆が皆同じように感じるわけではない。同じ人でも、ある者には嫌われるし、別の者には好まれるのだ。

気持ちが惹かれ合うことは夫婦にとって必要だ。結婚しようという男女にそれは必要ないというのなら、一体他に何が必要だというのか。外見的な魅力は、結婚に十分ではない。むしろ不可欠なのは心が惹かれ合うことだ。完全な一致ではなく（それは不可能である）、性格や倫理観、知性における調和が望ましい。わずかでも二人が一緒の時間を過ごさない限り、そうした調和がありうるのか分からない。調和に基づく結婚のためには、夫婦は互いに尊重しあわなければならないという点で異論はない。この結び目は簡単には解けないほど固く、貞節と献身を義務づける。一方、調和に基づかない結婚は失敗した契約となるだろう。婚姻関係が長引いても、どちらかが優れた資質を有していても、お互いに良いことはない。アアマシュ[1]によれば、「直接会ったことのない二人が結婚したら、当然ながら気苦労と悲哀は絶えない」とのことだ。

かかる条件を満たさない現行の結婚では、夫婦の結びつきは弱く、予想外の問題が生じた途端にそれは解けてしまう。関係が壊れるのはたいていの場合、それぞれが束縛から逃れたがって、それを維持する方法も価値もないと考えるからである。

健全な感性の持ち主であれば、男性が女性を選ぶのと同じように、女性が男性を選ぶのは正当だと考えるだろう。というのも、当人の意見こそが、家族の意見よりも重要だからだ。結婚に関する事柄について女性が考えることを禁じたり、本人を排除して保護者しか意見を言えない状態にしたりするのは筋違いだ。

われわれの慣習では、婚約相手について娘には話さないほうがよいとされている。そのため女性には相手の人となりに関する情報が伝わらない。彼と結婚したいかと、女性に尋ねる人はいない。彼との結婚について、女性側の意思を尋ねる者はいない。彼女の好みや望み、思いなど誰も聞かない。こうして女性は自分の心の内を示す勇気を持てなくなる。周りの人間は、人生で最も重要な事柄について、女性が意見を表明することはふさわしくないと考えている。親戚や遠戚は彼女の結婚に口出しするのに、当人は除け者である。これこそが恥じらいの美徳であり、成熟した品性であるとされているが、それは大間違いだ。

寛大なる聖法は、結婚に関して男性と同じだけの権利を女性に与えている。女性には、何でも望みが叶うと確信できるくらい、男性と同等の権利が付与されている。われわれは聖法の正しき教えに耳を傾け、クルアーンに準じ、預言者のスンナや教友の正しき取り組みを知り、結婚における幸福を実現しなければならない。

クルアーンは次のように述べている。《女性は、公平な状態の下に、彼らに対して対等の権利をもつ》[二―二二八]。この章句に関してイブン・アッバースは「妻が私を魅惑しようと着飾るように、私も妻を魅惑するよう着飾りたい」と語っている。また偉大なるアッラーは、《できるだけ仲良く、彼女らと暮らしなさい》[四―一九]とものたまう。そして女性たちの権利を尊び、《彼女らは堅い誓約をあなた方から得ている》[四―二一]とおっしゃる。預言者ムハンマドの言葉にも、「最も敬虔な者は、性格においても最も優れ、自身の家族に対しても最も優しい」とある。ハディースによれば、預言者は「私はこの世で三つを愛している。女性と芳香と心安らぐ祈りだ」とも語ったという。預言者は女性を大切にしていたが、それは彼の良き性格をあらわしていた。妻が動物に乗ろうとすれば、妻の踏み台になるよう大地に片膝をついた。冗談を言って女性を笑わせたり、妻のアーイシャとかけっこまでした。ある時はアーイシャが、またある時は預言者が勝利し、「これでお相子だ」とおっしゃったそうだ。預言者は女性を思いやり、常に彼女たちに助言を与えた。「あなた方の中で最も素晴らしい者は、女性を最も善く扱う者だ」、「女性が善い行いをするよう、配慮せよ」とも述べたという。預言者のこうした言葉はたくさんある。いずれも、イスラームでは女性を尊重し、その権利を重んじ、配慮と思いやりを持って女性と接するよう説いていることを示す。

ただし、今日のように女性が無知な状態であり続けるなら、婚姻は現在そうであるように、男性が女性を権威主義的(イスティブダード)に支配するための数ある方法の一つとしかなり得ない。だが、女性が自らの権利を学び、自尊心を持ちさえすれば、結婚はおのずと男女双方の幸福を実現するための方法になるだろう。結婚は、お互いの性格に惹かれ合い、心身や知性の面でも完全なる相思相愛に基づくものになる。女性は自ら判断し、男性の中から惹かれ、愛せる者を選んで、結婚の誓約を交わすだろう。家族も、彼女が十分な判断力をもって相手を選ぶと分かっていて、その意見に同意するだろう。彼女が家族の怒りを買う心配も、周りから批判を受けることもない。かくして男性は女性の価値を知り、真の愛を心から感じることだろう。

愛し合う夫婦が無上の幸福に浸っていることは明らかである。たとえ一文無しになったとしても、食卓にレンズ豆と玉ねぎしか並ばなくても、気を揉むことがあろうか。日々、心がときめくのであれば、それで十分ではないか。喜びは体に活力を、心に安心感を与え、生の充実感を満たし、人生に彩りを加え、重荷を軽減し、満足感を生み出す。かつてウマル・イブン・ハッターブ〔第二代正統カリフ〕が

「アッラーに仕えし者が信仰で与えられた最良のものは、善き妻である」と言ったとおりである。

今日、夫婦が互いにとって最も遠い存在となっているのは、どうしたことだろうか。もしこの距離感だけが問題ならば、耐え忍ぶのは容易い。しかし、人間は生まれながらにして自らの幸福を追求するものだが、現在の夫婦はお互いに、相手をこの幸福を阻む存在だと思っているから厄介だ。かかる考えにより、家庭内には稲妻を落としそうな怪しげな雲がたなびいている。互いに相手の欠点ばかりを気にして、理由があろうとなかろうと、四六時中、寝台の上でさえも口論が絶えないのである。

こうした状況で、妻は家事を使用人に丸投げして好き放題にさせる。家の中は混沌とし、あらゆる事柄が疎かになる。家は一見、無人の館のようだ。寝具に土埃がつもり、食卓は汚れたままだ。食べ物にせよ、飲み物にせよ、衣服にせよ、夫や子どもはないがしろにされる。妻は自らに降り掛かった不幸について年がら年中考えをめぐらせるか、朝から家を出て近所を歩きまわり、気分を紛らわせようとする。夫の状況も、それよりましなわけではない。夫も家に寄りつかず、下町のカフェや隣人の家で気分転換をする。帰宅しても妻を避け、だんまりを決め込む。

以上に見たように、結婚とは男性が複数の女性を一度に、あるいは次々と手中に収めて、楽しむための手段である。女性は、現在のこうした結婚の形に何ら利点を見出せない。

結婚して伴侶と喜怒哀楽を分かち合いたいと願っていた男性は皆、失望する。結婚してそんなことが実現するはずないからだ。昨今では、多くの若者が、結婚できるにもかかわらず、それを望まないという現象がみられる。教養ある男性の数は年々増えていくはずだ。男子の教育を義務とみなす考え方が広まりつつあるし、今後もさらに広まるだろうからだ。それに伴い、女性にも学問と自由を基調とした教育が必要不可欠と考えられるようになった。さもなくば、結婚に対する不信感から、結婚は無意味な制度となり、その破綻は必然となる。

新しい世代の男性が結婚よりも独身を選ぶのは、結婚生活に希望を見出せないからだと言っても過言ではない。若者は見たこともない相手と結ばれることを良しとしない。彼らが求めているのは、相思相愛の上、固い友情で結ばれた相手であって、どうにでも使えるような女中ではない。そして、良き精神や健全な原則に基づいた教育を子どもに与えられる、知識や経験の豊かな母親となる女性を求めているのだ。

頑迷な態度を改め、古き習慣にしがみつくまいと思う者は、新世代の若者の傾向を、前向きに喜ばしく捉えなければならない。若者たちの言葉に耳を傾け、その要求に目を向けなければならない。それを即座に退けてはならないし、「西洋かぶれ」とやみくもに批判したりせず、彼らの要求をよく吟味しなければならない。理性と聖法のバランスを取りつつ考え、求められている変化が、真なる宗教の原則と本来のムスリムのあり方に立ち戻ることだと分かれば、若者の意見は躊躇なく支持され、健全なる知性を持って改革は推進されるだろう。

2　一夫多妻婚について

一夫多妻婚は古くからの慣習で、イスラーム生誕の時期にも行われていたことが知られる。それは女性が人間と動物の間に位置する独特な存在だと考えられていた頃からのものである。歴史研究が示すように、一夫多妻婚は、社会の仕組みの中での女性の地位を反映した慣習の一つであった。すなわち、女性の地位が低ければ国中に広まるが、女性の地位が高まれば減少するか、消え去るというのである。個々人や特定の集団の事情によって行われることもあり、その場合には、特有の位置づけをもつ。一夫多妻婚が浸透した国であっても、成熟した知性をもつ男性は、家庭における妻や子どもの立場を考慮し、女性がイスラームと自然の法にふさわしい地位を享受する権利をもつと考えて、一人の妻だけで満足する。現在、一夫多妻婚の慣習は、二〇～三〇年前と比べても、わが国の一部の階級の間で廃れてきていることは疑う余地もない。

奴隷制の廃止が一夫多妻婚の減少に寄与したのは確かであろう。それにより、かつて支配階級の家々に広まっていた奴隷女性を置く慣習が廃れたからである。とはいえ、人間の知性の発展や精神の陶冶が、一夫多妻婚の消滅に重要な影響を与えたようにもみえる。教養を高めた男性は、女性に対して権威主義的に接することや、欲望を感じても、男としての名誉を自ら汚すような振る舞いをすることに耐えられなくなったからである。

一夫多妻婚は明らかに露骨な女性蔑視に基づくものである。他の女性と夫を共有したいと思う妻などいない。男性が妻を他の男性と共有したいと思わないのと同じである。相手を独占したいというのは、男女問わず、自然な気持ちだ。雄鶏一羽が雌鳥数十羽と暮らしている例を挙げて、一夫一婦が不自然だと主張する者もいる。だが、愛の独占は少なくとも人間が慣習や伝統として獲得したものである。最下等生物から成熟した人間へと進化する過程で、脈々と引き継がれてきた特質なのだ。それは、本能と変わらないほどに人間精神に深く根づき、定着している。

自尊心のある妻ならば、夫が他の女性と結ばれたと知れば傷つき、おそらく二者択一を迫られるだろう。夫への愛を貫き、嫉妬の炎を燃やし、苦しみ続けるか、あるいは何らかの理由で共同生活を受け入れながらも家庭で自分の立場を確保するかだ。どちらを選んでも、激しい心痛を感じるだろう。自分の立つべき場所が崩れ去ったと感じるだろうし、夫にはもはや自分に対する敬意が残っていないと絶望するだろう。いずれにせよ、苦しみが常についてまわるのだ。

複数の妻が、それぞれ自分の状況に満足している場合もありうると主張する者がいるが、二つの点で反論したい。第一に、それぞれの妻が満足するというのは、社会の実情に鑑みても極めてまれなケースのみである。実際のところ、夫婦の間で繰り広げられる争いや罪深い行為は、ほとんど数え切れない。一夫多妻婚が、夫婦間や妻同士の対立を引き起こし、家族や親族を苦しめる要因となるのは明白だ。「妻たちは夫を共有して満足し、穏やかで落ち着いた生活を送っている」と言い張る者がいるとすれば、家庭内で女性がいかなる状況に置かれているかを理解していないだけである。

第二に、妻が満足しているごくまれなケースがあったとしても、それは女性が男性の所有物であるという考えを受け入れているからである。夫には妻を独占するとともに、望むままに他の女性を手に入れる権利があり、自分には気まぐれな夫に要求する権利がないと思い込んでいる。わが国の男性が最近まで、自分は支配者の所有物だと考えていたのと似たようなものだ。

法と正義とは何かを知っている教養ある男性ならば、二人の妻の責任を負うことなど耐えられないはずだ。それ以上の人数であれば、なおさら言うまでもない。

すでに述べたように、女性は男性の心を支配したいという本能を有している。もし同じ本能を持つ別の女性が夫の側にいて、あらゆる手段を用いて意思を押し通そうとするのを目にしたら、混乱と不安に陥り、落ち着きを失い、生活は苦渋に満ちたものとなるだろう。良識ある男性ならば、そうした状況がはっきりと分かるだろう。かかる痛みに喘いでいる妻の姿を見て、男性は心穏やかでいられるものだろうか。

女性をさらに苦しめ混乱させているのは、「生活費やその他の費用については公平を求められるが、夫は妻を平等に愛する必要はない」というイスラーム学者の見解である。こうした状況におかれた女性の苦しみは、良識ある男性にも多大な影響を与える。男は自分がその苦しみの元凶だと感じ取るからだ。

また、それぞれの妻から生まれた子どもたちは、激しい争いや対立の中で育ち、愛情ある関係を育めるような人格を形成しづらい。むしろそれとは逆の人格を形づくり、憎悪を募らせてしまう。母親同士や父母の争いを食い止めたり、その心理的影響を和らげたりすることができる子どもはいない。子どもたちの心には、欺瞞と裏切り、悪徳の毒素が植えつけられ、その影響はあらゆる機会に顔を出す。ヨーロッパ諸国が表向きは和平を重んじるふりをしながら、戦争の準備を怠らず、いざとなれば相手国に飛びかかって、互いに引き裂きあっている状況と似ている。同じことが、多くの家族に見られるのだ。

だが、子どもたちが両親の懐に抱かれて暮らす、一体感のある家族にはこうした状況は見られない。結束した家族は誠実な愛情によって一つになり、たとえ競い合ったとしても互いへの思いやりや、相手の利益のためでしかない。まるで一つの体のさまざまな器官のように固い絆で結びついているのだ。一人が喜べば皆がこぞって喜び、一人が泣けば皆がともに泣く。いかなる状況にあっても、こうした家族は幸せである。アッラーが彼らに、賢明な者であれば必ず望むであろう最大の恵みを与えたからだ。それは、最も近しい関係にある人間同士の愛情に他ならない。

以上から、男性にとって最善なのは、一人の妻を選ぶことであるのは疑いない。そうしてはじめて宗教法が求める最低限のことが可能になる。一夫一婦婚の下で妻と子どもたちの権利を保障し、費用を捻出し、教育や愛情を与えるのであれば、夫は限りなく幸福に近づくだろう。

最初の妻が慢性の病気を患い、夫婦の義務を果たせないなど、必要に迫られた場合でもない限り、男性は二人以上の女性と結婚すべきではない。かかる例外的な場合でも、男性が別の女性と結婚するのは望ましくないと私は考える。最初の妻に何の罪もないからだ。男らしい者に求められるのは、病床の妻が抱える苦しみをともに耐え忍ぶことだ。夫に何が起きようと妻は耐え忍ばねばならないというのであれば、逆も然りである。

妻が子どもを産めない場合、二人目の妻を娶ることが正当化されうる。その際には、最初の妻が受け入れるならば結婚生活を続けることもできるし、離婚を望むならばそれも可能とするのが条件だ。二人目の妻を認めるのは、多くの男性が子孫の断絶に耐えられないからだ。ただしこのような例外を除けば、一夫多妻婚は野蛮な欲望を満たすだけの、法を愚弄した行為だと私は考えている。かかる関係は、精神を腐敗させ、感覚を鈍らせ、欲望に身を任せるためのものである。

一夫多妻婚に関するクルアーンの章句をよく読めば、それが容認されると同時に禁止されていることが分かるだろう。アッラーは次のようにのたまう。

《あなた方がよいと思う二人、三人、または四人の女を娶れ。だが公平にしてやれそうにもないならば、只一人だけ（娶るか）、またはあなた方の右手が所有する者（奴隷の女）で我慢しておきなさい》〔四―三〕。

《あなた方は妻たちに対して公平にしようとしても、到底できないだろう。あなた方は（そう）望んでも。偏愛に傾き、妻の一人をあいまいに放って置いてはならない。あなた方が融和し、主を畏れるのならば》〔四―一二九〕。

これらの章句から、アッラーが不公平を恐れて妻は一人で十分であると述べたこと、さらには〔複数の妻の間で〕公平を実現することは不可能であると明言したことが分かる。公平な扱いは不可能と宣言されているのに、不公平を恐れずにいることなどできようか。実現不可能なことを前に、人は恐れを抱かないのか。不可能なことをしたいと思う者は必ず恐れを抱くだろうし、むしろ不可能だと思えば正反対の行動をとるのではないだろうか。

一夫多妻婚が慣行や実態として認められていたにせよ、この二つの章句から、禁止されていたと考えても、あながち間違ってはいないだろう。二つの章句は、宗教的に一夫多妻婚を認めているようにみえるが、あくまでアッラーは人々に「自分の状況に応じて」と釘を刺している。なんの心配もなく自信のある者が複数の妻を娶りたいならば、アッラーに対して責任を負うという条件つきで容認される。だがその次元まで自分を高めることができないのではと不安を抱く者は、複数の女性との結婚が禁じられる。なおアッラーは、人間がそこまで達観することは不可能だと警告している。用心を重ねるに越したことはない。

この章句から最大限に引き出しうる結論とは、一夫多妻婚は、不公平に陥らない限りにおいて容認されるというものだ。それは、聖法上の判断における功罪の程度によって禁止（ハラーム）や忌避（マクルーフ）のいずれかとみなされる、他の事例と同じような形で認められる（ハラール）ということだ。複数の妻たちに不公正が蔓延っていたり、一夫多妻婚が家庭内で腐敗をもたらしていたり、法的に守られるべき制限を超えていたり、家族同士の敵対関係を生み出したりしているのが現状だ。こうした場合は、公益を保護する為政者が、共同体（ウンマ）の利益に適うと判断し、条件つきあるいは条件なしで一夫多妻婚を禁止することは可能である。

今日の男性は、この慣習を捨て去るほうがよいだろう。そうしたからといって、後世の人々が悔やむとは思えない。女性との関係は、現在では肉体的欲望よりも精神的な側面がより重要となっている。結婚したい人は皆、精神的な満足を得たいと望むだろう。理性に導かれて結婚を望み、自らが何を求めているのかをはっきりと意識している者は、結婚相手として、さまざまな支えとなり、孤独を癒し、仕事の援けとなり、家族の面倒をみる配偶者を得ようとする。よって最も尊敬される一族から、知性や品性、清廉さ、裏表のなさといった自らの好みに即して最善の妻を選ぶだろう。美しく、魅力的で、愛らしく、人の心を揺り動かし、一を聞いて十を知り、言葉が不要なほどに理解が早く、優しさに溢れ、美徳を愛する伴侶に出会うだろう。

一生添い遂げる妻を選ぶ時には、こうした性格を重視するものだ。妻は夫を災難や突然の不幸から守り、夫は妻を嘘や偽りから保護する。子どもたちに良い教育をほどこし、かつて母乳を与えたように、教養を与えるのだ。子どもたちは母親から肉体を受け継ぐように、精神も受け継ぐ。愛情を育み、人間味も身につける。すると夫は、どんな時も安らぎや安心感を抱き、幸福感と開放感で満たされる。わずかな時間であれ充足感にあふれた人生は、長々とはく奪される人生よりも遥かに素晴らしい。いったい、かかる永遠の喜びを味わう人生を、最も低俗な欲望に満ちた人生と比べることなどできようか。

3　離婚について

フランスの有名な作家ヴォルテールは、いつもながらの風刺を利かせて次のように述べたことがある。「この世で離婚は、結婚とほぼ同時期に初めて観察された。ただし、結婚のほうが数週間早かっただろう。すなわち、男は結婚して二週間後に妻と口論をして、三週間後に妻を殴り、六週間後に別れたというわけだ[2]」。ヴォルテールが言いたかったのは、離婚はいにしえより世界でみられる現象であり、結婚に付随して行われてきたということだ。これは疑いようのない事実だ。諸国の歴史に目を向ければ、離婚はユダヤ人やペルシア人、ギリシア人、ローマ人において合法だったことが分かる。その一方で、キリスト教だけは、その生誕からまもなく離婚を禁止した。

このことは欧米諸国の法律にも今日まで影響を与えている。そうした国では結婚の契約は夫婦のどちらかが死亡するまで解消されない。結婚の契約を尊重する極端な例と言えるが、かかる行き過ぎは人生に息苦しさをもたらす。健全な国を望むからこそ、結婚の解消は死亡した時しか認められないと定めたのであろうが、ともに暮らせないと思う相手と夫婦生活を続けるのは耐えがたいことだ。

かくして西洋の人々は、教会の教えが社会の必要性や実態を慮らず、過度なまでに完全さを要求していると感じるようになった。こうした人間的な感情が、教会のルールのくびきからの解放を求める運動へとつながり、西洋人は生活上の利益やその必要性に応じて法律を制定する方向に向かった。この流れで、教会もまた人々の要求やさまざまな生活スタイルに応えざるを得なくなった。権威を維持しようとして、「婚姻の解消」を認めるガイドラインを策定したが、実質的には離婚と何ら変わりがなかった。夫婦のいずれかが結婚時に完全に自由な選択肢をもたなかったとか、相手をよく知らなかったと証明された場合、ないしは相手が夫婦の義務を果たしていない場合は、婚姻の解消を認めたのだ。「相手を間違えた」という解釈はやがて拡大され、何でも認められるようになった。最終的には夫婦のいずれかが「相手が結婚後の主な義務を果たさなかったし、もはや果たすことができない」と主張すれば、それは婚姻を解消できる十分な理由となった。そもそも義務の不履行については夫婦以外に知りようがないのだから、夫婦の主張こそが解消を容認するか否かの根拠となったのだ。

しかしながら、こうしたゆるやかな決まりに人々が納得することはなかった。一定の期間は満足していたものの、完全なガイドラインを再び求めるようになったのだ。とりわけ教会が「婚姻の解消」を認める根拠そのものが嘘だらけで、実態とほとんど一致していなかったことが問題視された。法が捻じ曲げられている状況は、良心的で健全な感覚を持った人々には受け入れ難かった。

そのため西洋諸国の政府は、離婚を制度化し、明確な条件を定めて認める他なくなり、そこで法の枠組みを広げて対応した。離婚の判断を下していた教会の権威は弱まったが、それはまた、人々の利益に即した判断と一致しない、あらゆる領域においても同じだった。時代や地域の要請に応じた判断を下せず、人間の性質をないがしろにしてきたすべての宗教や法制度が自然に行き着いた結果だった。教義の本質的な部分やその実践方法にしっかり目を向けず、前例を踏襲し、同じ場所に留まり続けたなれの果てである。

教会が市民法に基づいた離婚を認めず、再婚を許可しないという立場を示したにもかかわらず、離婚はほとんどの西洋諸国で法制化された。ただし、許容はするが、尊重に値する行為だとは捉えられていなかった。その唯一の例外が米国である。米国は他国以上に進歩を追求して留まることなく努力を重ね、離婚の法制化の道を開き、他国のように特別の制約を課さなかった。

西洋諸国の状況を見れば、すべての国において離婚の制限が緩みつつあることに気づくだろう。夫婦いずれかの不貞が明らかになったり、どちらかが何らかの罪で実刑に処されたりした場合にしか離婚を認めない制度は、いまに不十分とみなされるようになるだろう。夫婦のいずれかに相応の理由があれば、二人の意思に委ねる形で、いつでも離婚は認められるようになるだろう。

離婚を制限なく容認するのは有害かもしれないが、それは避けようのない害でもある。メリットのほうがデメリットを上回っているのだから、十分容認できるということだ。いかなる制度であっても完全に無害ではあり得ない。この世の生活において完ぺきであることは不可能だ。

この点についてこれ以上長々と検討するつもりはない。むしろ、今までの説明では避けてきた宗教的な見地に基づく検討を始めたい。離婚やその指針に関する聖典の章句に注目すれば、アッラーがムスリムに惜しみなく祝福を与えていると分かるだろう。クルアーンが最大限の知恵を示し、あらゆる課題を適切に扱っていると知るだろう。

最初に注目すべきは、われわれの聖法は、そもそも離婚に関連するあらゆる課題に適用できる一般原則を示しているということだ。それはつまり、離婚それ自体は禁止されているが、必要な場合には容認されるという原則である。そのことは、クルアーンの章句やハディースに加えて、イスラーム学者の著書にも多々示されている。たとえば次のような章句がある。

《あなた方が、彼女らを嫌っても（忍耐しなさい）。そのうち（嫌っている点）にアッラーからよいことを授かるであろう》〔四―一九〕。

《もしあなた方が、両人の破局を恐れるならば、男性の一族から一人の調停者を、また女性の一族からも一人の調停者をあげなさい。両人がもし和解を望むならば、アッラーは両人の間を融和されよう》〔四―三五〕。

さらにアッラーはこうものたまう。

《もし女性がその夫から虐待され、忌避される心配がある時、両人の間を、和解させるのは罪ではない。和解は最も良いことである。だが人間の魂は、貪欲になりがちである。もしあなた方が善行をし、主を畏れるならば、誠にアッラーは、あなた方の行うことを熟知なされる》〔四―一二八〕。

ハディースには、「合法とみなされる事柄の中でも、アッラーが最も嫌っておられるのが離婚だ」とある。預言者は、「疑惑の念を抱いた場合を除いて女性と離婚してはならない。アッラーは単に試してみようと考える者を好まない」ともおっしゃったという。アリー〔第四代正統カリフ〕も「結婚はすべきだが、離婚はすべきではない。離婚はアッラーの高御座を揺るがす行為だ」とも語っている。さらにイブン・アービディーン[3]も次のように書き留めている。

離婚は原則的に禁止で、よほどの場合でなければ禁じられている。つまり、原則的に禁止であるが、必要な場合には関係の解消を容認する、だが理由がなければ解消する必要もないという意味だ。理由のない離婚は馬鹿げた愚かな行為であり、アッラーの恵みへの不敬であり、女性やその家族、子どもを意図的に傷つける。だからこそ、アッラーはこうのたまう。《それで言うことをきくようなら、それ以上のことをしてはならない》〔四－三四〕。つまり「別れを求めてはならない」ということだ。

法学書(フィクフ)をよく読めば、あらゆる学者がこれらの原則に従って離婚の許容範囲を限りなく狭めてきたと分かるだろう。だが同時に、学者が首尾一貫せずに、その場しのぎで原則を適用していることにも気づくに違いない。彼らは離婚問題に関して解釈を拡大し、一般原則を現実に適用する上で首尾一貫した方法をとってはいない。とりわけ以下の三つの論点について意見の相異がみられることは、注目に値する。

第一に、意図しないにもかかわらず、離婚を宣言する場合がある、ということだ。これについては、特にハナフィー派[4]のイスラーム学者の中に異論を唱える者がいる。大半のイスラーム法の判断でも、クルアーンやハディースでもよく述べているように、強制されたり、うっかり間違って宣言したりした場合、法的責任は問われないという一般原則がある。ところがハナフィー派は、この一般原則を離婚宣言に適用しない立場をとり、強制された者、間違いを犯しやすい者、冗談好きな者、酩酊状態にある者であっても、宣言の責任を問う。ここでいう酩酊状態とは、天地の区別がつかない程度と定義されている(5)。ハナフィー派の解釈に固執する者は、「行動の前に意図ありき」という預言者の言葉にもあるイスラームの原則、すなわち、個々人の「意図」を重んじていないようだ。また、離婚が原則禁止であることに加え、「許容されている事柄の中でも、アッラーが最も嫌っておられるのが離婚だ」という教えにも目を向けていない。彼らは、次のような理由で離婚が許容されることを正当化するが、それが正当であるか否かの判断は読者に委ねたい。たとえばザイライー〔ハナフィー派の学者〕は著書でこう述べている。

冗談好きな者や過ちを犯しやすい者であっても、夫が離婚を宣言すれば、離婚は成立する。強制された場合も、二者択一のうちまだましなほうを選んでいるのだから、離婚は成立する。酩酊状態にある男であっても〔教義に〕背いているのだから、離婚は成立する。酩酊者にとって離婚は懲罰となるだろう。

とはいえ、アッラーのご加護により、他のイスラーム法学派は、法の原則や公益にかなうか否かという点を考慮し、ハナフィー派とは異なる解釈を示している。改革を望む人ならばそれらの解釈に基づき、前述のような離婚の宣言は有効ではないと言うだろう。

第二にクルアーンで示されている離婚は、常に取り消し可能だという点である。アッラーは次のようにのたまう。

《預言者よ、あなた方が妻と離婚する時は、定められた期限に離別しその期間を（正確に）計算しなさい。あなた方の主アッラーを畏れなさい。彼女らに明白な不貞がない限り、（期限満了以前に）家から追い出してはならない。また（彼女らを）出て行かせてはならない。これらはアッラーの掟である。アッラーの掟に背く者は、確かに自分の魂をそこなう者である。あなたは知らないが、アッラーはこの後で、新しい事態を引き起こされるかもしれない。その期限が満了した時は、立派に留めるか、または立派に別れなさい》〔六五―一―二〕。

《夫たちがもし和解を望み、その期間内〔三度の月経を経るまで〕に彼女らを復縁させるのであれば、より正しい》〔二―二二八〕。

しかしイスラーム学者は、明示的な文言[6]による離婚宣言と、暗示的な文言による離婚宣言の二種類を区別してきた。明示的な文言による宣言の場合、イスラーム学者によれば、宣言が一度だけならば取り消せるが、何度も宣言したり、あるいは一度だけだったとしても意思を明確に示したならば取り消せないとされている。暗示的な文言による宣言の場合、表現の仕方に一部例外はあるにせよ、もはや取り消しはきかず、新たに婚姻の契約を交わすしかない。夫は意図をもって三回にわたって宣言したとみなされるのだ。[7]

その一方で、シャーフィイー派[8]などは、暗示的な文言による宣言はどんな場合も取り消せるという立場をとっている。この学派の法的根拠は明白である。いかなる場合でも、離婚は離婚であり、夫婦の結び目を解くことに変わりないからだ。この学派にとって表現方法の相違は問題視されず、それによって法的判断は左右されない。もし宣言の仕方によって法的判断が異なるのであれば、明示的な文言よりも暗示的な文言による宣言のほうが、判断を柔軟に変えてもらえそうだ。

第三に、多くの学者が、一月経周期の間〔つまり、ひと月の間〕で別々の機会に三回にわたって宣言するか、一度の機会で三回宣言した場合、取り消しは不可能という点で合意している。ところが、この判断は逸脱（ビドア）、すなわちクルアーンとスンナに反しているとみるイスラーム学者もいる。クルアーンの章句が認めていないので、取り消し不可能とする解釈はあり得ないという立場だ。アッラーは次のようにのたまう。《離婚（の申し渡し）は、二回まで許される。その後は公平な待遇で同居（復縁）させるか、あるいは親切にして別れなさい》〔二―二二九〕。この章句に関して、バハーディル[9]は『フスン・アスワ』〔儀表〕で次のように解釈する。

アッラーはここで「二回まで」と言っているのであって「二回の離婚宣言」とは言っていない。つまり、一度に二回、離婚を申し出ることはあり得ず、別々の機会に申し出ることで合計二回とみなされるとクルアーン解釈者の一派も述べている。……学者らは、一度に三回離婚を宣言するのか、それとも三度別々の機会に宣言するのかで意見を異にしている。前者こそが正しいと言う者もいれば、いや後者だと言う者もいる。大学者のシャウカーニー[10]は著書でこの主題にかなりの紙幅を割き、これをテーマとした著書も出している。イブン・カイイム[11]も『イガーサト・ラフファーン』〔嘆く者の救済〕と『イアラーム・ムワッキイーン』〔不和の種を蒔く者たちの情報〕という著書で長々とこの問題を扱っている。

イブン・アービディーンも次のように論じている。

宗教指導者らによれば、一度に三回の離婚宣言を行ったり、月経中に宣言したりした場合には、離婚は成立しないという。それが成立するというのは、クルアーンが禁じる逸脱した解釈だからだ。ムスリムの『真正集』[12]に収められたイブン・アッバースの伝承によれば（イブン・イスハーク[13]やターウース[14]、イクリマ[15]も同様の発言をしているが）、預言者とアブー・バクル〔初代正統カリフ〕の時代、そしてウマルが第二代正統カリフとなった最初の二年間は、一度に三回離婚を宣言しても、一回の宣言とみなされたという。ところが、ウマルは、慎重に考えねばならない事柄にもかかわらず、人々は慌てて対処しているとして、一度に三回離婚を宣言しても取り消しできないようにした。かくして預言者の教友や信者、その後の宗教指導者らは、この方法を踏襲し、一度に三回離婚を宣言すれば復縁できないようになった。イブン・アッバースは『ファタフ』〔開門〕という著書でハディースを精査して得た証拠について議論を進め、「この新しい解釈は従来の慣習に反する」と結論づけた。かつては一度に三回の離婚を宣言しても一回の離婚とみなされていたのを知りながら、ウマルは一度で三回宣言したら復縁できないとし、教友らもその件で特に反対しなかった。解釈が置き換わり、もはやその判断は廃れて妥当性をもたないことに気づいたのはずっと後になってからだった。

ハンバル派[16]の学者によれば、預言者は一〇万の瞳〔多数の信徒〕に接した後に亡くなったという。こうした人々が一度に三回離婚を宣言しても無効であったと証言すれば、あるいはその一〇分の一の一〇分の一の一〇分の一の瞳〔つまり一〇〇の瞳〕の証言を前にして、もはや復縁できないと言い張るあなたの考えは正しいと言えるのだろうか。ウマルとその従者たちの間で〔復縁できないという解釈に〕反論がなかったことから、人々が新しい解釈で合意したことは明らかである。しかし、一〇万の瞳〔多数の信徒〕の解釈が一冊の大著にまとまり異論はないと承認されなければ、必ずしも最終的で唯一の判断とはならない。

一度に三回離婚を宣言しても、一回とみなされていたのは、ハディースをみても間違いない。ザイライーも次のように述べている。

イブン・アッバースによれば、ある男が一度に三回の宣言をして離婚したという話が預言者の耳に入ったという。これを聞いた預言者は憤って立ち上がり、「私がみなさんと一緒にいる最中にもかかわらず、その男はアッラーの聖典を愚弄するのか」と述べたという。この出来事については、クルトゥビー[17]やナサーイー[18]も語っている。

さらにザイライーは次のようにも論じる。

ザーヒル派[19]や一部のシーア派の中には、一度に三回ほど離婚を宣言したとしても、一回分としかみなされないと考える者がいる。それは、「預言者とアブー・バクルの時代、そしてウマルが第二代正統カリフとなった最初の二年間は、一度に三回離婚を宣言しても一回分とみなされていた。ところが、ウマルは三回分と数えた」というイブン・アッバースの記述に基づいた解釈である。これはムスリムとブハーリー[20]によって伝えられた記録である。イブン・イスハークは、イクリマの伝承を引用しつつ、イブン・アッバースの次のような話を伝えている。ルカーナ・ビン・アブドゥルヤズィード[21]は一度に三回の離婚宣言をして妻と別れたが、ひどく悲しそうだったため、預言者が「どのようにして離婚したのか」と尋ねた。するとルカーナは、「一度に三回の離婚宣言をして別れました」と答えたので、預言者は「それは一回とみなして、復縁しなさい」とおっしゃったという。

こうした詳細から読者諸氏は、ハンバル派のような重要な学派の大半が、ウマルの判断ではなくクルアーンとスンナに依拠してきたと理解するであろう。改革を望むのであれば、国はこうした立場をとるべきである。ウマルはあくまで「慎重に考えねばならない事柄にもかかわらず、人々は慌てて対処しているとして、一度に三回離婚を宣言しても取り消しできないようにした」と伝えられているからだ。まるで離婚を抑止するために懲らしめようとして解釈(イジュティハード)の努力を行ったかのようである。要するにウマルの努力は、慌てて三回の宣言をして言い争いに陥り、信仰を汚している者へ向けられたのだ。

改革を望む者であれば、イブン・アービディーンが伝えたイマーミーヤ[22]の教義をなぜ採り入れないのか。それは預言者一族によるものである。曰く、「一度に三回宣言しても、月経周期中に宣言をしても、離婚は成立しない。それが禁じられた逸脱行為だからだ」。

忌憚なく述べる無礼をお許しいただけるなら、「いかに表現が明瞭であろうとも、言葉一つを口にするだけで離婚が成立するなどという話は理解できない」と申し上げたい。法的な行為が言葉なしでは成り立たないのは事実だ。いかなる契約も、一人の意思表明や双方の合意で成立し、口頭あるいは文書の形式で示される。だが法的に重要なのは、〔明示的あるいは暗示的な文言によって〕いかなる言葉が発せられるのかではなく、その宣言に意図が伴っているかどうかである。

要するに、離婚とは婚姻によるつながりの解消を意図した行為だと解すべきである。夫は妻と別れたいという明確な意思を持ち、自分が何を意図しているかに自覚的であることが求められる。離婚とは「タ・ラ・ク」という文字の組み合わせを発音することであるとイスラーム法学者らは理解し、書物の中でそう述べてきたが、そんなふうに捉えうるものではない。

こうした本で、学者らが宣言の仕方とその意味の解釈の議論に明け暮れている様子には驚かされる。彼らの関心は言葉や文字にのみに向けられている。その著書には〔離婚宣言の文例として〕「私はあなたと離婚した」、「あなたは離婚している」、「あなたは離縁された」、「私は離婚しなければならない」、「あなたの足、あるいは頭、あるいは祖(ルーツ)と離婚した」などという文言に関する説明が溢れている。宣言の表現や方法をいくら議論しても、言語学的・文法的には意味があるかもしれないが、法学的にはまるで意味がない。

法学には、言葉の解釈に留まらない探究も含まれると私は考えている。離婚は、ある権利を失う一方で新しい権利を得るという法的な行為に他ならない。血縁関係や相続、妻に与えるべき生活費(ナファカ)などと同じように、離婚は人々の生活に大いに関係しているから、結婚と同じくらいの重要性をもつはずである。世界の高度な法制度について、たとえ表面的にでも知っている者であれば、わが国でこれほどまでに離婚が軽視されている実情に驚くはずだ。イスラーム学者が宣言の仕方に腐心するのを止めて、現行の法規範の欠点を探り、その歴史と要因を把握し、諸法学派を比較し、批判的に検討したならば、要するに真の法学に専心するのならば別れる意思を伴わない離婚は離婚ではないと理解するだろう。

イスラーム法学の書物から、別れる意思がなければ離婚は成立しないことは明らかだ。『シャラフ・タルキーン』〔教えの説明〕では次のように説明される。「夫が妻に一言あるいは二言で離婚を宣言したとしても、怒っていたり言い争っていたりする時ならば、離婚は成立しない」。アリー〔第四代正統カリフ〕は、預言者が語った次のような言葉を伝えている。「怒りと頑迷さによって夫妻を別れさせた者は、最後の審判の日にアッラーによって愛する人と引き離されるだろう」。

確かにアリーはできる限り離婚を無効にしようとして、解釈の努力を尽くした。とはいえ、改革を望む者はあらゆる法学書を精査すべきだし、とりわけ公益にそぐわない腐敗の大きな要因を取り除きたいのであれば、いかなるイスラーム学者の意見も検討すべきだろう。

近年、男たちは離婚の宣言を冗談の種にするようになった。妻の貞淑さをまるで手中にある玩具のように扱い、法の神聖さも結婚生活の権利も尊重しない。ある男が別の男に「お前がこうしなかったら、俺は妻と離婚するからな」〔妻との離婚というリスクを冒してでも、ぜひお願いしたい〕などと話しているのを耳にしたことがあるはずだ。相手の男が従わなければ、それで離婚は成立したことになる。男と妻との縁は切れるが、そのことを妻は知らない。夫を憎んでもいなければ、離婚を望んでもいない。離婚なぞすれば、妻は打ちひしがれることだろう。男のほうも同じである。おそらく彼は妻を愛していて、離婚のせいで苦しむかもしれない。妻と別れたいわけではなく、ある人に自分の望むことをさせようとして言ったがために離婚したのならば、その離婚には意図が伴わなかったことになる。

しばしば夫は家庭のことで妻と言い争いになり、怒りのあまり脅すつもりで離婚を宣言するが、本当に結婚生活を崩壊させるつもりはなかったりする。こうした場合でも離婚は成立し、すでに述べたような災難が夫婦に次々と降りかかるのだ。

たとえば、泥棒と疑われた農民が村長や役人頭に尋問を受けて犯行を否認すると、「妻との離縁にかけて、盗んでおりません」と誓うよう求められる。逆に本当に罪を犯していても、そのように誓うかもしれないが、そうなれば実際に離婚が成立すると言われる。罪を免れるためだけに宣言し、本当に妻を嫌っていたり、夫婦生活に嫌気がさしていたりするわけでもないのに、離縁となるのだ。

倫理観が蝕まれ、知性が衰え、意図が問われない状況で、われわれはなぜ、「婚姻と離婚の成立には証人を必要とする」としたタバルシー[23]のような宗教学者の見解を採り入れないのだろうか。クルアーンの章句にも、《あなた方の中から公正な二人の証人を立てなさい》〔六五－二〕とある。

離婚やその撤回、復縁、別離を含めたあらゆる案件で証人を立てるのは当たり前だろう。アッラーは公の場での証言を離婚成立の条件とすることで、〔本人の意思を〕確認しようとしたのではないか。証人のいない離婚の宣言は法的に成立しないと、なぜわれわれは認めないのか。そうすれば、意図しなかったり、怒りのあまりつい口にしたりした、多数の離婚の成立を阻止できるはずだ。かかる判断ができれば、クルアーンの章句とも一致し、人々の利益を守ることにつながると考える。偉大なるアッラーは共同体(ウンマ)が現在の形に行き着くことを知っており、今日のように本当に必要な時に参照しうる仕組みを神聖なる章句として啓示されたのだ。

もし政府が国の改革に取り組むのであれば、離婚について、次のような制度を定めなければならない。

(1) 妻との離婚を望む男性は、かならずイスラーム法廷の裁判官(カーディー)あるいは管轄権を有する公証人(マアズーン)を訪ね、妻と別れる旨伝えなければならない。

(2) 裁判官あるいは公証人は、夫にクルアーンとスンナで示されているような「アッラーは離婚を嫌っておられる」という教えを伝えなければならない。そして夫に対して離婚から生じる結果を明示し、忠告を与え、一週間よく考えるように命じなければならない。

(3) 一週間経っても夫が離婚を望むならば、裁判官や公証人は夫と妻の家族からそれぞれ一人ずつ仲裁者を選ばなければならない。どちらかに近親者がいない場合は、家族以外で公正な人物を仲裁者として選ばなければならない。

(4) 二人の仲裁者が夫婦の協議に失敗した場合は、裁判官や公証人に報告しなければならない。それを受けて裁判官と公証人は夫に対して離婚を認めることができる。

(5) 裁判官か公証人が立ち会わない限り、離婚の成立は法的に認められない。また〔公証人とは別に〕二人の証人の出席も必要であり、公的な文書のみが唯一の証拠となる。

証人や仲裁者を必要とするこうした仕組みは、聖法の意図に完全に則っており、まったく齟齬はない。この仕組みが、男性から離婚の権利を奪っているなどと、誰も文句を言えるはずがない。離婚する権利はこれまでと同様に夫にあるからだ。結婚の決定権は夫が握っており、離婚の理由も依然として夫の判断に委ねられている。二人の仲裁者と裁判官の忠告を離婚の条件としただけだ。これは夫の権利を侵害するものではなく、むしろ妻と子どもたちの、そして夫自身の利益を守るため、熟考に熟考を重ねるための手段である。考えなしに離婚したことを後悔し、軽はずみな行動から生じた結果を取り繕うべく人を騙すような低俗な手口に頼っている男たちをいやというほど目にする。

教養あるイスラーム学者は、離婚を減らすのにこうした単純な方策が大きな効果を上げるとは考えないのだろうか。これが、アッラーの命令に従った方法であることは言うまでもない。すでに引用した章句に記された仲裁者の任用の規定、そして今日まで実行されなかった聖法の重要な判断を実行に移さなければならない。しかしわが国では、このような取り組みがなされたという話を聞いたことがない。倫理観が蝕まれ、軽率な行動が横行する中で夫は、食べたり、飲んだりしながら、歩きながら、笑いながら、口論しながら、あるいは酔っ払って、離婚を宣言する。その間、家にいる妻は、夫の周りで何が起きているのかを知らないまま過ごしている。

カイロ市のこの一八年間の統計から、結婚した女性の四人に三人が離縁され、結婚生活を続けているのは四人に一人しかいないことが分かる。詳細は表のとおりである。

年	結婚数	離婚数	年	結婚数	離婚数
1880-81	13,601	6,902	1889-90	5,700	4,700
1881-82	4,900	4,152	1890-91	6,750	5,900
1882-83	4,350	4,648	1891-92	6,900	5,548
1883-84	3,400	4,000	1892-93	7,100	5,847
1884-85	4,700	5,250	1893-94	7,400	5,281
1885-86	4,749	5,500	1894-95	8,250	4,650
1886-87	4,850	4,698	1895-96	14,250	4,600
1887-88	4,749	5,350	1896-97	8,150	4,300
1888-89	5,000	5,850	1897-98	8,148	4,000

エジプト全土の公式統計によれば、一八九八年の結婚件数は一二万件であったのに対し、離婚件数は三万三〇〇〇件であった。つまり、既婚女性の四人に一人が離婚しており、三人が結婚生活を続けているということだ。エジプト全体の離婚の割合は、カイロ市のみの離婚の割合よりもまだましである。都市部以外の住民は首都の住民よりも離婚しないからだ。とはいえ、全国とカイロ市の統計はいずれも、エジプトの家庭環境が悪化し、家族の絆が容易く壊されることを示す確固たる証拠である。

女性が進歩を遂げ、自らのあらゆる権利について理解したのならば、抑圧された無知な者のようにないがしろにされるのを拒むのは当然だ。かくして男性もまた、アッラーに与えられた離婚の権利について、それが真に必要な場合をのぞいて行使すべきではないと感じるのである。女性の教育は、われわれの倫理観を改め、発言を戒める方向で作用するだろう。無知な女性を見下してきた男性も、知性や知識、高い倫理観を示す女性を前にすると、おのずと尊敬の念を抱くに違いない。そして不適切な発言を控え、女性の権利を擁護するようになるだろう。

たとえ、いずれそうなるとしても、女性が適切な教育を受け、教養を身につけて、男性の心を尊敬と名誉で満たすまで、ただ手をこまねいている必要はない。国の行く末を案じる者は皆、アッラーに導かれる究極の目標に向かう道のりにおいて、離婚の弊害を減らすための方策を練らなければならない。すでに論じたように、イスラームのあらゆる法学派は、人々の行動に歯止めをかけるための判断を下してきた。そのルールに従えば、正しき道に進むことができる。そうすれば、少なくとも聖法に腐敗は持ち込まれない。家族のあり方は成熟し、女性は平穏と安心に囲まれて暮らすことになるだろう。理由のいかんにかかわらず、家族の中で立場を失うかもしれないという恐れを抱くこともない。

とはいえ、一方的な離婚にどれほど制限を課そうとも、女性に離婚の権利が与えられない限り、女性は十分な配慮と敬意を得ているとは言えない。幸運なことに、われわれの尊きイスラームの聖法は、女性の進歩に必要な事柄を阻むものではない。女性が離婚の権利を獲得するには、二つの方法が考えられる。

第一の方法はハナフィー派以外の見解に基づいて行動することだろう。ハナフィー派は、女性から離婚の権利を完全にはく奪している。「女性から離婚を申し出ることは禁じられている。女性には知性が欠けており、信仰心も足りず、気まぐれに支配されているからだ」とこの学派では言われている。かかる主張が無効なのは、たとえ過去にそうであったとしても将来の世代においては当てはまらないし、実際、女性よりも大半の男性のほうが信仰心や知性に欠け、気まぐれに支配されているという現実があるからだ。このことを証明するために、フランスの離婚統計に目を向けてみよう。一八九五年にフランスの法廷は九七八五件の離婚訴訟を扱ったが、そのうち約七〇〇〇件で女性側が勝ち、男性側に過失があったと法廷で証明されたのである。

われわれの聖法のように公正で寛大な法が、夫から解放されるためのあらゆる手段を女性から奪っているとみるのは間違いである。悪質で犯罪人の極みで不埒な夫とは、健全な感性や精神をもったいかなる女性も安心して暮らすことはできない。マーリク派[24]はこの問題をめぐって女性に権利を与え、夫が有害であれば妻から裁判官に訴状を提出することを認めている。アブー・ハサン・トゥスーリー[25]は『バハジャ』〔傑作を説明する喜び〕の中で次のように述べている。

既婚女性が、夫の加害性を立証すれば、有利な立場が与えられる。たとえ婚姻の契約で「夫が加害者であった場合〔に妻は離婚を求められる〕」という条件が明記されていなくても、実際に害を受けていれば妻にその権利が与えられる。妻が裁判官の前で夫の加害性を立証すれば、夫の許しを請うことなく、自分から離婚できるとされる。つまり、妻の離婚は夫の許可に基づかないのである。たとえ夫の加害性を夫しか証明できないとしても、結婚の誓約書に加害による離婚について明記されていれば、加害性が明らかになった後に、妻は夫の許可や承認がなくても離婚することができる。結婚の誓約に明記されていなくても離婚は可能だが、その場合には必ず裁判官に訴える必要がある。

裁判官は夫の罪状を決め、打擲や収監、叱責など必要な戒めを与える。かかる懲罰が妻への加害を引き起こしてはならないが、告訴や懲戒を踏まえずして妻から離婚することはできない。離婚が成立するかどうかは、裁判官次第とする見方もある。妻からの要請がありながら夫が拒否する場合、裁判官が離婚証明に署名することになるからである。また裁判官が妻に署名を命じることもあり得る。裁判官自ら署名するか、裁判官の命によって妻が署名をするかのどちらかが義務づけられるとされる。裁判官に命令された妻は、実際のところ、裁判官に委託された者となる一方、裁判官は署名を拒否する夫を法的に代理する者となる。アブー・ザイドがイブン・カースィムの見解を伝えたところによれば、女性は宗教指導者の命令がなくとも離婚を成立させることができるという。とはいえ、信頼できる筋によれば、宗教指導者の命令があったほうがより望ましいとのことだ。

第二の方法は、ハナフィー派の見解に従いながら、婚姻にあたってすべての女性が次のような条件をつけることである。すなわち、自ら望んだ場合や一定の条件を満たせば、女性は自分から離婚できるという条件である。いずれの法学派もこの条件を付すことを認めている。

この方法は第一の方法よりもいくつかの面で望ましい。すべての女性が避けたいと考えている最悪の事態は、マーリク派の裁判官ですら離婚を認める事由が見当たらないことである。たとえば夫が最初の妻と結婚したまま二番目の妻を娶った場合、最初の妻が裁判官に訴えて、離婚を申し出たとしても、裁判官はこの要請に応えることができないのだ。しかし、もし婚姻契約に「妻が望む時、または夫が別の女性と結婚した時には、いつでも離婚できる」と明記しておけば、離婚するか否かの決定は妻自身に委ねられる。とはいえ、ハナフィー派以外の見解に依拠する第一の方法のほうが、より賢明であり確実である。離婚が成立するよう裁判官の権力に委ねていれば、面倒がなく、また結婚制度を維持する近道となるからだ。

女性への離婚権の付与は、公正で人道的環境の整備にとって必要なことである。健全な人間的精神をもたない男に抑圧されている女性は少なくない。私の小さな声が、わが国の真理を愛するすべての人々、とりわけ責任ある立場にある方々に届き、弱き立場に置かれ、抑圧され、耐え忍んでいる女性たちを救おうという関心を呼び起こすように強く願っている。

注

（1）スライマーン・アアマシュ（六八〇／一―七六五）：タービウーン（教友の後継世代）の一人で、クーファで活躍。クルアーンおよびハディース学者。

（2）この名句は、ヴォルテールが『哲学辞典』（一七六四）の「離婚」の項目で言及している。なお、仏語原文によれば、殴ったのは「三週間後」ではなくて、「一カ月も経たないころ」（au bout d'un mois）となっている。

（3）第二章注5を参照。

（4）ハナフィー派：スンナ派四大法学派の一つ。アブー・ハニーファを名祖とする。

（5）一方的離婚をめぐる各法学派の見解については、柳橋博之『イスラーム家族法――婚姻・親子・親族』創文社、二〇〇一年の第二章第四節第一項「一方的離婚」三三六―三五五頁に詳しい。

（6）何が「明示的な文言」なのかは宗派によるが、柳橋の研究によれば、ハナフィー派やマーリク派の場合、「一方的離婚」（talaqa）の派生語を用いた場合、すなわち、「お前は離婚された」、「私はお前と離婚した」と述べた場合とされている（柳橋、前掲書、三三八―三四二頁）。

（7）当時のエジプトで主流派を占めるハナフィー派の場合、暗示的な文言であっても、夫の意思に応じて一回あるいは複数回の離婚が成立するという（柳橋、前掲書、三四一頁）。一方、マーリク派の始祖マーリクによれば、「暗示的な文言」はさらに「明白な暗示的な文言」と「曖昧な暗示的な文言」に分けられる。前者は「日常語としても法律用語としても、慣習上、一方的離婚の意思表示のために用いられるもの」で、「お前は自由だ」、「お前とは縁が切れた」、「お前はくびきを脱した」などという「別れ」を含意した言葉であり、これらの文言により原則として三回の宣言による離婚が成立する。また後者に関しては、慣習上は一方的離婚の宣言には用いられないが、「そのように解する余地のある文言」で、「立ち去れ」や「出ていけ」などという言葉が想定されている。曖昧な暗示的な文言の場合、夫の主張によって離婚の回数が決定されるという（柳橋、前掲書、三四二―三四三頁）。ここまでアミーンはハナフィー派の学者の主張について主に論じてきたが、この部分ではマーリク派の解説をしているようである。

(8) シャーフィイー派：スンナ派四大法学派の一つ。シャーフィイーを祖としつつ、弟子ムザニーの『提要（ムフタサル）』によって広められた。

(9) バハーディル：第二章注12を参照。

(10) シャウカーニー（一七六〇－一八三四）：イエメンの代表的なシャーフィイー派法学者。

(11) イブン・カイイム・ジャウズィーヤ（一二九二－一三五〇）：ダマスカス出身のハンバル派法学者で、イブン・タイミーヤに師事した。

(12) ムスリム・イブン・ハッジャージュ（八一七？－八七五）：ハディース学者。スンナ派ハディース集の二大真正集の一つを編纂。

(13) イブン・イスハーク（七〇四頃－七六七）：イスラーム初期の伝承学者。『預言者伝』は、広く知られている。邦訳として『預言者ムハンマド伝』全四巻、後藤明ほか訳、岩波書店、二〇一〇－二〇一二年を参照。

(14) ターウース・イブン・カイサーン（七二三没）：教友の後継世代の一人で、ハディースの語り手としても知られる。

(15) イクリマ・バルバリー（六四五頃－七二三／七二四）：教友の後継世代の一人で、ハディースの語り手。ブハーリーなど権威あるハディース学者によって真正のハディースとみなされている。

(16) ハンバル派：スンナ派四大法学派の一つ。イブン・ハンバルを祖とする。

(17) クルトゥビー（一二一四－一二七三）：コルトバ出身のイスラーム法学者、ハディース学者。

(18) ナサーイー（八三〇－九一五）：ハディース学者。スンナ派の正統なハディース集六書の一つ『スナン』を編集。

(19) ザーヒル派：スンナ派法学派の一つ。バグダードでダーウード・ザーヒリーの立場に共鳴した信徒によって創始。

(20) ブハーリー（八一〇－八七〇）：スンナ派ハディース集の最高峰とされる『真正集』を編纂。

(21) ルカーナ・ビン・アブドゥルヤズィード：イスラーム初期に多神教を信仰していた腕っぷしの強い猛者として知られた。やがて預言者に従いムスリムとなった。

(22) この文脈では、預言者一族の血統を引きながら、イスラーム共同体の模範的な宗教指導者を指していると考えられる。

(23) ファドル・ビン・ハサン・タバルシー（一〇七三―一一五三）：イランのシーア派学者。

(24) マーリク派：スンナ派四大正統法学派の一つ。マーリク・イブン・アナスを祖とする。

(25) アブー・ハサン・トゥスーリー（一八四二没）：モロッコのフェス生まれ。マーリク派の法学者。

結論

本書では、女性の地位向上に関して、二つの課題があることを読者に訴えた。第一は、慣習や態度、教育といった課題である。第二は、聖法（シャリーア）を扱う学者やその知識を有する者が、ムスリム諸国における女性問題の改革にいかに取り組むべきかという課題である。一人の宗教指導者の見解に固執すべきではない。その法判断は彼が生きた時代に合っていたかもしれないが、今日においては、状況や事象がどれほど変わったのかを注意深く検討する必要があるからだ。一人の解釈だけで聖法の規範を維持できそうもないならば、原則から逸脱しない形で、必要に応じて同じ法学派の別の宗教指導者の立場を採り入れるべきだろう。

この二つの課題における改革は、他の有益な活動と同じく、学知と決意をもって取り組まなければならない。

1　学知

学知は、国として何が必要かを知るための手段である。それによって国民一人一人が自らの状況を知り、精神や伝統がいかなる段階にあり、何が完全な状態で、何が不足した状態なのかを理解する。自らの状況を常に把握し、検討の対象とするのである。

われわれは生活に根づいた伝統とその存在意義を理解していないし、それが苦難の原因となっていることも分かっていない。伝統が及ぼす影響を認識していないどころか、単に先人によってもたらされ、受け継いだだけなのに、そのすべてを善きものと捉えている。そのような理由だけでは採り入れるには不十分で、不確かであるにもかかわらずだ。われわれにとって有用なものと、先人にとって有用なものとを区別しなければならない。われわれにとって必要でも、先人にとって必要とは限らず、逆も然りである。これは議論の余地のない至極当然の論理だ。

われわれは、自分たちの利益に即した形で伝統を採り入れ、倫理観を形づくらねばならない。理性と法の求めに応じつつ、何に依拠して取り組むべきかを把握しなければならない。先人が始めた慣習の奴隷になってはならない。服のサイズが合わなくなったため、体に合う大きな服に着替えるのではなく、服に合わせてやせ細るようなもので、それでは衰弱してしまうだろう。

伝統の良し悪しを区別することなく、先人の伝統に頑なに固執するような現状を乗り越えられれば、幸福への道はいっそう容易く見出されるだろう。過去をすべて捨て去れというのではなく、有益なものと弊害をもたらすものを明確に区別するために、洞察と熟考を重ねなければならないと言いたいのだ。現在ほど嘆かわしい状況はない。われわれは、過去と未来のいずれに生きているのか。進歩と後退のいずれを望んでいるのか。世界は変わり続け、情勢も常に刷新されているのに、何をすべきか分からないまま、ただ変わりゆく様を当惑しながら呆然と眺めているだけなのか。そして敗北感とともに過去に救いを求めるだけなのか。過去に助けを求めても、結局は絶望に戻ってしまうだけではないのか。

一九世紀になって、われわれは歴史上まれな、特筆すべき展開を目にしてきた。あらゆる国の人々が伝統を脱却し、儀礼的なものを捨て去り、従来の仕組みや法に背を向け、それを放棄したのである。人々を一つの国民として統合する要素を取り除き、あらゆる過去のくびきは解かれた。新たな構想が練られ、古い建物の上に新しい建物が建った。半世紀も経たないうちに、最新の様式に合わせた壮麗な建造物が築かれた。人々は眠りから飛び起き、足かせをはずし、体中に生命力をみなぎらせ、温かく強く若い血をたぎらせた。その例が、日本である。この国は、過去に囚われた大国中国を打ち負かした後、今日の文明国の一員とみなされるようになった。その経験は、洞察力のあるすべての者にとって教訓となるのではないか。

もし女性に関するわれわれの慣習が聖法に基づくものだったならば、それを何とかして維持しようとしただろう。本書では、聖法のルールやその目的に完全に則った改革案を提示した。伝統を長らく神聖視し、公益をないがしろにし、自らの管理を放棄した過去は過去として、伝統に固執する理由はもうない。

「〔男女間の〕誘惑を防ぐために、女性が顔を露わにしたり、男性と交流したりすることは禁止する」

というイスラーム学者の主張を、宗教の不変の教えだと思い込んでいる者がいる。だが、かかる考え方には次のように反論しうる。すなわち、聖法をめぐる判断は、たいてい、善き慣習と高い倫理観の求めに応じてなされてきたし、現在もそうあるべきだからだ。個別の判断については権威ある者の見解に委ねられ、解釈（イジュティハード）の努力の下に置かれてきた。預言者の死後から、教友や信徒はそうやって運用してきたのだ。

イスラームが広がり、ムスリムが他国のムスリム以外の人々との交流を深めるようになるにつれて、ムスリムの間では、新たなルールや計画が必要になった。かくして解釈の努力を重ねた人々は、皆のために聖法の一般原則から個々の現実に即した判断を創造的に導き出した。その際、クルアーンとスンナが示す一般原則に基づいて、状況や地域、時代に応じた判断を下した。彼らは新しい法を生み出したり、それまでの宗教に何かをつけ加えたりしたわけではなかった。むしろ個々のケースに目を向け、それをクルアーンとスンナが示す一般原則に関連づけたのである。

クルアーンは、礼拝やその時間、立礼、跪拝といった最も重要な宗教的義務のあり方について何ら詳細に語っていない。喜捨の金額やタイミング、巡礼の方法についても説明していない。これらすべての決まり事を定めたのはスンナであり、それから法学者が判断し、個別具体的な詳細を定めたのである。

以上より、われわれの聖法がどのような構成となっているのかが分かるだろう。つまり、あらゆる詳細は一つの原理原則に立ち返るのである。イスラームの聖法は原則論であり、一般的な枠組みを示すものだ。もし最初から事細かく判断が示されていたら、いかなる時代や国においても公益となる法にはなり得なかっただろう。

このようにわれわれの取り組みは、一般原則によって規定されている。最終的にはクルアーンと真正なスンナが示す原則に立ち返らなければならない。原則は変更不可能だ。その一方で、習慣や伝統に由来するルールは、状況や時代に応じて変えることができる。聖法が求めるのは、時代が変わっても原理原則を損なってはならない、ということだけだ。オリエント諸国では顔を露わにするのは恥ずかしいことだとみなされている。慣習上、名誉を汚し、品位を損なうと考えられているからだ。だが西洋でそれは恥ずかしいことではなく、何ら咎められることでもない。このようにルールは、場合によって異なる。法的な手続きをする際に証人の立会いを提案したのは、証人そのものが重要だというのではなく、慣習的にそれ以外の方法が知られてこなかったためだ。状況や慣例が変わり、人々が文書で法的な手続きをするようになれば、聖法をめぐる判断も変わり、口頭方式ではなく記述方式を求めるようになるだろう。

女性の顔を男性の目から隠すのは、男女間に起こる誘惑を恐れるからだと言われてきた。それは実際に誘惑の恐れがあり、日常生活で女性が顔を見せる必要がない時代に行われていた慣習である。だが、時代は変わり、顔を出してはならないと女性に禁じる必要はなくなった。こうして慣習の違いによって判断は変わる。ただし、聖法そのものが変わるわけではなく、むしろ法の一般原則やその意図に即した形で、個別のケースに応じた判断が変わるのだ。

装いや飲食、そして公私の生活に関わるあらゆる事柄に至るまで、われわれは自身に適し、有益なものを選ぶ権利がある。だが、それはすでに示したように、一般原則の枠内でという条件つきである。

われわれは先人から引き継いだ伝統に縛られ、先人が先人自身のために描いた枠組みから脱却できていない。かかる伝統のせいでムスリムの国々はその才を伸ばすことなく停滞し、手足を縛られ、自らの存在意義を見出せず、それを守れず、幸福に向けて発展できないでいる。それどころか、その伝統によって国は衰退や消滅に向かっているかもしれないのだ。

2　決意

決意とは、学知と知識によって導かれる善に向かうための意志を奮い立たせることである。また検討や吟味を通じて明らかになったあらゆる悪と決別することでもある。決意は人間の活動に影響を与える最も高貴で、崇高で、偉大な力である。教育や文化、知性、啓けた精神、善意などは、決意のない人間には何ら役に立たない。それゆえ脆弱な意志は、人間にとって最大の欠陥である。

わが国の多数の人々は、アイデアや取り組みを前向きに評価するものの、自ら実践しようとは考えない。意見が一部に受け入れられないと知るとやる気をなくし、諦めてしまう。自分に害が及ぶかもしれないと感じれば、さっさと逃げ出してしまう。

有益だと考えられる取り組みが成功するかどうかは、国にとって何が必要かを真摯に知り、探り、学ぼうとする人物の存在にかかっている。そうした人は、必要な手段を用いて、いかに時間がかかろうとも、国に有益なことをして、有害なことを避けようという決意をもっている。

本書では、そうした成熟した人士に向けて、いかなる取り組みが望ましいかを示した。何にせよ、最初の一歩が何よりも難しいことは承知の上だ。どんな重要な取り組みも、最初に着手する人物こそが皆の批判の的になるからだ。その批判の嵐に抗う強い精神力をもつ人はほとんどいない。

本書の提案を実行に移すためには、これに賛同し、娘に教育を与えたいと考える父親の団体を設立することが最善だろう。父親の団体は、エジプトの有力者の中から代表を選ぶ必要がある。わが国の有力者層にこれにふさわしい人物が一人もいないとは思わない。

そしてこの団体は、二つの取り組みを実践する。第一に、本書で示したような新しい原則に基づき、協力して女子教育を行うことである。ついで第二に、女性の権利を保障する法律を制定するよう政府に働きかけることだ。それは、聖法の枠内を逸脱しないという条件つきではあるが、特定の法学派に縛られてはならない。むしろ現在の必要に応じた解釈をあらゆる法学派から採り入れなければならない。オスマン民法典(メジェッレ)やシャリーア法廷[1]の諸改革が実践されてきたことと同じである。もしかかる団体が設立されれば、各メンバーに対する批判は和らぎ、その矛先は団体全体に向かうだろう。そうなれば耐え忍び、抵抗しやすくなる。辛辣な批判を受けたとしても、意気消沈したり、熱意を失ったりしなくなる。集団の力で臨めば、一人の力では不可能だった唱道が可能となるからだ。団結こそが、不可能を可能にする真なる力となる。

わが政府は先買権(シュフア)のような些細な課題に取り組む際にさえ、聖法委員会を設立して、諸法学派の意見を検討し、適切だと考えられる法的判断について合意してきた。エジプトの人々は、動物愛護や花の展示会など多くの団体に参加し、その活動を有益だと信じて時間と金銭を惜しまないようである。新聞は、あらゆる階層の人々に教育と文化の基礎となる知識を広めている。わが国の政府や有識者、論壇を担う人士らがエジプトの女性の地位について目を向けるべき時が来た。これほど国の未来を左右する課題はなく、これほど検討し、話し合い、思索を深めるべきテーマはないと思う。

注

（1）イスラーム法規定に基づいて司法判断を行う従来の裁判所。アラブ各国によって実態は異なるが、近代以前に西洋の法体系が導入される中で、シャリーア法廷は廃止されるか、あるいはその役割が限定されていった。

新しい女性

1900年

献辞

私の友人サアド・ザグルール(1)へ。

私は君の中に、愛に満ちた心と、思索する知性、断固たる意志をみた。君は、私にとって最も親密な友愛を体現する存在だ。君のおかげで、人生は苦難の道でなく、その価値を求める者にとって素晴らしい歳月になると分かった。こうした友愛が夫婦間で分かち合われるならば、最高の時を過ごせるだろうと考えることができた。

これこそが、男女問わずわが国民に伝えるべき幸福の秘訣である。

一九〇〇年八月一五日

カースィム・アミーン

注

（1） サアド・ザグルール（一八五九－一九二七）：一九一九年革命で主たる役割を果たしたエジプトの民族主義指導者・政治家。青年期においてアズハル大学で学び、ジャマールッディーン・アフガーニーやムハンマド・アブドゥといったイスラーム改革主義の影響も受けた。

はじめに――慈悲あまねく慈愛深きアッラーの御名において

新しい女性。それは近代文明が生んだ果実の一つである。新しい女性が西洋諸国に登場したのは、科学的な発見が人間の精神を妄想や思い込み、迷信から解放し、個々人が自分の人生を管理しうるようになり、進むべき道を知るようになった結果だ。その時人々は、あらゆる課題を科学的に考証し、さまざまな意見を批判的に検討し、公共の利益に資さないとなればそれを認めなかった。そして聖職者から権力を奪い、貴族の特権を廃止し、君主や支配者を統制する憲法を制定し、黒人を奴隷状態から解放し、男性の優位性を確保するための特権や、あらゆる分野で女性に平等を認めてこなかった既得権の大半を放棄するに至った。

かつてヨーロッパ人は、現在のわれわれと同じように、女性は信仰や知性の点で劣り、男性を誘惑し、社会に混乱をもたらす悪魔の手先に他ならないという考えを抱いていた。「〔女は〕髪は長いが、おつむが足りないから、男に仕えるために生まれてきたようなもの」と言う者もいた。ヨーロッパの学者や哲学者、詩人、宗教家たちは、女性に教育を与えても無駄だと考え、食事の支度もせずに学術書に夢中になる女性を嘲笑し、「男の領分にまで出しゃばっている」と非難した。

やがて無知の覆いが脱ぎ捨てられ、女性たちの状況を批判的に検討する人々があらわれた。彼らは、自分たちこそが女性を劣悪な状態に追いやってきたのだと認め、女性も男性と同じように、精神的・人間的に成長しうると考えた。女性も男性と同じく人間であり、自由を享受し、能力を発揮する権利を有しており、その大切な機会を奪うことは間違っていると理解したのだ。

西洋の女性が新たな段階へと歩み始めたのはその後である。女性たちは知性を磨き、精神を育み、権利を一つ一つ獲得していった。男性と社会生活をともにし、学校で机を並べて知の探求に励み、教会で説教に耳を傾け、文学の集まりに加わり、学術的な会合に出席し、外国を旅するようになった。装飾品で着飾り、流行の服で身を包み、娯楽に没頭する、〔本能のまま生きる〕動物のような存在から、男性の伴走者、夫の協力者、子どもの教育者、そして教養を身につけた新しい女性へと、ごく短期間のうちに変化をとげた。

われわれが望むのは、まさにこの変化だ。目指すのは、エジプトの女性がこうした高い地位を獲得することである。そして彼女たちが、成熟に向けて自らにふさわしい道のりを歩み、それによって知性や精神性を高め、生活上の幸福を獲得し、家庭でも才能を活かすようになることだ。これが実現すれば、この小さな一歩を踏み出せるならば、エジプトの歴史を揺るがす大きな変化につながると私は確信している。

そのような信念がある時、われわれは目標に向かうための努力を怠ってもよいものだろうか。たとえ、人々がその努力に見向きもしない、立腹している作家がいる、誰かが異議を唱えている、馬鹿にされ続けている、善意を理解してもらえないなどの理由があったとしても。

本書を執筆するのは、何も分かっていない人々から拍手喝采を浴びたいからではない。こうした人々は、たとえアッラーの言葉が至極明快に示されたとしても、それを理解することができない。唯一納得した気になるのは、宗教とは何かを最も分かっていない宗教指導者によって本来の意図が歪められた時だ。かくして無知な人々は、醜いイメージや時代遅れの精神、馬鹿げた慣習を通してしか、自分の国を愛することができない。だが本書は学知のために、そして教育を受けた人々、特に未来の希望である若者たちに向けて書かれている。彼らは、正しい科学教育を享受し得た世代であり、女性の地位に関する課題に、然るべき関心と探究心をもって取り組むことができるだろう。

ヒジャーブをめぐる宗教的な見地について、ここで改めて議論する必要はないはずだ。すでに前著『女性の解放』において、女性の顔と手の露出を明確に認めるクルアーンの章句を引きつつ、男性に対する女性の接し方も含めて検討したからである。そして、われわれの意見に同意する多くのイスラーム学者の意見を引用した。その一方で、ヒジャーブをいっそう厳格に強制すべしというイスラーム学者もいたが、これは宗教がそう求めているからではない。この点について見解が分かれるとしても、社会における自由と公益に即した意見のほうが正しいと言えるだろう。
『マナール』誌の発行人[1]は、隔離（ヒジャーブ）に関するわれわれの立場に賛成して、次のように述べる。

第三の観点として[2]、男女の交流に関する聖法（シャリーア）の規定があげられる。見知らぬ女性と二人きりになることが法的に禁止されているのは周知のとおりだが、イスラーム勃興期の資料をみれば、男女が幅広く交流の場をもっていたことも分かる。〔誰よりも〕厳格にヒジャーブを求められていた預言者の妻たちでさえ、男性と交流していたのだ。実際、アーイシャは軍の司令官でもあり、有名なラクダの戦い[3]では部隊を指揮した。かくして女性が近親者の男性以外と交流していなかったと言い張っても無駄である。

これは、皆に知られた高名な宗教学者によって示された見解である。アズハル大学の学者らがアラビア語の発音や文法構造の分析ばかりに力を注ぐのをやめて、自分たちの宗教の本来の目的を理解しようと努めたならば、われわれと変わらない見解に辿り着くだろう。

「他の国々よりもムスリムの国々が文明的に遅れ劣っているのは、自らの宗教を深く理解せずその教えを遵守していないイスラーム学者の責任だ」と新聞や言論人は日々非難している。しかし残念なことに、社会にとって有益と思われる別の意見が示されると、彼らは〔自分たちが批判してきた〕宗教指導者のほうを振り向き、その指導を仰ぐ。宗教指導者らは、改革に抵抗し、思考の鍛錬や道徳の向上、活動の充実に役立つ近代科学を学ぶ気もなく、歴史や地理といった分野の勉強を拒否している。こうした連中は、いかに自惚れようとも、国の重要な課題や人間社会の重大な問題に関して、科学面でも宗教面でも、的確な見解を提示することができない。

イスラームの聖法に精通する者であれば、女性の解放という課題をめぐり、イスラームが他の宗教と比較して誇るに値する原理原則を有していることを知っている。西洋の女性がこの数世紀で獲得した権利を、イスラームはすでに一二〇〇年以上前に与えていたからだ。事実、西洋の女性はいまだに奪われている権利があり、現在も必死にそれを要求している。

われわれの聖法では、女性が自らの財産を自由に管理し処分できると定められている。その上、女性の教育と精神的な成長を促し、女性がいかなる専門職に就くことも、いかなる仕事に従事することも禁じなかった。男女平等を徹底し、必要に応じて女性が男性の後見人になることや、法官（ムフティ）や裁判官（カーディ）といった法を司る役職に就くことも認めてきた。ウマル・イブン・ハッターブ〔第二代正統カリフ〕は、教友や信徒に男性の仲間がいたにもかかわらず、マディーナの市場で女性たちを監督者に任命した。一方、フランスの法律では、昨年まで女性が弁護士になる権利が認められていなかった。[4] われわれの聖法がこれほどまでに女性を保護し、女性の自由を認めていたにもかかわらず、その本来の意図を顧みず、大切な権利を行使する手段を女性から奪ってきた現状は、今日のわれわれにふさわしいのだろうか。この状況を改革する上で障害にしかならない、机上の空論で時間を無駄にし続けてもよいのだろうか。

現状がわれわれにふさわしいものだとは思えない。多くの読者がこの見解に共感してくれることを願っている。

注

（1） ムハンマド・アブドゥの弟子ラシード・リダーを指す。引用文はリダーが編集する『マナール』誌に掲載された「ヒジャーブに関する覚え書き」（*Al-Manār*, Vol. 2, No. 24, 1899, pp. 369-379）という論考。

（2） この記事でリダーは、男女の交流を第一に教育、第二に慣習の観点から考察している。

（3） ラクダの戦いとは、アリーの第四代カリフ就任に対して、初代カリフたるアブー・バクルの娘であるアーイシャが六五二年に反乱を起こし、ラクダに乗って出陣した事件。

（4）　フランスで一九〇〇年に女性初の弁護士となったジャンヌ・ショーヴァン（Jeanne Chauvin. 一八六二―一九二六）を指していると思われる。

第一章　歴史の中の女性

過去における女性の地位を知らずして、現在のそれを知ることはできない。これは社会問題を研究する際の基本中の基本だ。いかなる課題であっても、かつての状況を読み解き、その移り変わりを熟知することでしか、実態は把握し得ない。換言すれば、どこに行き着くのかを理解したければ、どこから始まったのかを知らなくてはならないのだ。

「歴史の父」ことヘロドトスはかつて、男女の関係が動物の雌雄の関係と同じように偶然に委ねられていると述べた。子どもが生まれて成長したら、部族が集まってその子に最も似ている者を父親とみなしたという逸話を伝えている。[1] このような慣習は、ゲルマン民族やイスラーム以前のアラブ人にも見られ、世界各地を旅した現代の多くの人々によっても報告されている。たとえば、タヒチやマルケサス諸島、オーストラリア、ニュージーランドなど南太平洋の島々、インドやアフリカの特定の地域を訪れた者たちは、同地の人々が婚姻という制度に馴染みがないと指摘した。そうした社会で女性は自立し、自活し、あらゆる活動において男性と平等であるということに異議を唱える者はいないだろう。平等どころか、子どもはたいてい母系に属し、女性が男性よりも血筋という点で優位な立場を保ち、社会的な影響力を有していたのである。女性はまた、男性とともに部族の防衛に協力していたのかもしれない。古代史に登場する女性の騎兵や、現代の男女平等な徴兵制のように、である。事実、シャム〔タイ〕の国王は何人もの女性を護衛につけていたし、数年前にフランスに占領されたダホメ[2]の国王は男女五〇〇人ずつから成る兵士を従えていた。

人類が遊牧生活に別れを告げ、定住を選び、農耕に従事するようになった時、家という制度が発見された。家族形成において最も重要な事柄の一つが、各家族がその祖先に遡る神々を戴くことだった。このような先祖崇拝は、かつてギリシア人やローマ人、インド人、ゲルマン人などの間に広まっていたが、現在でも、原始的な社会や中国の一部地域で行われている。家族は自分たちの神々に生け贄を捧げた。こうした習わしは、男性が子孫を残してさまざまな宗教的儀式を伝え続ける動機にもなった。

家族の一員になったことで女性は自立性を失った。たとえばギリシア人、ローマ人、ゲルマン人、インド人、中国人、アラブ人の間では、家長が妻の所有者となった。家長は、奴隷を手に入れるのと同じく、女性を買い取った。つまり、婚姻は売買の形で成立したのである。この事実はローマ法に通じる者であれば誰もが知っており、歴史家によって指摘され、さらに現代の旅行者にも報告されている。男性は、妻をその父親から買い取り、妻に関するあらゆる権利を自分に譲渡させた。さらには妻を他の男性に売って処分する権利まで認められていた。夫が死亡した場合、妻は夫の遺産として相続人たる息子たちに譲り渡された。かかる状況では、女性は何も所有せず、相続権ももたなかった。一夫多妻婚が一般的だったのは、一夫一婦婚だと権利や義務における男女の平等が求められることになるからだ。

やがて女性に対する男性の専横な支配は、政府の介入によって若干弱まった。法制度により、女性の所有権や相続権のすべて、あるいは一部が回復することもあった。たとえ政府の保護があったとしても、どの国の男女も完全に平等の権利を得たというわけではなかった。たとえばインドの女性は法的な身分を保障されず、ギリシアの女性は最低限の外出しか認められず完全に隔離された生活を強いられていた。一方、ローマの女性は、法律的には未成年者と同じ扱いを受けた。女性の地位が最も劣悪だったのは、ヨーロッパ人が教会とローマ法に服従していた時期であり、神学者の中には、女性は〔来世まで続く〕永遠の魂をもたないという者もいた。この論争は、西暦五八六年五月に招集された公会議に持ち込まれた。[3]会議では激しい議論の末、「女性は人間であるが、男性に奉仕するために創造された」との結論が下された。

かくして女性は、男性の庇護のもとで生活するよう求められた。結婚前は父親、結婚後は夫、夫の死後は息子の一人、息子がいない場合は夫や妻の親戚の男性が庇護者となった。女性には自らを管理し契約の際に証言する権利、未成年者に対する親権、仲裁人としての資格はないとされていた。実際、スイスの一部地域では、女性二人の証言が男性一人の証言と同等とみなされている。このようにヨーロッパの多くの国では家族制度が基盤となり、その上に政府がつくられることで、かつての痕跡が残っている。こうした専横な権力に依拠した政府が女性の権利や自由を認めることなど期待できないのだ。

草創期の政府は、このように専制的だった。だが、西洋諸国では、かかる体制は長い年月を経て衰退して姿を消し、やがて個人の人権や財産に関して法のもとでしか権力の行使を認めない立憲制度に取って代わられた。その一方で、中国、インド、アラブ地域、トルコ、ペルシアといった東洋の国々では、数千年前から相も変わらず専横な政治体制が続いてきた。

東洋社会がいつまでも専制政治を克服できず、文明を発展させることもできず、同じ場所で足踏みを続けている原因について、本書で検討するつもりはない。むしろ本書は、そうした議論を深める上で必要な見識を示すことに主眼を置いている。政治的状況と家族のあり方が、各国でいかなる関係にあるのかが、ここでのテーマである。どの社会においても、男性は女性の地位を貶め、奴隷のように扱うことで、女性から自由を奪っただけでなく、男性自身をも貶めてきた。逆に言えば、女性が個人としての自由を享受すればするほど、男性もまた政治的な自由を享受しうる国に変わる。女性の自由と男性の自由は完全な相互依存関係にあるということだ。どちらが他方に影響を与えたのかと問われれば、それぞれが他方に影響を与え、相互作用の関係にあると言える。換言すれば、政府の形が家族のあり方に影響を与え、家族のあり方が社会の形に影響を与えてきたのだ。

東洋の国々に目を向ければ、そこでは女が男の奴隷であり、男が政治支配者の奴隷であると分かる。男は家の中では抑圧者だが、外に出れば抑圧される存在なのだ。一方、ヨーロッパ諸国では、自由と個人の権利の尊重が政府の基盤となっている。ヨーロッパ社会における女性の地位は、思想や行動の尊重や自由といった面で著しく公平とは言えないまでも、高い次元に達している。米国の男性は、個々人の領域では完全に自立しており、私的な問題に対する政府の介入はほとんどない。その結果、米国の女性はヨーロッパの女性よりもはるかに多くの自由を享受している。米国において男女は、個人的な権利については平等であり、いくつかの州の女性は政治的な権利も獲得している。たとえばワイオミング準州では、一八六九年に女性に参政権が与えられた。関連法が制定されて二年後の演説で、キャンベル知事(4)は次のように明言した。

〔法律制定から〕二年が経過し、女性が政治的権利を行使して、議員を選出することが可能になった。女性は司法界で要職を担い、その他の公的機関でも活躍している。女性は新しい責任を堂々と自信をもって果たし、思慮深い見解や、男性と何ら変わらない才覚を示している。まだ経験が浅いために、女性が政府の重責を担う準備ができているかどうかが十分明らかになったわけではない。しかし、女性はその天賦の才能を示したのであり、今後もこの道を歩み続ける権利を有している。

さらに四年間の経験を経て、キャンベル知事は次のように断言した。

女性が政治的権利を行使するようになって六年が過ぎた。以前の集会で、その成果について私見を述べたが、今回はこう言いたい。この四年間の経験から、女性に選挙権を与えたのは正しい決断であり、政治的権利における男女平等が疑いの余地のない成功をもたらしたと心から確信した、と。

その二年後に、米連邦議会上院議員を務めた経験を持つセイヤー将軍[5]はワイオミング準州の新知事に任命され、演説で次のように述べた。

わが州で女性が政治的権利を享受するようになって八年になる。女性の能力に対する私たちの信頼は日に日に高まっている。これは素晴らしい成果であり、わが国の公益に資すると確信している。

さらに五年を経た一八八二年一月一二日、次の知事のジョン・ホイト[6]は次のように演説した。

ワイオミング準州は、女性が男性と何ら区別なく同等の政治的権利を享受できる唯一の場である。かかる権利を保障したのは、真理と正義を愛し、長年の過ちを正そうとしたわが州の人々だ。われわれに反対する者は未だに試験期間に過ぎないと主張するが、われわれは世界的に注目されており、すでに試験期間は終わったということも分かっている。女性の政治参加によって法律はかつてないほどに洗練され、有能な役人が画期的なほど活躍していると断言できる。社会状況は大きく進展し、今や他の地域を凌駕している。女性の穏やかな性格の喪失や家庭生活の崩壊という懸念があったが、そうしたことはまったく起こらず、それが反対者の単なる妄想だったと分かった。

大多数の女性は、自分が得た新たな権利の価値を十分に理解し、その行使を愛国的な義務と考えている。要するに一二年間にわたる経験の目覚ましい成功により、男女平等という疑う余地のない原則がわれわれの精神にしっかりと定着したのである。かかる状況に鑑み、われわれが、ワイオミング準州での取り組みを完遂することで、自由の頂きを目指す、世界の偉大な運動の指針となることを願っている。

このような偉人の言葉に屋上屋を架す必要はないだろう。ただ、ワイオミング州では一八六九年に制定された法律が未だに効力をもち、ユタ州、コロラド州、アイダホ州もこれに倣って女性に政治的権利を与えているとだけつけ加えておく。

米国の他州の女性は、未だに政治的権利を獲得していない。とはいえ、世論の動きに通じる者であれば、他州の女性がごく近い将来にその権利を得ることを疑わないだろう。別の二人の有名な米国の政治家の言葉に目を向けたい。

米連邦議会上院議員であるサムナー(7)は、「女性に選挙権が与えられない限り、大都市の不道徳な行為は抑制できないと思う」と言っている。また、同じく上院議員のギルバート・チェイフィー(8)も、「女性が選挙に参加しない限り、政治的腐敗は克服し得ない。皆が知っているように、町の酒場が町議会であり、投票所であり、女性の訪れない唯一の場所となっているからだ」と指摘する。

おそらく読者諸氏は、なぜ米国の男性が、女性の知識でしか不道徳や倫理的腐敗に対抗できないと感じているのか訝しがるだろう。これに関する明快な説明として、一八八二年にヨーロッパの最も重要な新聞に掲載された米国の裁判官ジョン・リンチマン(9)の意見を引用する。

女性が公職に就くようになる以前は、いかなる会合でも、参加する者は皆、ポケットに拳銃を忍ばせていた。そのため居合わせた人の間で争いが起こると、どんな些細ないざこざでも、たいてい死者や負傷者が出た。それでも陪審員はほとんどの場合、犯人に無罪の評決を下してきた。ところが女性が男性とともに司法に加わったことで、罪人が処罰されるようになった。陪審員は、それまで泥酔や賭博などの処罰に関心を寄せなかったが、意見を変えたのである。審理に女性が参加することで、かつてないほどに秩序や礼儀、尊厳が保たれるようになった。

女性が公的な活動に参加しても、家庭での責任が疎かになったりしなかった。事実、妻が家事よりも公の課題に力を入れていると愚痴をこぼす夫を見たことがない。また、夫婦が政治的な意見の対立ゆえに別れたという話は聞かないし、逆にそれぞれ別の政党を支持している事例をいくつも知っている。

アメリカ合衆国のすべての州で、女性は公的な権利の多くを獲得している。女性は弁護士となり、法廷でさまざまな訴えに関わることができる。カンザス州やワイオミング州には女性の裁判官がいる（ワシントン特別区、イリノイ州、ニューヨーク州などにもいる）[10]。検察官に任命されている女性もおり、国務省や内務省、陸軍省などにもかなりの数の女性が勤めている。公証人や聖職者、技術者、新聞編集者、さらに観測所や郵便局、電信局の職員など、数え切れないほどの職業に女性は従事している。教育省では、ほとんどの役職を女性が占めている。小学校では教員・職員の九五％が女性である。フランスの著名な作家ポール・ブールジェ[11]は、米国を訪れた後にこう記した。

米国の公立学校に行くと、女子生徒が男子生徒と同じ教室で席を並べ、先生は男女を区別することなく授業を行っていた。理科室では女子生徒が男子生徒のそばで顕微鏡にかじりついていた。教室にいる生徒たちは皆、解剖学の課題研究に没頭していた。名前も知らないまま新聞記者に会う予定があれば、記者は女性かもしれない。有名な医師を列挙すると、男性と同じくらい女性の医師がいることに気づく。専門科によって差はあるものの、女性の医師は決して珍しくない。

米国女性の地位向上を知るには、一八八〇年の国勢調査を見れば十分である。それによると、科学や教育の分野では女性が七五%を占め、商業分野では六三%、工業分野では六二%である。米国と最もつながりが深い英国に目を向けると、女性の科学や工業への関わり方はそれほど変わらない。最新の統計では、科学・教育の分野で就業する女性は一〇〇万人、商業・工業分野では三〇〇万人とされる。英国女性は、町議会や学会、慈善団体などで投票権を有している。英国の植民地である南アフリカやカナダ、オーストラリアでも女性は投票権を得ている。

しかし、英国女性の政治的権利獲得は、まだ準備段階にある。六〇万人の英国女性が署名した最初の請願書は、一八六六年に議会に提出された。そして女性に政治的権利を与える初の法案が一八六七年に提出された。幸いなことに、著名なジョン・スチュアート・ミル(12)が議会でこの法案を擁護した。法案はすぐに八〇票を獲得し、ディズレーリとグラッドストーンが支持者に名を連ねた。一八七二年に二回目の法案が提出され、一五九票の支持を得て、翌一八七三年には一七二票を獲得した。その後も法案は再提出され、次第に支持を広げ、一八九七年には過半数に達し、庶民院で可決された。貴族院で承認されれば、法律として成立する見込みだ。

女性をめぐるフランスの取り組みの現状はそこまで芳しくはない。科学に従事する女性は少なく、公的機関の就労に関しても郵便や電信、電話などの業種に限られている。フランス人女性を惹きつける職業は、やはり商業に関わるものなのだろう。フランスの文豪ヴィクトル・ユーゴーの「一八世紀には男性の権利が保障されたが、一九世紀には女性の権利が確立する」という予言は間違っていた。一九世紀は終わったものの、フランス人男性の大多数が望むような大規模な改革は実現していない。とはいえ、この一〇年間でフランスの取り組みにも顕著な進展がみられ、商業委員会では女性の投票権が実現した。さらに昨年には、弁護士として活動する権利を女性に認める法律が成立した。

他のヨーロッパ諸国の状況はフランスとほとんど変わらない。だがロシアの場合、その地理的な位置により、東洋の伝統の影響を色濃く受けている。かつてロシアの中上流階級の女性は、東洋の女性のようにヴェールに包まれ、家に閉じ込められ、教育を受けることもできなかった。夫や保護者の恩情によって与えられる権利しかなかった。この慣習が改められたのは、ピョートル大帝〔在位一六八二―一七二五〕が一七二二年[13]にヴェールを廃止する法令を発布して以降であった。その後、エカテリーナ二世〔在位一七六二―一七九六〕はピョートル大帝の意志を継ぎ、女子学校を設立して知的・道徳的な教育を広めた。

アレクサンドル一世〔在位一八〇一―一八二五〕は、即位後、自由を嫌ってこれらの取り組みを辞めてしまった。しかし、後継者のアレクサンドル二世〔在位一八五五―一八八一〕は、国の進歩と発展を強く望み、農奴制を廃止し、男子校と同じ教育カリキュラムによる女子の小中学校を数多く設立した。その方針の下で女子学校が最初に設立されたのは一八五七年であったが、かかる偉大な覚醒も長くは続かなかった。女性の知識向上が国政に多大な影響を与え、批判勢力にも利益をもたらすと、ロシア政府が気づいたからだ。かくして一八六二年、男女ともに高等教育の門戸は閉ざされた。ところが自由と学知を味わった女性たちは、無知への回帰を受け入れず、多くが知識を求めてフランスやスイス、ドイツに渡った。彼女たちは亡命先でロシアの体制を批判し始め、著書や新聞紙上で考えを広め、同胞の男性とともに会合に参加した。このように高等教育機関の閉鎖は、かつてないほどに激しく革命を促した。ロシア政府もその現実を悟って過ちを認め、一八八九年に学校を再開した。それ以来、学生数は増加の一途を辿っている。

ここまで世界各地の女性史を概観してきたが、以上の話を簡単にまとめるとこう言えよう。つまり人類の誕生から間もない頃には自由に暮らしていた女性は、家族という制度ができて以降、真の奴隷となった。そして人類が文明の道を歩み始めた頃、女性は奴隷状態から幾分解放され、ある程度の権利を得るようになった。けれども、依然として女性は男性の専横な支配に服し、部分的な権利しか手に入れていない。それでも、人類が文明の高みに達した時、女性は完全な自由を手に入れ、男性が有する権利のすべてとは言わないまでも、そのほとんどを獲得することになる。このように、世界の文明史における女性の発展には四つの段階が存在するのだ。

現在のエジプト人女性は、この歴史的発展の第三段階にある。エジプト人女性は、イスラームの聖法の観点からは、権利と義務を有する自由人とされるものの、家長によって正当な権利を奪われているのだから自由ではない。かかる状況は、われわれが服している専制政治によって生じたものである。

専制政治はまさに終焉を迎え、消え去ろうとしており、誰もその復活を望んでいない。それにもかかわらず、わが国で男性は女性に専横な態度をとり続けている。事実、わが国の法律は非常に先進的で、実態よりもはるかに進んでいる。法律上は、性別にかかわらず、万人が自由と正当な権利を享受すべきだと定められている。ところが、自由という特権を独占し、女性の権利を尊重しない姿勢が男性に深く根づいているのだ。

これは、われわれの精神や行動が古い慣習に今でも縛られていることを示している。わが国の法律は自由を求める人々のために定められたのに、未だに奴隷精神に囚われている。われわれは、豊かな学知に触れ、学歴を積み上げて学位を取得した者や司法に通ずるイスラーム法学者、文芸に通暁した者から当世の鬼才とたたえられた詩人、科学や文学、芸術分野の刊行物を通して公益のために尽力する著述家、自由と自立を愛する高名な弁士を目にする。ところが彼らは「女性が抑圧され、権利をはく奪されている」と聞けば、「女性が牢獄から出たり、無知の衣を脱ぎ去ったりしてもよいものか」と自問する。そして長らく考えたあげく従来の固定観念に戻り、女性の権利を否定し、彼女たちは生涯牢獄で無知の闇に留まるべきだという立場を示すのではないだろうか。

そうした結論に至るのは、問いがあまりにも難解で、細心の注意をもって答えなければならないとか、賛否両論となるからなのか。そうではない。われわれは、自由を言葉の上では知っていても、どうやってそれを愛するのか分かっていないのだ。他人には他人の権利があると知っていても、それを尊重することができない。自由精神の実践について未だに訓練の段階にあり、精神に定着するには時間を必要とする。その一方でヨーロッパ人は、自由の価値を真に理解し、自分の自由と同様に他人の自由を愛し、尊重している。

この姿勢は、いかなる美徳であろうとも心から重んじる者が身につけるべきものである。哲学者のコンドルセは次のように語る。「権利が正当であるかどうかは、その権利がすべての人に平等に与えられているかで決まる。信条や肌の色、性別にかかわらず、他人の権利を奪う者は自らの権利を踏みにじったことになる」。

かくして西洋諸国で進歩を求める人々は、女性の地位向上と今以上の成熟を目指して努力している。女性に男性と同等の地位が与えられ、あらゆる人権において男女平等が実現するまで、人々は力を尽くし続ける。西洋人の中でも、男女平等の必要性について賛否があることは否定しない。これまで女性に与えた自由や権利で十分だと言う者もいれば、女性の権利を拡大し、最終的には男女の差をなくしたいと考える者もいる。人間社会は常に、保守派と改革派に分かれる。いずれも人類の福祉と幸福を求めるが、それに至る道が異なるのだ。

歴史の流れを追っている者なら誰でも、いかなる時代や場所においても自然による役割を果たしてきた女性が、成熟に向けて準備を進めてきたことが分かるはずだ。そして、貶められ蔑まれた状態から、進歩を遂げ、高みへと向かって漸進的に歩んできたと知っている。女性は変わることなく同じ地位に留まっていればよいと言うのは、現在の段階から次の段階へ進むようこれまで促してきた自然の法則を認めないことと同じだ。

概して、われわれと西洋人の間に違いが生まれるのは、西洋人のほうが人間の性質を理解し、その個性を尊重しているからである。西洋人は個々人の生活に関わるあらゆる権利を男性と同等に女性に与え、良識によって禁じられている事項を除けば、身体的・精神的自由に関する権利について異議を唱えたりしない。ただし、公共の場での男女平等については意見が分かれている。公的な活動への参加は、女性の本来の役割から逸脱すると考える者もいれば、女性は自然の役割のみを果たすだけでは不十分だと考え、公共の場での男女平等を支持する者もいる。

一方、われわれは、男女が同じ地位にあるとは未だ考えていない。女性も男性と同じ人間であるという明白な真理を理解する準備ができていない。それどころか女性からあらゆる人権を奪い、公私にわたってあらゆる権利の享受を禁じてきた。女性の公的生活への参加についての検討は、本書の目的を超えており、ここで論じることはできない。だが、女性の私的な生活について、次の三つの課題に絞って考察することは可能だろう。それは第一に「女性の自由」、第二に「女性の自身への義務」、第三に「女性の家族への義務」である。これらを順に論じた上で、「教育と隔離(ヒジャーブ)」といった課題も検討し、最後に女性をめぐるエジプトの思想状況についても見ていきたい。

注

(1) ヘロドトス『歴史　中巻』松平千秋訳、岩波文庫、一九七一年では、沿岸地帯に住む遊牧リビア人の事例として、「彼らは妻を共有にして交わり、正規の結婚によって同棲はせず家畜同様に交わる。女の生んだ子どもが順調に育つと、三カ月以内に男たちが集まり、子どもが一番よく似ている男の子どもと認定される」と説明されている(一一八頁、巻四－一八〇)。

(2) 現在のベナンにあたる地域に一七世紀以来存在した王国。一八九〇年代前半にフランスに征服された。

(3) ここでアミーンは五八六年の公会議と述べているが、同年にそのような会議が開かれた形跡はないのでアミーンが参照した典拠は不明である。なお、第二回コンスタンティノポリス公会議が開かれたのは五五三年であるが、この会議を指してはいないと思われる。

(4) ジョン・アレン・キャンベル(一八三五－一八八〇):米国の政治家。一八六九－七五年にワイオミング準州知事を務める。

(5) ジョン・ミルトン・セイヤー(一八二〇－一九〇六):米国の政治家。米連邦議会議員やネブラスカ州知事を務めた後、一八七五－七八年にワイオミング準州知事。

(6) ジョン・ウェスレー・ホイト（一八三一－一九一二）：米国の政治家。一八七八－八二年にワイオミング準州知事を務めた。

(7) 英訳ではSmilonとなっているが、そのような議員は存在しないと思われ、典拠は不明。考えられる議員としては、当時米北部の思想を体現したCharles Sumnerが挙げられる。手紙などで敬称としてHonorable等をつけ加える際に、Hon.と記することがあり、アミーンは誤読してSumnerhonと読んだのではないのかとも推測される（なおhは発音しない）。

(8) 英訳ではGilbert Chafeとなっているが不明。

(9) 英訳ではJohn Lynchmanとなっているが不明。

(10) ワイオミング準州で最初の女性裁判官はEsther Hobart Morris。またその後のアラビア語原文をそのまま邦訳すると「コロンビア、チリ、ジーランド」となり、英訳本ではもはや別の国の話のように訳しているが、文脈的には米国内の州としか考えられない。となれば、コロンビアはワシントンDCのDistrict of Colombiaであり、ロックウッド（Belva Ann Lockwood）裁判官を指していると思われ、彼女はニューヨーク州でも裁判官経験があるので同州を追加した。またチリはシカゴの間違いと推測され、イリノイ州のマッカロク（Catharine Gouger Waugh McCulloch）裁判官を指すと考えられる。一方、ジーランドが何を意味しているのは不明。

(11) ポール・ブールジェ（一八五二－一九三五）：フランスの評論家・作家。

(12) ジョン・スチュアート・ミル（一八〇六－一八七三）：イギリスの政治哲学者。代表作に『自由論』（一八五九）等。

(13) アラビア語原文では一七二六年となっているが、一七二二年の間違いだと思われる。

第二章　女性の自由

古代の哲学者が人間の自由について誤解していたのは仕方がない。なにしろ彼らは、神が二種類の人間を創造したと考えていたのだ。一方は自由を享受する人々、他方は隷従を強いられる人々である。たとえ自由人であっても、個人として自立していたわけではなく、家長や政府の指導者に服従していた。歴史を紐解けば、古代の政府は個々人の生活にあらゆる面で干渉しており、家族のあり方だけでなく、教育、信教、倫理、心情、さらには取引における商品価格の設定にまで、際立った役割を果たしていたと分かる。政府による私的な領域への干渉は、古代ギリシアでは最も極端な形で法制化され、女性に対して特別な理由のない外出を制限するまでになった。かくして社会生活は軍隊のようになり、支配者はいつでも望むままに命令し、市民はそれに従った。

世界の文明が発展するにつれ、個人は徐々に権力のくびきから解放され、自由の幅を広げ、かつては一般的とみなされていた原則が例外になるという逆転現象が生じた。文明が、可能な限りの自立と自由を個人に与えることに大きく貢献したのだ。

人々は、思想を発展させるにつれ、支配者の気まぐれに身を委ねても自分たちの人間性を貶めるだけで、快適さや幸福にはつながらないと理解した。かくして人々は、たとえ身近な者であっても、自らの自由を誰かに譲り渡すことを拒み、政府に対しては国内の治安維持や国境の防衛、公益事業など、社会にとって必要不可欠な役割の遂行だけを認めた。そしてかかる条件の下であればと、政府が決める活動や財政に従うようになった。だが、ひとたび政府や他の誰かが私的な領域に干渉しようとすると、人々は抑圧の重みと苦しみを感じた。

これには二つの理由がある。第一に、個々人や世代、時代、場所によって考え方や性質、好みが変わり、支配者の気まぐれな判断が多数派の意思に反するようになったからだ。それぞれ異なる状況にある人々に受け入れられる単一の原則を貫くことなどできなくなったのである。第二に、政府が私的な領域に干渉すると、個々人の力が弱まり、役割を果たせなくなると経験的に分かったからだ。人々は、無気力や怠惰に陥ったり、他人に依存したりするようになった。堕落した生活を楽しみ、永遠に安逸を貪る者もいるが、それは不幸と苦難をもたらすだけだった。

自由は人類の進歩を可能にし、幸福への足掛かりとなる。成功の秘訣に気づいた国々で、自由は最も価値ある人間の権利だとみなされている。ここで言う「自由」とは、法の範囲内で道徳的基準を維持しつつも、人間の思考や意思、行動を自立させることを意味する。狂気に陥った者や子ども以外、誰も他人の意思に従う必要はない。子どもについても、保健教育学者によると、親の指導や助言は必要ではあるが、本人が自発的に行動できるよう促すべきだという。抑えつけると子どもたちの自己決定能力が削がれてしまうからだ。

かかる広義の自由こそが、エジプトの女性教育の基本方針となるべきである。女性の自由を求める私の意見に驚き、彼女たちはいったい奴隷状態にあるのかと問う人たちがいる。だが自由の意味を理解すれば、私と意見を違えることはないだろう。女性が市場で売買されていると言いたいのではない。売買の対象になる者だけが奴隷なわけではない。賢明な知性をもって考えれば、自らの思考や意思、行動をコントロールできない者こそが、まさに奴隷と言うべきではないか。

ムスリムの間では、女性は人間として不完全であると考えられてきた。男性には女性を支配する権利があるとし、その考えに則った形で女性を扱ってきた。その証拠は多数ある。このように私が言ったとしても、読者は異議を唱えないだろう。多くの家庭で、女性が挨拶の際に男性の手に接吻をすることは良いマナーだとされている。だが、女性が男性と同席したり、食事をともにすることは無作法だという。事実、男性がテーブルについて食事をする間、妻はハエを追い払うだけ、娘は水差しを運ぶだけという様子を私は何度も目撃してきた。

このようなぞんざいで不適切な女性の扱いは、特定の階級、とりわけ農村部でよく見られるのは確かだ。だが、他の階級や都市部でも、女性の奴隷化を異なる形で目にすることがある。外出してほしくないからというだけの理由で、妻の外出を禁じる男性は、彼女の自由を尊重していない。その場合、妻は、奴隷どころか、実際には囚人だ。奴隷でいる以上に監獄は人間の自由を奪う。妻を監禁する男性は今ではそんなに多くないと言っても、何の意味もない。過去に比べて減ったとしても、周知のとおり、実際には、自らの意思でどこかに行き、何かをできるという女性など、ほとんどいないからだ。私が問題視しているのは、妻が何をすべきか、どうあるべきかについて大半の男性が抱いている考えである。つまり女性の制約が緩んだかどうかにかかわらず、大半の男性が、女性は家に閉じこもっているのが最善とみなしていることが問題なのだ。

ムスリムが、無知なイスラーム法学者の意見を権威あるものとして採り入れるならば、女性を監禁し、二つの宗教的な祝祭日[1]に親族を訪問する以外、外出を禁じることが義務だと思い込むだろう。いかなる状況でも女性は外出しないほうが望ましいと考えるかもしれない。実際、墓場に運ばれるまで女性たちを閉じ込めておくことに誇りを感じる者もいる。

男性に妻を監禁する権利を与えることは、人間として譲れない自然な権利である自由を否定することだ。父親によって家畜のごとく見知らぬ夫に引き渡され、夫がどのような人物かを見抜けるような知識もなく、意見ももてない女性は自由ではない。むしろ事実上の奴隷だ。周知のとおり、わが国ではどの階級の父親も、たいていこのような方法で娘を結婚させる。父親は、求婚者と連絡を取り合い、最終的に結婚の契約を結ぶ。だが娘は、自らの将来を決めるこの重要な事柄について何も言えない。新郎となる者も婚約者のことをよく知らない。だが、男性は自らの無知ゆえに生じた結果を取り繕うべく、いつでもその女性と離婚することができるし、同時に二人目、三人目、四人目の妻と結婚することもできる。その一方で、女性は一緒に暮らせそうもない相手に苦しめられても縁を切ることができない。男性はいつでも妻との関係を維持したり放棄したりする権利をもつが、女性は見知らぬ男と結婚させられ、その関係を解消する権利すら奪われている。そうだとすれば、女性はまさに奴隷の身分に等しい。

〔一部の〕イスラーム法学者やその信奉者が言うように、女性は必要な宗教儀礼だけを学び、初歩的な学問をかじってさえいればよいのならば、やはり、彼女は奴隷に他ならない。人間本来の自然な性質や天賦の才能を抑圧して限られた方向のみに向かわせ、その成熟を妨げているのであれば、実際のところ奴隷状態に置いていると言う他ないからだ。

女性が手足や外見を隠さなければならず、歩いたり、乗り物に乗ったり、さらには呼吸をしたり、みたり、話したりすることを制限されるのであれば、彼女は奴隷である。主人以外のあらゆる男性の前で、布地にくるまり、人間としての自然な姿をゆがめて、覆い隠されているからだ。

要するに、女性は生まれてから死ぬまで奴隷なのだ。自分のために生きているわけではなく、男性を通して男性のために生き、必要な事柄すべてを男性に依存しているからだ。男につき添われなければ外出できず、男の保護の下でしか移動できず、男の頭でしか考えず、男の目でしか見ず、男の耳でしか聞かず、男が望むものだけを望み、男の仲介でのみ行動し、男が指示しなければ何もできない。こうした女性は、自立した人間とは言えず、男性の付属物に過ぎない。

一五歳にも満たない息子とその母親を比べてみるがいい。母親のほうが知性は劣り、知識も経験も乏しいことが分かるだろう。息子は家の中でも外でも、母親よりも重要な立場にある。男性が物事の可否を決め、女性に代わって動き、家庭を切り盛りし、家計をやりくりする。それ以外の状況などあるのだろうか。

ヒジャーブを被った女性が、男の召使を伴って道を歩いている姿を目にするが、召使が、自分のほうが意思と意見と能力があると考えていることに気づくだろう。まるで「私めは、このか弱く何もご存知でないお方を監視し、護衛し、保護するよう任されております」と言っているかのようだ。

ヒジャーブを被った女性が、粗野な男たちのそばを通り過ぎる時に、男たちが気兼ねもせずに大声で猥褻な言葉を投げかけることもある。時には身体をぶつけたり、手で触ったりもする。彼女自身が不審な仕草をしたり、ちょっかいを出されるように刺激したり、下品な行動を促したわけではない。なぜ彼女は男たちの嫌がらせに対して、沈黙し、恐れを抱きながらも我慢するばかりで、自分の身を守ろうとしないのか。逆に、なぜそうした男は、ヒジャーブを被っていない女性に対して、下品な言葉を投げかけたり、醜い行動をとったりしないのか。顔を覆った女性のほうが、覆わない女性よりも、男性にとって魅力的なのか。そうではないだろう。顔覆い（ブルクゥ）や全身を覆うショール（ハバラ）は、無知や弱さ、そして騙されやすさの象徴とみなされているのだ。女性たちが家族の尊敬を得られず、自尊心をもたず、流されやすく、優柔不断で、合図や言葉だけで服従し、男性を恐れてやり返す勇気をもたない様子を、男たちは目にしている。それゆえ女性を軽蔑し、敢えて辱めるのだ。顔を覆った女性が男性と一緒にいる時だけ敬意を払う。たとえその男性が、宦官だったとしても。このような哀れな存在が自由を享受していると言えるのか。このような屈辱を受けても、自分は人間だと女性たちは思えるのだろうか。

次のように言う人もいるかもしれない。「女は男の心を支配し、自らの意思と気分に従わせ、望みを叶えるために男を操るのに、どうして女が男の奴隷だと言えるのか。夫は、遠くに出かけ街々を渡り歩いて、妻の服を選んだり、好みに合うような宝石を選んだりして、望みを叶えようとしている。妻こそが家の主人であり、何をするにしても優先される。それなのに、女は男の奴隷だと言うのか」。確かにこうした状況があることは否定しないが、一般的だとは言えない。また男性が女性の望みを叶えようとするのは、女性を尊重し、彼女の知性や物腰がこうした扱いにふさわしいと考えたためではない。結婚契約の中で伴侶の権利として示されているからでもない。夫が妻をもち上げるとすれば、それは男性の欲望が高まったからである。美しさや魅力のとりこになった場合もあれば、妻の巧みな策略に引っかかった場合もある。夫が情欲を感じている間は妻中心の生活になる。だが、ひとたび欲望が萎え、慣れ合いの関係となれば、妻は名誉の頂きから屈辱のどん底に引きずり降ろされ、再び奴隷の衣装をまとわされる。

こうも言われる。確かに、女性が自由になるために、男性は敬意をもって女性に接し、その意思や考えを抑え込んではならない。そして誰かを訪問したり、運動したりするための外出を認めなければならない。しかし女性が顔を露わにしたり、男性に混じったりすることと女性の自由との間には、どんな関係があるのかと。それにはこう答えよう。女性に隔離を強要するのは、最も残酷で恐ろしい隷属状態を強いていることになる。かつて野蛮な時代に男性が女性を捕まえたり、購入したり、誘拐したりしたのと同じである。いかなる方法で手に入れようが、男は女の絶対的な所有者だと考えていた。夫は妻から人間性を奪い、もっぱら彼女の肉体を堪能するだけだった。妻は自宅に閉じ込められ、外出も禁じられた結果、夫以外の人と視線や会話を交わすことさえできなくなった。夫は、まるで自分の財産を貯め込み、すべて自分だけのものとして独占したいかのようだ。女性がどうしても外出せざるを得なくなると、夫はどこへ行くにも同行し、顔を隠すようにと強要する。

夫はもともとヒジャーブを妻だけに強いていたが、やがて娘や母親、姉妹、さらにあらゆる女性にまで求めるようになった。女性は誰もが、現在の妻か、かつての妻か、あるいは将来的に妻になる可能性があるからだ。ヒジャーブは古き所有権の象徴であり、何世代にもわたって人間の暮らしを特徴づけてきた野蛮な精神の痕跡でもある。肌が黒いというだけの理由で黒人が白人の奴隷になったのと同じように、女性であるというだけで誰かの所有物とみなされたのだ。

ヒジャーブの伝統が、それをもたらした原因がなくなった後も、つまり女性が男性の所有物でなくなった後も続いたとしても何ら不思議ではない。アッラーの定めし創造の法則によれば、ある状態から別の状態への変化は一気に起こるわけではなく、変化にさらされた者も気づかない程度に進むからである。人はしばしば、現状が変化することなどあり得ないと考えがちだ。しかし、気づかないうちに別の段階へと進み、新たな意思やより良い状況へと向かっていくものだ。そして、変化を遂げた後になって初めて、以前は否定していた段階に到達したと分かるのだ。

男性が女性の所有権を失うと、段階的な変化の中で、女性は奴隷と自由人の中間、つまり人間ではあるけれども不完全な存在とみなされるようになった。男性はつい昨日まで自らの所有物だった女性を同等な存在と考えることができず、劣った存在として扱うことを好んだ。そして、アッラーは男性を創造する際、彼に知性と美徳を与えたが、女性には与えなかったと言い張った。女性は弱く、知性に欠け、欲望に囚われているがゆえに、男性の力に頼らなければならない。その美しさで他の男性を誘惑したり策略で欺いたりしないよう、男性らとの間に距離をおき、家に留まり、外出する際には顔を覆うなどヒジャーブを守るべきだと言った。そして、女性の知性や倫理が向上するはずがないので、そのまま無知でいればよいと思い込んできた。

これこそが、女性にヒジャーブをまとわせることの秘密であり、それが今まで残ってきた理由である。女性解放の第一歩は、ヒジャーブを引き剝がし、その悪影響を消し去ることだ。女性が知的に劣っているというのは、女性を男性の奴隷にするための口実だった。それゆえにわれわれは、女性の性質についての理解を深め、これまで言われてきたように本当に男性より劣っているのかどうかを知らなければならない。

この問いに対する世論の反応は容易に想像できる。しかし、このような科学的な問いについて世論が正しい答えを出すわけではない。身近な問題について、世論は調査や検証を基に形づくられるのではなく、慣習に則しているか、馴染み深いかによって形づくられるからだ。慣習は、一般の人々にとって権威ある判断材料であり、原因が分からないあらゆる自然や社会の現象を理解する基準となる。世論では、慣習を変えることは、自然に反するとみなされる。人々は慣習と自然を区別できず、はるか昔から現在まで物事は変わっておらず、今後も永遠に変わるはずはないと思い込んでいるからだ。

今日の女性が男性よりも低い立場に位置づけられていることは間違いない。だが、これは自然なのか、それとも教育のあり方がもたらした結果なのか。どちらの答えが正解かを知るためには、科学的な原理に立ち戻る必要がある。

〔西洋の〕学者は、女性の性質や人間としての成熟度について、今日までの女性の歩みに基づいて判断すべきではないとみている。女性が男性と同等の自由を享受し、男性と同じように時間をかけて、知的・道徳的な能力を伸ばす機会を得てから、その点は判断すべきだという。学者らは、男女は異なる存在であり、生理学的・解剖学的な相違はあるものの、一方が他方よりも優れているとか劣っているといった見解は示していない。これは、ジャック・ロルベット[2]が著書『教師との関係における女性』で示した結論でもある。またフェルチェッロ教授[3]は、「私はこれまで多くの男女の学生に数学や倫理、哲学を教えてきた。私の経験では、男女間に〔能力の〕差はなく、成績の分布という点でも同じだった」と述べている。

人類学者でイタリア上院議員マンテガッツァ教授[4]は、新著『女性の生理学』(一八九三)で「女性の脳の軽さ、頭蓋の小ささ、脳胞の弱さについての議論は、男女の知力の違いを明らかにするのが目的ならば、すべて無意味だ」と主張した。さらに次のようにも語っている。

男性はなんと罰当たりなのだ。男性の傲慢さは解剖学まで歪曲してしまう。この世において最高の地位を無理やり奪っただけでは満足せず、女性は人間的に劣っており、猿と人間の中間の存在だと立証しようとしている。まるで、男性は女性から自分と同じ権利を奪い取ることが許されると思い込んでいるようだ。男性は、自分より劣った存在とみなしたい女性の中に、自らの母親が含まれていることを忘れているらしい。解剖学は、女性が男性よりも劣っているとか、優れているとかを証明する学問ではない。むしろ女性には男性とは異なる役割があるから、性が異なると示しているのだ。

そしてマンテガッツァ教授は、男女の感情や情緒の相違について次のようにまとめている。

男女で精神が大きく異なるのは、女性が長い間奴隷扱いされてきたからである。下層階級の男性は女性よりも筋力で勝り、他の階級の男性は豊富な知識と教養で勝る。このように貶められた女性は、自らの身を守るために奴隷が用いてきたのと同じ戦術に頼る。意思の強さや耐久力を要する作業では、男性のほうが女性よりも強いようだ。一方、女性は感受性に優れ、痛みにも耐え、病気や外科手術で驚くほどの忍耐力を示す。これは、女性が男性に比べて利己的ではなく、謙虚に耐え忍ぶことに慣れているからだろう。

また女性は男性と比べて肉欲を感じにくい。男性にとって愛は、肉体的な快楽を満たす情欲と切り離せない。一方、女性にとって愛は、二人の精神の融合を目指す感情と結びついている。つまり男性はあの手この手を使って女性を惹きつけようとするが、多くの女性は自らの名誉を守り、男性の肉欲を退けることができる。もしも、逆に、男性が女性を追いかけるように、女性が男性を追いかけるようになったとしたら、おそらく男性は自らの貞操を守れないだろう。

女性が善行を尊ぶのに対し、男性は利己的であるというのは周知の事実だ。男性はまず自分のことを、次に子どものことを考えるが、女性はその逆で、まず他人を、次に自分のことを考える。男性は自分の幸せを第一に考えるが、女性は他人を幸せにすることを第一に考える。このような感情は、多かれ少なかれ、人生のあらゆる活動で観察することができる。女性の利他的な愛を示す格好の例が、子どもに対する母親の愛だ。母親は父親以上に、たとえ欠点があろうと子どもを愛する。実際、子どもが運に恵まれなければ、母親の愛情は増すが、父親の愛情は薄れるとも言われている。

この偉大な学者によれば、女性は知力では男性と同等であり、感性や情緒面では男性に勝っているという。男女の知性に依然として歴然たる差があるとすれば、男性が何世代にもわたって知識を追求し、精神を啓発され、決意を持って物事に取り組んできたのに対し、女性はあらゆる教育の機会を奪われてきたせいである。このように、現在みられる男女の違いはつくり出されたものであり、自然なものではない。

われわれが求める平等とは、一人ひとりの女性の能力が男性の能力と等しいとか、一人ひとりの女性の特徴が男性の特徴と同じだという意味ではなく、女性の能力と特徴の総和が、男性のそれらの総和と相等しいという意味だ。男女の間に何らかの違いがあっても、それがすなわち、一方が他方よりも優れているとか、劣っているという意味にはならないからだ。

男性はいかなる科学的根拠に基づいて女性を奴隷化してきたのだろうか。また、何の権利があって女性から自由を奪うのか。女性は男性よりも知能が低いと仮定したとして、だからといって女性から自由をはく奪することが許されるのか。個々の男性の間には、知性面で男女間よりも大きな差があるのではないか。エジプト人の知性は、属する階級によって異なるのではないか。身体の自由は、すべての人が平等に享受するものではないのか。エジプト人女性の中には、夫や父や息子よりも知性が優れ、より成熟した精神を有する者がいないというのか。

知性の差を口実に人間の自由を奪うことは許されない。差が生じるのは、ある考えが他の考えよりも優位となり、その考えが説得力を持って支配的となったとか、ある意思が他の意思よりもいっそう魅力的で、他を従わせてしまったためだ。

前述したとおり、聖法は女性の権利について定めており、クルアーンの章句にある言葉[5]は、精神的な権限の所在について述べている。ヨーロッパの法律はこの方向に沿って、妻に対する同様の権限を夫に与え、「夫が妻よりも優位な権威構造」〔conjugal authority〕を認めている。それでも、西洋の女性が自由を享受していることは明らかだ。

こんな問いも可能だろう。ヒジャーブがあれば女性は堕落から身を守ることができるというのは、女性から自由を奪うのに十分な理由なのか。女性に対する男性の態度こそが堕落の原因であるにもかかわらず、なぜ、女性の自由が踏みにじられ、男性の自由は尊重されるのか。公正の定義は男女で異なるのか。男女にはそれぞれ別の権利があるのか。聖法や実定法に反しない限り、誰もが自ら望むとおりに選ぶ権利をもつのではないか。

聖法の下では、現世であれ来世であれ、女性は男性と同じ責任を有する。実定法の下でも女性が罪を犯したからといって、免責されたり、減刑を求められたりすることはない。それどころか、世論は女性の責任を誇張し、男性よりも重いとみなしている。四〇歳の男が一五歳の少女を誘惑し、その未熟さを悪用して猥褻行為を働いたとしても、世論は「名誉を守らなかったのは少女のほうだ」と判断し、男の悪行を咎めない。はたして聖法も世論も、女性のほうに行為の責任を求めているのか。これほど女性に責任をなすりつけるのであれば、聖法も世論も、さぞかし女性に選択の自由を認めているのだろう。

女性は知的に成熟した自由を享受する一人の人間なのだから、殺人を犯せば絞首刑に値すると言いながら、一方で女性は知性が足りないからと日常生活での自由をはく奪する。こんなことが認められようか。妻が自由を悪用すると思い込んだとしても、妻から自由を奪う正当な理由とはならない。何人も、他人の過ちを防ぎたいという理由で、その人から自由を奪ったり、意志を支配したりして権利を侵害することは許されないからだ。もし、自由を奪うことで人を潜在的な危害から守れるのであれば、堕落した行為を防ぐために九割の男性に監禁法を適用しなければならないだろう。その一方で、女性がヒジャーブの着用を受け入れたとして、後にやめたくなった場合、それを禁じられるわけではない。かかる強要は、人間の本性や聖法の原則とは相容れないため、無効である。

「女性が自由を享受すると貞操観念を失う」という主張は、何の根拠もなければ経験的にもあり得ず、理性的に考えてもおかしい。過去の実例に基づけば、自由を与えられた女性は責任感と自尊心を高め、男性からもいっそう敬意を払われるようになる。これを立証するために、他の人たちのように捏造された虚偽の統計を持ち出す必要はないだろう。風刺新聞に引用されたある学者の統計によると、ドイツ人女性が夫を欺いた回数は〔平均で〕七回、ベルギー人女性は六・八回、オランダ人女性は四回、イタリア人女性は一・八回、フランス人女性は一回だが、トルコ人女性（東洋人女性全般）は〇・一回に留まるという。このような統計に依拠したデタラメ記事を、あたかも事実に基づいた正確な学術調査であるかのように思い込んでいる者がいる。不貞は裁判沙汰になって初めて数として記録されるのだが、裁判になどめったにならないということを分かっていないのだ。

われわれは根も葉もない話に基づいて意見を表明すべきではない。たとえば女性が男性と五分間同席したら、もはや美徳を失っているというような言い草だ。良識ある人々に認められる公理に基づかない事例は、何の証拠にもならない。こうした主張を行う者は、いくら証明を求められても根拠を示すことができない。彼らによれば、男女が一緒にいると必ず肉欲に負けてしまうのであり、かかる精神が生まれながらにして埋め込まれており、人類に共通する特徴だという。彼らは自分こそが男性一般を代表し、また今日よく知られている女性のあり方が女性一般を代表していると思い込んでいる。彼らが分かっていないのは、個々の男性は精神面や特徴において限りなく異なっており、それぞれが生きている時代や場所、教育環境に影響されていること、そして個々の女性もまったく同じように異なっているということだ。

女性と男性の倫理観の違いは、たいていの場合、慣習の相違によってもたらされる。われわれ男性が女性に第一に求めるのは貞節であり、それを求める権利もある。だが女性がその美徳を失い、保持できなくなるように全力を尽くしてきたのは、われわれ自身だ。というのも、われわれの生活のあり方こそが、女性の欲望を高めているからだ。女性は監禁され、運動もできないからこそ、神経を弱め、精神のバランスを崩している。そのことを皆知るべきだ。体が丈夫であれば、心臓がすべての細胞に血液を送り込み、みなぎる力を感じるだろう。物理的な困難や苦労に遭遇しても強靭な身体であれば負けることはなく、忌々しい情欲や誘惑に抗することができる。過労や病気は身体を弱らせ、意思や決断力に悪影響をもたらす。身体を回復させようとしても叶わず、安逸を貪るばかりである。そうして自制に努めたり、困難に打ち勝ったり、抗ったりできなくなる。体が丈夫で神経が健全であれば、自己管理の面で大きな助けになる。反対に、体が脆弱で神経が障害に見舞われれば、色欲や気まぐれになびきやすい。

こうした主張を学術的に立証すべく、教育学者フルーリ博士[6]の著書『子どもの体と心』(一八九九)を引用する。「精神を司るシステムは脳である。身体の健康が損なわれれば、必ず脳に影響が出る。逆に身体の健康に気をつければ、健全な意思と確固たる判断力を得て、倫理や品性の水準を向上させることが可能だ」。閉じ込められた女性は、何よりも病気の状態にある。そのため、自由を享受する女性よりも安易に情欲に身を任せてしまう。

隔離(ヒジャーブ)と堕落が結びつき、両者を切り離すことができなければ、女性のあらゆる美徳は壊される。隔離すれば堕落するという主張を簡単に認めない者もいるだろう。彼らは、閉じ込められた女性は常に忙しく多くの責任を負っており、自由を与えれば責任から目を逸らして、彼女自身や家庭にとって無益な事柄に関心を向けるのではないかと言い張る。しかし、われわれにとって重要なのは、真実を伝えることだけだ。責任があることと、その責任を果たすことは別物だ。仕事をもたず、家庭の外に関心をもたない妻たちは、十分な時間をとって夫や子どもに対する責任を果たさず、何もかも他人のせいにする。西洋の女性が、男性と同じように行動範囲を広げながらも、家庭の責任を果たすために十分な時間を確保しているのとは対照的である。彼女たちは、仕事をすればするほどいっそう仕事が充実し、休息すればするほどますます休息も充実すると考えているのだ。

また家庭内での子どもの育て方も、倫理観（アーダーブ）の堕落に大きく関わっている。率直に言えば、一〇歳の子どもは男女を問わず、情欲を喚起するような言葉やイメージをすでに心の中に溜め込み、性的な衝動を芽生えさせている。だが一五歳や一八歳のエジプト人の少年少女のそうした衝動は、ヨーロッパの同年代の少年少女よりも強い。これは地理的な条件とは関係ないし、たとえ関係していても微々たるものだ。むしろ真の原因は、子どもの育て方にある（なお、知的で教養のある者が日々の身近な出来事や会話に注意を払い、街中や公共の場で見聞きしたことを思い起こせば、結局のところ意見が食い違うのは、お互いに相手の主張を理解する気がなく、ただ相手を言い負かしてやろうとしているからだという点で同意するだろう）。

いったい何が子どもの感情や性向に物質的・道徳的な影響を与えているのかすべて洗い出してみれば、エジプト人の家庭で少女が美徳を育むなど不可能だと分かるだろう。これに関しては、社会で最も品性を保っているとされる中産階級の家庭での影響の事例を考えれば十分だろう。

たとえば親戚は、夫婦間のプライバシーに関わる事柄でさえ、実名を出して何もかも話し、その時だけでも子どもを部屋から追い出すべきだと考えたりしない。また、男性の客が訪問先でたまたま出会った少女に、自分や自分の息子と結婚したいかどうかを尋ねることもある。客が複数いれば、彼らは皆、誰が一番気に入ったかと少女に尋ねるだろう。結婚の祝宴に参加した子どもたちは、そこで魅惑的な女性の踊りを見たり、官能的な愛をテーマにした歌を聴いたりする。その光景や表現は煽情的で、幼い少女が知るべきではない事柄を見せつける。そして少女は欲望を育み始めてしまう。

逆に、少女が遊んでいる時に、たまたま少年と抱き合ったりすると、家族に叱られ、醜態を咎められる。いったい何が悪いのかと少女が問えば、大人たちは少女の理解と教育に合わせた答えを返すだろう。少女は成長するにつれ、ますます男性から遠ざけられ、隔離される。かくして少女は男女の違いをいっそう気にするようになり、家族を巻き込んでこの問題に夢中になる。信頼できる女友だちに尋ねれば、何かしらの知識は得られるものの、それも部分的に過ぎず、すべてを理解するには想像に身を委ねるしかない。

このような人生を歩む少女にとって、一番重要なのは男性の存在である。男性の地位、男性との関係や結びつき、近いか遠いかの距離こそが、何よりも気分を左右する。性の問題が人生において第一の関心事となるのだ。

女性は異性との交際しか興味がないと男性たちは思い込んでいる。エジプト人男性で妻を信頼し、彼女が家族以外の男性と交流することを認めている者など誰一人いないのが、その証左だ。中には夫が兄弟すら信頼せず、たとえ自ら同席していても妻が兄弟と話したり、顔を見せたりするのを認めない家庭もある。多くの家庭では、同じように男性は妻の姉妹とも交流しない。

これほどまでに男女が互いに不信感を抱いていることを責めはしない。現在の慣習や教育こそが、お互いに信頼しないよう男女に促してきたからだ。隔離（ヒジャーブ）が女性を保護する唯一の手段となり、逆に宗教や紳士的な態度、高貴な人格や品性は、女性の貞節を守り不道徳を回避する最低限の手段にもなっていない。

以上のような理由で、われわれの社会では女性を隔離する伝統が残されている。かつての社会的な仕組みが、政治的、精神的、倫理的な形で引き継がれたのだ。われわれは専制政治の下に置かれたために、家庭内の権力も専横な支配に依拠する他ないと思い込んだ。われわれは女性を監禁してその自由を奪い、女性からの婚姻関係の解消も認めなかった。命令か禁止、脅迫か暴力を用いて子どもを育ててきた。無知なわれわれは、女性には男性の情欲や快楽を満たす以外に役割はないと考えた。女性が男性と同じように人間として自らの幸福を追求する神聖な権利を有するとは思いもしなかった。女性の地位を不当に貶めたわれわれは、正義による厳しい反撃を受けた。われわれもまた真の幸福を奪われ、倫理観の低下や、子どもの教育の堕落を経験した。悲嘆と絶望に襲われる中、多くの人がムスリムの国々はまもなく終わりの時を迎え、他国との競争において勝ち目はないと悟った。ヨーロッパ人が科学や芸術を語る一方で、われわれはかつてのイスラーム文明を自慢の種とする。現代の西洋文明が語られる時、われわれは過去のアラブ文明を鼻にかける。老婆が若い頃の美貌を思い出しながら自分を慰めているようなものだ。

しかし、われわれの社会状況は今やすっかり変わってしまった。われわれは自由人になり、自由を愛するようになった。健全な教育が国民に普及し始め、人間としてのあり方や、家庭での女性の立場、世界での女性の地位について理解する準備ができた。かかる状況下で、古き伝統や慣習を守り、隔離することだけが女性を守る唯一の手段だと思い込んでいてもよいのだろうか。それとも、われわれが到達した新しい立場、つまり男女ともに最善に向かって上昇するためにより適した別の方法を模索するほうがふさわしいのではないか。

「隔離（ヒジャーブ）を守れ」と言う者と「その伝統を放棄せよ」と言う者の二つの立場がある。どちらを選択すべきなのか。また誤った結果をもたらさないための基準とは何なのか。

もしわれわれが賢明で、健全な考えを抱くならば、間違いなく、公共の利益と福祉に合致する道を選ぶだろう。誤った選択をするのではと恐れる必要はない。健全な原理原則に基づく真の利益は、聖法によって擁護される権利の一つであるからだ。その権利が人間に弊害をもたらしたり、その美徳が有益どころか有害となったりすることはあり得ない。それでは二つの立場のうち、どちらが人間の公共の福祉に合致するのだろうか。

隔離は、女性が生まれながらもつはずの自由を奪い、十分な教育の機会を阻み、必要に際して日々の糧を得る手段を取り上げる。そして夫婦が知的で文化的な生活を享受できないようにし、子どもを適切に育てられる母親となることを妨害する。国民全体が半身不随のような状態に陥るのだ。

隔離の利点はただ一つ、不貞が減ることである。不貞を求める人は減らないかもしれないが、形式的に男女交際を禁ずることができる。いわゆる貞操観念とは、「形だけの純潔」である。身体を守っていても、心はほとんど裏切っている。

一方、自由の利点は、隔離による弊害がすべて取り除かれることだ。すでに述べたように自由の唯一の弊害は、それが悪用されることである。とはいえ、時間が経つにつれて、女性は自らの責任を認識し、行動の結果を受け入れ、自立に慣れ、自らの名誉を守れるようになる。そして、貞節という真の美徳を身につけ、忌まわしい事柄から解放され、自由な選択を育む。罰を恐れたり、報酬を求めたり、乗り越えられない壁に立ちすくまず、忌まわしいものを自ら拒否するようになる。

隔離が続く限り、女性は精神的な高みに到達できない。けれども、自由になれば簡単に到達することが可能だ。西洋の女性がそうであったように女性は自由を与えられれば与えられるほど、自尊心の高まりを感じ、夫や家族を尊重するようになる。前出のマンテガッツァ教授は、「少女の倫理観に最も大きな影響を与えるのは、幼少期に与えられた自由だ」として、次のように語る。

自由を謳歌する女性に顕著な美徳は、特定の地域と結びついているわけではない。この美徳を、気温が高く空は澄み渡り、繁栄を遂げようとしているブエノスアイレスでもみつけたからだ。風土が精神に影響するのなら、ここの女性の行動は堕落していただろう。かつてわれわれ〔イタリア〕の娘たちは結婚して初めて家から外に出たもので、恋愛については何も知らなかった。だがほとんどの場合、結婚とは異なる機会に恋愛とは何かを学んだ。娘が自分で夫を選ばず、誰かを受け入れることを強いられた場合、たいてい、誤った道へと入り込んでしまったからだ。逆に、相手を知り、他の男性と比べてから夫として選ぶ自由が娘にあったならば、堕落せずに済むはずである。

さらにマンテガッツァ教授は自国の女性を評して、「イタリアの女性は、愛してもいない男性と結ばれるがゆえに、他国の女性に比べて貞節さに欠けている。これはフランス人女性の場合と似ている」とも指摘する。その一方で、教授は英米やドイツの女性について、育った環境や自由を享受する度合い、自立した生活のあり様に触れつつ、その貞節を称賛した。

隔離(ヒジャーブ)と自由は女性を守る二つの方法であるが、それぞれが導く結果は、互いにどのように違うのだろうか。隔離が女性を道具や品物と同類のようにみなし、その人間性を傷つけるのに対し、自由は人類に奉仕し、女性を知的な進歩と精神的な成熟の道へと導く。われわれが求める女性の教育とその慎ましさの維持にまつわる方法は、これまでの議論からも明らかなように、机上の空論ではなく、観察と経験に基づいたものである。

西洋の男性が女性の自由をどれほど尊重しているかは、娘や妻に届いた手紙を男性が勝手に開けないことからも分かる。夫が妻に届いた手紙を開封してもよいか否かは、約一〇年前にフランス弁護士会会員の間で重要な調査テーマとなった。弁護士らは、夫の権限で妻の秘密を暴くことはできないと判断した。それは女性の自由と名誉を損なうスパイ行為と考えられたからだ。確かにほとんどの妻は自分宛の手紙を夫に見せ、ほとんどの夫は自分宛の郵便物を妻に見せる。それは同意の上で行っているのであり、法的に強制されるような義務ではない。

西洋の男性は女性の自由を尊重する。それゆえに、二〇歳の娘が家族を離れ、一人あるいは女中とともに米国から地球上の最果ての地まで旅することさえある。彼女たちは何カ月も何年もかけて旅を続け、国から国へと移動するのだが、その親族は一人でいる娘の身に危険が及ぶことなど心配していない。

西洋の女性は、夫の友人とは異なる友人をもち、夫とは異なる意見をもち、夫とは異なる政党に所属する自由を有している。妻が自らの趣味や考え方、感性に合ったものを好み、自分の考えに即して生きる権利をもつことを夫は理解している。

かかる状況にもかかわらず、西洋では、家庭が確固とした原則に基づいており、国が絶えず進歩を遂げていることも、われわれは知っている。わが国の著述家やイスラーム法学者は女性に自由を与える弊害について長広舌をふるってきたが、彼らが脅し文句として使う災難が、西洋人に降りかかったことはない。男女の自由な交際が血縁の混乱を招き、国の滅亡につながるなどという主張を、わが国で何度耳にしてきたことか。

ヨーロッパ諸国では、四六時中あらゆる場面で男女が交流している。わが国でもキリスト教徒やユダヤ教徒の同胞は、近年ヒジャーブの伝統を捨て、女性は顔を出して男性と交流するように育てられている。彼女たちにバランス感覚の欠如や身の破滅などみられない。となれば、現実を前に無意味な妄想に囚われた考えは止めようではないか。

自由が人間にとっての善の源であり、進歩の原理であり、精神的な成熟の基礎となるのは、経験からも明らかだ。意志の自立は、男性の意識を向上させる最も大切な要素である。かくして、自由は女性にも同様の効果をもたらすに違いない。

つまるところ、未知ではあるものの、徐々に受け入れざるを得ない変化が、時代を先取りしているということだ。一部の先見の明のある者だけがその意義を理解し評価する。

エジプトの状況に目を向けよう。エジプト人は何世代にもわたって専制政治の下で生きてきた。そのため、知性や倫理、取り組みなど人生のあらゆる面で退行を余儀なくされた。現在も衰退の一途を辿っており、身体も弱く、病気がちで、動物ではなく植物のように押し黙った存在となっている。隷従から解放されたとしても、ただただ混乱し、新たな自由を得ても何を創り出すべきかが分からない。

人々は、自由の意味を理解せず、その価値を認めなかった。それどころか、自由を軽蔑し、嘲笑し、自分たちの生活を乱す苦痛と病の原因とみなした。自由と平等こそが、エジプトに不幸をもたらしたと何度耳にしただろうか。しかし、徐々に自由に慣れるにつれて、生活上の支障は自由の結果ではなく、他に原因があると人々は気づき始めた。われわれの多くが自由に愛着を感じ、それなしには自らの存在意義を見出せなくなった。希望は、完全なる自由の中で成長する子どもたちにある。子どもたちは自由の貴重な果実をすべて手に入れるだろうが、最も重要なのは、然るべき活動に向けて自ら準備することだ。そうすれば、自由がすべての繁栄の基礎であることを深く理解するだろう。

女性の自由についても然りである。自由を手に入れた最初の世代には不満がつきまとう。人々は大きな災難が降りかかったと思うだろう。なぜなら、女性は自由の実践について訓練の段階にあるからだ。とはいえ時が経つにつれて、女性は自由の実践に慣れ、徐々に責任を負い、知性や倫理面での能力を育んでいく。女性の気質に欠点があったとしても、教育によってそれは正され、女性たちは思慮深い人間となる。

精神的(アダブ)な発達は、身体的な発達と異なる道を歩むわけではない。赤子は歩き出す前にハイハイをし、壁につかまったり乳母の腕に寄りかかったりして少しずつ歩くことを覚える。そして一人で歩けるようになり、何度も転びながらも数カ月かかって上手になっていく。人間の精神性も同じように段階的に向上する。真っ直ぐに歩けるようになるまでは、長い練習を経て、躓いたり、混乱したり、痛ましい経験を重ねるしかない。これこそが自然の法則だ。この法則から解放され、制約から逃れられることなど想像できない。それでも、後退したり、前進を止めたりするのは、賢明ではない。

もし、われわれが希望する目標に到達したいのであれば、アッラーの定めし法則の知恵に服し、その過程で必然的に生じる苦難を受け入れる他ない。そうしなければ、息子が転ぶことを心配するあまり、大人になるまで歩くのを禁じ、結果として足を使えずに不自由な生活に陥らせてしまう、とんでもない父親のようになるだろう。

注

（1） ひとつはラマダーン明けの祝祭日（イードル・フィトル）であり、もう一つはイスラーム暦の第一二月の一〇日から始まる犠牲祭（イードル・アドハー）である。

（2） 英訳版では、Jacques Lorbette と記されているが、典拠不明。

（3） 英訳版では、Ferchelot と記されているが、典拠不明。

（4） パオロ・マンテガッツァ（Paolo Mantegazza. 一八三一－一九一〇）：イタリアの人類学者。フィレンツェ大学初の人類学教授。

（5） 《男は女の擁護者である》［四－三四］を指すと思われる。

（6） モーリス・デ・フルーリ（Maurice de Fleury. 一八六〇－一九三一）：フランスの神経科・精神科医、刑法学者。

ヨーロッパの諸都市を訪れた東洋人の目に最初に留まるのは、女性が重要な地位を占めている様子である。わが国では家庭の中でも外でも、男女が慣習的に分け隔てられているので、生活のあらゆる面を共有できていないようにみえる。だが、それはヨーロッパ社会では適切な慣習とは考えられていない。

ヨーロッパを離れて米国を旅すれば、東洋人はそこで驚くべき光景に出くわす。その驚きはやがて動揺に変わるだろう。男女の区別がもはや不自然なものとされ、ほとんど存在し得ないほどに解消されているからだ。そして、女性が男性の仕事をしたり、男性が女性の仕事をしたりするのを目の当たりにするだろう。米国人が、ヨーロッパ人は女性を抑圧し彼女たちの権利を奪っている、と非難する声を耳にするだろう。ヨーロッパ人が、東洋人は女性を専横に支配していると非難するのとまったく同じである。

〔欧米を訪れた〕東洋人は、こうした光景を目の当たりにして、最初は奇異に感じるものの、まもなく忘れてしまい、やがていちいち考えなくなる。西洋の事情を知らないまま西洋人に囲まれて暮らし、たとえ新聞や本で西洋人の生活について読んだとしても、真実を知りたいと思ったり、その背景に興味をもったりもしない。こうした東洋人は自らの伝統こそが最上であり、それ以外は関心をもつに値しないと思い込んでいるからだ。

しかし、科学的批判の方法に慣れ親しんだ真理の探求者であれば、社会の出来事を短絡的に捉えたりしないはずだ。ゴードン夫人がサンフランシスコ刑事裁判所で殺人罪に問われた男の弁護をしたという記事を目にするだろうし、ローレル市の教会で女性牧師のキャリー・レイナー夫人が大勢の男女の聴衆を前に説教を行ったと雑誌で読んだりするだろう。またストーン夫人がシカゴ大学で男女の学生に政治経済学を教えていることも知るはずである。さらに、司法界のさまざまな場には、男性弁護士の同僚女性がいて、多数の教会には男性牧師に同僚女性がいて、大半の大学には男性教授の同僚女性がいる。皆男性と遜色なく働き、しっかりと役割を果たしていることが分かるだろう。こうした光景に直面したら、どのように考えればよいのか。たとえばこんなアラブ詩人の言葉を信じることができるだろうか。

男は戦いに明け暮れるよう運命づけられている
麗しき婦人方はその後ろ姿を追いかけるだけだ(1)

われわれに反論するためにかかる詩句を引き合いに出すとしても、そもそもその内容は現実にそぐわない。詩人が当時の女性の状況を描こうとしていた点は大目に見るにせよ、女性は男を追いかけることしかできないなどと、現在のわれわれが考えるはずがない。西洋の女性が重要な仕事にたずさわっているのを見れば、女性の人生が娯楽や気晴らし、そして「後ろ姿を追いかける」に留まらないことは十分理解できるだろう。詩人が持ち出したイメージは、実在する女性の姿ではない。人間でも、動物でさえもあり得ないイメージだ。生きとし生けるもので、果たすべき役割や取り組むべき活動をもたないものはない。動物でも、最も単純な形から最も複雑な形まで、生存競争の法則にさらされないものなどいない。

人間の活動は、その重要性に応じて、(1)個人の生活を維持するための活動、(2)家族にとって有益な活動、(3)社会にとって有益な活動の三つに分けられる。当然のことながら、健全な教育は、個人がこれらの活動を行い、自然の秩序を維持できるようにしなければならない。生命の安全と、それを維持するために必要な活動を保証する知識は、他のいかなる知識よりも重要である。それは家庭内での責任を果たす知識以上に不可欠だ。なぜなら、まず自分自身を大切にしなければ、家族としての義務を果たすことなどできないからである。同じように、家族に対する義務の指針となる知識は、社会に対する義務を支える知識よりも優先される。人間社会の安定は家族のあり方に左右されるからだ。優先順位を加味しつつ、この三つに取り組む教育こそが、男女ともに必要だと言えるだろう。

しかしながら、ここでは政治的権利についての議論は差し控えたい。政治的権利に関して、男女平等を求める状況にないからだ。ただし私は社会秩序を維持する公的な取り組みから永続的に女性を排除したいと考えているわけでもない。むしろ、今はまだ公的な取り組みに長けた男性こそが必要だと考えている。現在、エジプト人女性は未だに何かに全面的に取り組める素地をもたない。女性が公共の場で男性と渡り合うには、何年もかけて学識と経験を積み、知性を鍛え上げる必要がある。そこで本論では、三つ目に関係する活動や知識には触れず、最初の二つについて検討したい。

女性の本質をどう理解しようとも、彼女たちが体力を維持したり、人として生活する上で必要な活動に従事したりすることを否定する者はいないだろう。同じく、女性のこの世界での役割をどう理解しようとも、家庭での彼女たちの義務にまつわる活動や知識を、手放すことはできないと主張すべきだろう。それゆえに、すでに述べた(1)と(2)の活動を支えるためのあらゆる訓練だけでなく、女性が自己防衛し、家族の状態を改善するための教育も有益なのだ。

男性の多くは、女性に学びや労働は無用だと考え、その優しい性格や柔らかな肌、虚弱な体質のために、女性は労苦や重労働に耐えられないと言い張る。かかる主張は、たとえ女性に配慮しているようにみえようとも、実際には女性を貶めるものである。

われわれの社会状況に目を向ければ、こうした主張を裏づける悲しむべき現実を知ることになる。男女は、わずかな瞬間を除いて争いに明け暮れ、昼夜を問わず喧嘩していることに気づくだろう。男性は女性のか弱さと無知につけこんで、その所有物すべてを奪い、利益を独占しようとする。他方、女性は自分を守るために精一杯の努力をするのだが、結局のところ、その手段を見つけられない。男女間の争いを扱った裁判記録のすべてを一冊の本にまとめたら、女性の権利を守る上で最良の方法が示されるだろう。

結婚や財産権の共有、あるいは他の拘束力のある契約全般において何らかの理由で男女の利益が衝突する場合、男性の頭にまず浮かぶのは、女性の権利をできるだけ奪おうとする考えだと言っても過言ではない。その一方で、哀れな女性は身の回りにある危険に気づかないか、たとえ気づくとしても、それはたいてい自分が破滅した後のことである。いずれにしても、罠にかかった女性は泣きわめくしかない。

困惑し動揺し、どうすればよいのかも分からない。

上エジプトの部族に属する女性が、聖法に定められた相続権を奪われていたことは、エジプト人の間で周知の事実だ。この状況は、同地に家庭裁判所が導入されるまで続いた。そして、その導入について意見を求められた各地の長の中には、「相続権を女性に与える裁判所の設立は、地域の慣習に著しく反する」と言って拒否する者もいた。

女性の権利をめぐる紛糾に驚く者はいない。空想の世界に生き、「女性は男性の保護下で、何ら心配することなく家に留まるべきだ」という考えを紙面に書き綴る男たちがいることは知っている。紙面であれば何を言ってもかまわないからだ。このような空理空論を唱えることは何ら難しくない。賢明で正当性のある論客を自称し、法律や伝統、倫理に関して判断を示しつつ、人々に受け入れられやすいように書き連ねればよいからだ。

しかし、日頃から理論を現実に照らして吟味してきた者にとって、これは厄介だ。たとえば、女性の権利について本質的な見解を示そうと望むならば、まず目の前の現実に目を向け、それに基づいて理論を構築しなければならない。村や町や地方の実態に即したものとして頭の中に状況を描き、さらにあらゆる年齢や環境、階級の女性に適しているかを探らなければならない。娘や妻、離婚した者、寡婦に加えて、学校や家庭の内外、商店、工場にいる女性を思い浮かべなければならない。また彼女たちが夫や子ども、親戚、身内以外の他人とどのように接しているかを理解しようと努める必要がある。他国の女性がエジプトの女性とは異なる地位を得ており、実際にどのように権利を行使しているか、そしてその結果何が起きているかを把握することも求められる。最後に、女性の地位の歴史的展開や過去に生じた変化にも目を向けなければならない。いずれについても、多様な情報と広範な考察が必要となるため、決して簡単ではない。

こうした過程を経ても、断定的な結論はなかなか下せないだろう。自分の意見が仮説による前提に基づいており、その結論の妥当性はおおよそでしかないと分かっているからだ。常に検討を続け、自らの結論をあくまでも暫定的なものとして捉える。また、状況や新たな証拠に照らして、意見を修正することも拒まない。

これと真逆の思考が机上の空論に陥った者にみられる。こうした輩は、自分の推論は絶対に間違いのない数学の命題のようなものだと思い込んでいる。そして、女性の弱さや男性の強さ、公私の区別などをめぐる大風呂敷を広げた一般論で頭でっかちになっている。しかし、その理論は、事実や観察を欠いた単なる言葉遊びに過ぎず、時代や場所を問わない一般的通念を示すだけである。

こうした理論の提唱者は、現実の人間に目を向けることもなければ、その必要性も感じておらず、人々の実態を調べようとも思わない。自分の頭の中で想像した以外の形が実際の社会にあるなどと思いもよらないのだ。その女性が家畜の群れを世話する者なのか、畑や工場で働く者なのか、商いに勤しむ者なのか、金持ちか貧乏か、一人暮らしか家族と同居しているか、都会や村、半砂漠地域のいずれに住んでいるかなどといった視点から考察することはない。女性をめぐる数多の異なるイメージは彼の思考に入ってこない。あらゆる窓口は、彼の心を占めている「完ぺきな理論」によって塞がれており、異なる考えを採り入れる余地などないからだ。

こうした輩が書いたり話したりしているのは、血の通った、感情や情緒を持った生身の女性ではなく、頭に浮かんだだけの、想像上の女性である。それは二〇歳から三〇歳までの若くて、美しく、優しく、官能的な人物であり、彼女は欲しいというそぶりを見せるだけで何でも手に入れることができる。彼女自身が莫大な財産を有するか、その主人が何も惜しむことはないほど裕福だからだ。だが、彼女は倫理観に欠けており、よく嘘をついたり人を騙したりし、悪事に手を染める可能性がある。だから、家に閉じ込め、男たちから遠ざけるべきだという。

かかる女性像は、戦利品を生活の糧にして戦闘に明け暮れるという、伝統的生活を送っていた遊牧のアラブ人から引き継がれたものである。戦争を前提とする社会では、当然、女性に重要な地位は与えられなかった。女性は男性とともに歩むことができず、その地位は低下する一方だった。そのため女性は、最終的に商品や飾りのように扱われた。勝者は女性を略奪し、他の財産と同じく戦利品の一つとした。これが内縁関係や一夫多妻婚につながったのだ。

侵略や部族の防衛が中心となる遊牧社会の活動で女性が重要な役割を担わなかったように、家庭内でも、女性はさしたる役目を果たさなかった。そこでの教育とは、教養ある人物ではなく、戦士を育てあげるためのものだったからだ。女性は子どもに授乳し栄養を与えるだけだった。

女性への蔑視がアラブの詩や物語に加え、イスラームの神学者や法学者、哲学者の文章に反映され、ムスリムの頭の中での女性のイメージづくりに寄与したとしても不思議はない。それは過去に目を向ければ実態に即したイメージであったが、現在や未来に目を向ければふさわしいものではない。現在のエジプト人女性は、外見的にも内面的にも、何千年も前のアラブ人女性とは似ても似つかない。服装や食物、住まい、習慣、倫理観、必要とする事柄もまったく異なる。現在の女性が生きている経済的・社会的状況は過去のものとは根本的に異なる。この変化により、アラブの女性は遊牧社会では未知であった新しい事柄を必要とするようになった。

遊牧社会の女性は、大麦のパンを食べ、木綿の上着を着て、ラクダの毛でつくったテントで暮らすことに満足していた。そうした資材を手に入れ管理するには、豊富な知識や熟達した技術は不要だった。遊牧民の女性は生活維持のために家族や部族から必要とされなかったがゆえに、生活上の事柄について無知であり、また隷属状態にあった。彼女たちは、略奪によって男性の所有物に加えられたのであり、婚姻というよりは売買に近い形の契約に縛られていた。

しかし、現在は人々が互いに信頼し合い、社会秩序が確立された時代だ。もはや戦争は万能の解決策ではなく、むしろ互いに破滅を招くだけである。それに戦利品を得るための侵略は必要ない。男性の価値が戦利品や戦場での勇敢さで決まるわけでもない。最も勇気があり、力の強い者が最も大きな権力をふるい、弱い者はその庇護下に入るという時代は終わった。今やすべてが変わったのだ。特定の有力者によって引き起こされない限り、戦争は必然ではなくなり、人々は男女問わず別の事柄をめぐって争うようになった。ある者は知識で優位に立とうとし、ある者は富を求め、勤勉な者は工業や商業、農業で成功して名誉を得ようとする。知恵比べの場が広がったのだ。

女性は男性と同じように、生まれながらに知性を授けられた人間である。それゆえに、女性は、今はまだ男性と同じではないにしても、男性と同等の立場に近づく権利がある。多くの事柄が必要とされる中で、努力を怠り、決断力を欠き、怠惰で無知な者は、死と絶滅の危機にさらされる。人々の前には新たな闘争(ジハード)の扉が開かれている。どの国の住民も、生活を成り立たせるために互いに張り合い、その手段を求めてあれこれと策を練る。どの国も、安全保障を理由に継続的に入り込んでくる外国勢力とせめぎ合っている。かかる争いは単純ではない。剣を打ち合ったり、矢を放ったりするよりも厳しい精神的、肉体的な努力を必要とするのだ。

時はめぐりめぐって、再び自然の法則に戻ることになる。もはや女性は家に閉じこもって生活する必要はなくなった。女性は男性と同じ世界に入り、生活の糧を得て、前進せざるを得なくなった。こうした熾烈な競争で勝ち残るための教育が何よりも求められるようになった。

今われわれは、女性たちが叫び、悲嘆に暮れ、不平を漏らす声を耳にしている。男性は扶養もせず、女性の権利を奪う一方で、多くの女性は必要を満たすために堕落し、彷徨っているというのだ。こうした声はすべて、われわれの見解の正しさを裏づけている。

したがって異論を唱える者に問いたい。生計を立てたり、社会的地位を高めたりするのに有用な知識を獲得しようと、女性に呼びかける必要はないのか、と。そのような知識が女性には必要だと認めながらも、女性の性質や神から与えられた能力では、この闘い（ジハード）に備えるには不十分だとでも言うのか。

女性が弱いとか知能が低いとかいう理由で、問題を解決することはできない。なぜなら、弱いか強いか、知能が高いか低いか、無知か教育を受けているかにかかわらず、女性は生活上の必要に応えなければならないからだ。むしろ問題を理解し解決するためには、支えとなる家族がいなかったり、支える家族がいても十分な稼ぎがなく必要を満たせない女性もいるということを知るべきだ。どれほどの数がいるのか、それは多いのか少ないのかも知るべきである。

そこで、取り上げてみたいのが、最新の統計記録である一八九七年のエジプト国勢調査である。この調査から、製造業や手工業に従事するエジプト人女性は六万三七三一人で、女性全体の約二%にあたることが分かる。この人数には、農業に従事している農村部の女性や、専門職に就く外国人女性に相当する二〇%は含まれていない。言うまでもなく女性労働者には扶養してくれる家族はいない。十分な生活費を稼げる男性は、妻や娘が労働者になることなど許さないからだ。

実情を鑑みれば、扶養者のいない女性の数はこの数字の倍以上になると思われる。その多くは親族に依存しており、中には受け入れがたい手段で生計を立てなければならない者もいる。さらに、夫の収入では、自身や子どもの生活を十分支えられないという女性もいる。彼女らは夫と絶えず喧嘩し、十分な生活費を求めてしばしばシャリーア法廷に足を運ぶ。裁判官が女性に一日二ピアストルを与えるべきだと判断すると、夫は「多過ぎる!」と反論する。こうした女性は、扶養者のいない者に劣らないほど数多く存在する。

エジプト人女性のうち二%以上が扶養者をもたない。こうした女性は強者である男性と競いながら生計を立てねばならないのだから、労働市場に参入する前に、男性と同様の手段で、成功に向けて準備をしてはならないのだろうか。自らを守るために彼女たちが教育を受けられないとすれば、それは公平や公正と言えるのか。逆にこのような女性を弱く、無知で貧しいままにしておくことは、男性や社会にとって有益なのだろうか。

女性が生まれつき家事や育児に向いており、また妊娠や出産、授乳などの自然な性質によって男性と同じ活動を行えない点について異論はない。結婚し、子どもを産み、育てることが、女性にとって最良の社会貢献であることも認めよう。これは自明であり、検討するまでもない。だが、この事実を口実に、女性が教育や訓練を受ける必要はないと考えるのは間違っている。自身の生活や特に小さな子どもを抱えている時に女性が生活を成り立たせるために、教育や訓練が必要なのだから。

どの国でも、未婚者や既婚者だけでなく、結婚後に離婚したり寡婦になったりする女性がいる。夫がいても、貧しかったり、障害をもっていたり、怠け者だったりして、自分が働かなければならない場合もある。結婚しても子どものいない女性も少なくない。このような女性たちが、男性の扶養下にあることや、家庭での責任や自然の摂理を理由にして、家庭外での労働を禁じられるのは正しいことなのだろうか。

女性に、結婚を諦めろ、子どもを産むな、夫や子どもを放置せよ、家を離れて男性のような生活をせよと求めているわけではない。繰り返すが、すべての女性が妻であり、すべての妻が母であればと願っている。だが実態は、われわれの希望や期待とは異なることを忘れてはならない。実際のところ、かなりの数の女性が扶養者をもたず、家庭の責任も負っていない。エジプトでこのような女性の数は、西洋諸国と比べると少ない。フランスの最新の国勢調査によると、未婚の女性は三六二万二二七〇人で、寡婦は二〇六万七七八人、子どものいない既婚女性は九二万四二八六人であるという。つまり、フランスでは五〇〇〇万人以上の女性が家族の都合を考えることなく働くことができている、あるいは働かざるを得ない状況にあるのだ。

その一方で、時代が進み国の発展に伴い、未婚女性の数はわが国でも増えている。最近の傾向から製造業や手工業に従事するエジプト人女性は二％に留まらず、その二倍近くになると予測される。社会の動向には、未来の予測を可能にする自然の法則が存在する。わが国はかつてヨーロッパが歩んだ道のりを歩いているのだから、工業に従事するエジプト人女性も確実に増加する。

ヨーロッパ社会の婚姻数は東洋社会に比べて少ないと皆が口をそろえて言うが、これは、彼らがわれわれほど簡単に結婚しないためである。ヨーロッパの男性は、人生の旅路をともにする伴侶として、あらゆる活動や思想、情緒を分かち合う友人となることを妻に望む。われわれが友人に求めるような資質を妻に求めるのだ。そのような伴侶を見つけることは難しい。経済状況もまた〔婚姻数が少ない〕要因の一つだ。ヨーロッパ諸国のような文明国の経済状況では、わずかな例外を除いて三〇歳までに生活に余裕をもつことなどできない。競争は激しく、次々と障壁を乗り越えなければならない。商業や工業、文芸などの分野で地位を築くには、それなりの準備と運が求められる。多くの人々は一生かけても何も得られない。大半は、自身と子どもを養える見通しが立つまで結婚に踏み切れない。これは、家族に対する責任感と、妻子に苦労をかけたくないという気持ちがあるからだ。一方、無知な者はいち早く結婚したいと望むが、その意味や家族に対して責任を負わねばならないことは分かっていない。

われわれは御し難い力によってこうした道のりを歩むよう導かれている。エジプトでは、結婚する人が減少し始めているようである。これが一般的な現象なのか、それとも特殊な状況なのかは分からないが、適齢期を過ぎても、自らの意思で、あるいは状況的に独身を貫いている男女を大勢知っている。一方で、結婚年齢が上がっていることも確認されている。以前は成人してまもなく結婚したり、成人する前に結婚したりする場合も多かったが、現在は二〇歳から三〇歳の間での結婚が一般的だ。

今日われわれが行き着いた状況、あるいは将来の状況について、言論人が憤慨したところで無駄である。ヨーロッパ諸国では婚姻率が低下しているとか、男性の仕事に女性が従事するケースが増えているとか、不満を漏らしても仕方ない。それで状況を変えられるのであれば話は単純だが、現実の世界の流れが変わるわけではない。実際のところ国の情勢に最も影響を与えているのは、その国の経済の動きである。残念ながら、経済を統制したり、思い通りの方向に導いたりすることは誰にもできない。

いかなる文明国にも、必要に迫られて伝統的に男性が担ってきた仕事をしたり、男性のように振る舞ったりしなければならない女性がいる。その中には、誰からも求婚されなかったり、夫に先立たれて寡婦になったり、夫に離縁された女性もいる。彼女たちは社会に対して罪を犯しているわけではない。良き伴侶を得て、愛し愛され、支え支えられたいと願わない者はいない。子どもを産まなかったがゆえに一抹の寂しさを感じる女性たちもいる。孤独の中で自分の不幸を嘆き、人生をかけて期待していたものを得られなかったことを悔やまない者はいない。とはいえ、多くの女性が一人きりで、自身や子どものため、病気や障害をもつ親族のために、生活の糧を得なければならないという摂理の中で、いったい何ができるのだろうか。

われわれの意見に反対する者であっても、貧しい女性が男性の仕事をしたり、男性と交流したりするのはかまわないと言う。また、生計を立てるために必要ならば、教育を受けることは否定しないし、必要に応じてそれまで禁止されてきた事柄も認めるという。これについては、アズハル大学の法学者を代表して前著『女性の解放』への反論を繰り広げた「大学者」(彼は自著の背表紙でそう自称している)を含め、誰もが同意している。[2] 女性が顔を露わすことだけでなく、外出したり、男性の仕事に従事したり、男性と交流したり、仕事に就くために教育を受けたりすることは、自分で生計を立てざるを得ない貧しい女性には禁止されていないというのが彼らの意見だ。

このように必要な場合は女性が家庭の外で活動をすることについて、彼らとわれわれは意見を同じくしているのは明らかだ。ただし、貧困層以外の女性については意見が異なる。彼らは貧しい女性のみに権利を認めるという立場で、われわれはあらゆる状況にある女性に機会を拡大すべきだと考えている。

もし彼らが自らの発言の意味とそれが行き着く先を理解していれば、われわれと同じ結論に達するだろう。彼らは、女性が隔離から解放され、男性と同じような活動に従事するのは「必要に迫られた場合」だと言うが、誰でも必要に迫られうるという現実を見落としている。事情があって働かなければならない女性だけを想定するのでは不十分なのだ。どんな女性でも、必要に迫られる前に、直面する課題を把握し対処できるように、抜かりなく準備をしておくべきである。適切な教育と知識、訓練、実践、人間関係の構築を経てのみ、その準備は整う。生計を立てる必要に迫られるまで一切準備していなければ、女性はその状況にしっかりと立ち向かうことはできず、破滅に身を委ねるだろう。

驚くべきは、教育や知識に欠け、経験もない男性に人々は失望するのに、同じような欠点をもつ女性には失望しないことだ。貧困や離婚、夫の死、独身などは、いつの時代にもみられる現象だ。人間は未来を知ることも予測することもできないのだから、女性はそのような事態に陥る前に準備しておくべきだ。

そのため、父親は娘に対して、できる限り有害な影響を避け、予想外の不幸から身を守り、ある程度の幸福が得られるよう、道を切り開く準備をさせるという、重要な義務があると言えよう。そう、すべての父親は娘を最大限可能な限り教育すべきである。息子の教育と同じように、娘の教育にも気を配らなければならない。娘が結婚すれば、その知識は弊害をもたらすどころか、彼女とその家族にとって有益となるだろう。娘が結婚しない場合や、結婚後に何らかの理由で離婚した場合も、自らの知識を役立て、納得のいくやり方で生計を立て、快適さや自立性、尊厳を保った生活を送ることができるだろう。かかる知識を得た実益、あるいはそこから生まれる精神的な喜びのいずれに着目しようとも、必要なのは教育である。

私の手元には、フランスの作家ポール・ド・ルシエの『米国人の生活』[3]（一八九二）という書物がある。そこには娘の育て方について次のような言葉がある。

米国では、男子と女子が同じ学校に通い、隣り合った席で同じ科目を学び、一緒に課題をこなしていた。学校を卒業しても、職場や工場でともに働き、大きなホテルで帳簿をつけたり、小学校で教鞭をとったり、医学部に通ったりして男女は空間をともにする。また、街頭で教えを説く説教師や、慈善団体のメンバーや自治体の審議会の長になる女性もいる。こうした未知の慣習のわけや、女性をこのように育てる目的、こうした教育を受けた女性が果たす義務を知りたければ、その秘密を明らかにすべく熟考しなければならない。

すると、女性の人生に二つの相反する道があることに気づく。一つは、生涯独身のまま、男性と競争しながら生計を立てる道であり、その場合は男性と同じような教育を受けることが最善となる。もう一つは、結婚をして夫が生活費を負担し、自身は家事と育児に専念する道だ。とはいえ、一〇歳の少女の将来を予測することなどできない。娘が不確かな未来に備えられるように、父親は何をすべきなのか。米国人は、娘が結婚しないものとして準備することが賢明だと考えている。そのため息子と同じように育て、教育し、自立を促す。米国の父親は将来を予測できないと分かっているので、娘が自立できるように育てるのだ。もし、娘が結婚して人生をともにしたいと思う夫に出会えれば、それまでの教育は家族としての責任を果たすための優れた財産となる。逆にふさわしい夫に出会えなくても、父親が責められることはない。というのも、父親は娘のために不確かな将来を考慮し、遭遇するかもしれない人生の困難や苦しみに立ち向かう準備をしてあげたからだ。

わが国の女性の職業教育としては二つの分野が好ましい。

第一に子どもの教育に関わる分野だ。これは自ら生計を立てたい女性にとって最良の分野である。誇らしく尊敬に値する職業でもある。また、女性は男性よりも子どもたちの心をつかみ、惹きつけ、好かれる方法を知っている。こうした技術に秀でた女性を、わが国は切に必要とするが、子どもの教育を任せられる女性がほとんどいないのが現状だ。エジプトの家庭では、子育てを補助する多くの家庭教師を必要としている。それは外国人による教育への依存度を下げるためでもある。エジプト人女性が運営し教育を行っている女子学校はわが国にはない。かかる大きな欠点のために、われわれは皆、娘を外国系の学校に通わせざるを得ないのだ。

女性が目指すべき第二の分野は医療である。エジプトの男性は、親族の女性が病気になった時に直面する困難を知っている。とりわけ女性特有の病気の場合、男性医師の診療を受けるよう女性を説得するのは難しい。もし、医療に秀でた女性が何人もいれば、エジプトの家庭に必要とされ、大いに活躍するだろう。それに医療分野は女性本来の性質に適していると言える。昨今、われわれは公立病院や家庭で女性たちの素晴らしい奉仕活動を目にする。これは、思いやりや忍耐力、気配りを生まれもった女性が、男性よりも優れているとは言わないまでも、病気の治療者として男性と同じくらいふさわしいと示す最大の証拠だろう。

筋力や神経ではなく、商売のように、組織力や管理能力を必要とするあらゆる活動でも、女性は活躍できる。男性のせいで傾いた商売を女性が立て直した事例がどれほどあるだろう。また、女性はいかなる芸術分野にも打ち込むことができる。

今日、エジプト人女性が自ら生計を立てざるを得ない場合、家事手伝いや些細な商品の訪問販売など、退屈で大変な仕事しか見つけられない。男性の仕事に就くことを女性に禁じるのは、実際のところ、女性を卑しく低賃金の仕事に追いやり、敬意を払われる高賃金の仕事から遠ざけることを意味する。

われわれは女性のこうした劣悪な地位を改善したい。女性は、一生添い遂げるかもしれない男性の慰みものとしてではなく、第一に自身のために生きるよう育てられるべきだ。女性は、男性が思い通りにつくったモノとしてではなく、社会の完全なる一員として育てられなければならない。女性は、自らの幸福や不幸の原因を、他人ではなく自分自身に見出すことができるように育てられるべきである。

「息子は夫になるためだけに育てなさい。結婚以外の準備は不要です」と助言されたら、われわれはどのように答えるだろう。間違いなく嘲笑し軽蔑した態度でそれに応ずるだろう。なぜなら、男性は第一に、遭遇する苦難や困難に立ち向かい、得るにふさわしい幸福を手に入れる覚悟を持った人間であらねばならないと知っているからだ。男性が自ら生計を立て健全な倫理を身につければ自然と良い夫になることは分かっている。そうであれば、「娘は寝床の相手になるためだけに育てなさい。人生の他の目的のための準備は不要です」などという言葉を、どうして受け入れることができようか。

つまるところ、女性には生計を立てるために必要な仕事をする権利があるのだ。そしてこの権利は、もう一つの権利を思い起こさせる。それは、女性の強みや能力を最大限に発揮させるような教育を受ける権利である。すべての女性が男性と同じ仕事をしなければならないと主張しているわけではない。ただ、必要に迫られた時に働けるよう、すべての女性は準備しておかなければならない、と言いたいのである。

注

（1）アッバース朝時代の高名な古典詩人アブー・アラー・マアッリー（九七三―一〇五七）の詩句。

（2）アミーンは実名を挙げていないが、ムハンマド・ハサナイン・ブーラーキー師の『女性の解放に含まれる欺瞞に対する傍らの友の警告』（一八九九）を指していると考えられる。アミーンとブーラーキー師の論争については、Hoffman-Ladd, Valerie J., "Polemics on the Modesty and Segregation of Women in Contemporary Egypt", In *International Journal of Middle East Studies*, Vol. 19, No. 1 (Feb., 1987), pp. 23-50 が詳しい。

（3）ポール・ド・ルシエ（Paul de Rousiers. 一八五七―一九三四）の *La vie américaine*, Paris: Firmin-Didot, 1892.

第四章　女性の家族への義務

これまでの議論では、女性の教育や女性にふさわしい生活を提供するための活動に着目した。本章では、家族への義務を果たす上で有益となる女性の活動や教育について語ろうと思う。

家庭の安定や秩序が主として女性の手に委ねられていることは誰しも認めるところだ。とはいえ、誰もが女性の役割について同じように理解しているわけではない。大半の者は、貧しい家庭であれば夫と子どもに奉仕すること、裕福な家庭であれば家事を使用人に任せてその監督をすることだと理解している。だが、それ以上のことは考えない。

かくしてわれわれは、あらゆる面で女性の地位を貶めてきた。女性の自由を奪い、生計を営む機会を与えず、家庭内でさえ活躍の場を狭めてきた。それは女性の地位向上に関わるすべての事柄が互いに結びついていることを何よりも明確に示している。教養ある自由な女性は家庭内で大きな影響力をもつことができるが、隷従に甘んじる無知な女性は家の中で使用人の代表以上の権限をもつことはない。

ムスリムの人々は、女性が自由を享受し、男性と関心を共有し、充実した教育を受ければ、家庭での責任を疎かにすると思い込んできた。それゆえに女性を外の世界から完全に遠ざけ、夫との生活や家事育児に専念させようと試みた。だがその結果は、そもそもの意図にそぐわないものとなった。エジプトの女性は夫とどのように関係を築いて良いのか分からず、家庭を切り盛りすることも、子どもをまともに育てることもできない。人間の活動は、いかに多様でどのような形であっても、知識と感性を唯一の基盤としているからだ。この土台が優れていれば、あらゆる事柄に対して深く、有用で、賞賛に値する影響を与えられる。逆に劣っていれば、その影響は取るに足らず、有害で、賞賛には値しないものとなる。

このうちの後者に属し、家族の中で地位を貶められているのが、今日のエジプト人女性である。ただし、女性がさまざまな責任を果たすことができないからといって、女性の進歩に絶望すべきではないし、期待される水準に到達し得ないと判断すべきではない。

女性は、われわれが考える以上に幅広い義務を負っている。中でも最も重要なのが育児である。エジプトとロンドンの乳幼児死亡率を比較してみると、エジプトの母親たちの育児に関する基礎知識がいかに乏しいかが分かる。今年の公衆衛生局統計によれば、カイロの五歳未満の子どもの死亡率が一〇〇〇人あたり一四五人であるのに対し、ロンドンでは一〇〇〇人あたり六八人であり、そこには倍以上の開きがある。もし子どもの健康や病気、生死が母親の育児法にかかっているとすれば、無知な者の提案や、乳母の迷信、老婆の好き勝手な助言に子どもを委ねるのは、浅はかで愚かしいことではないか。

無知な母親によって死に追いやられる子どもの数は、例年、最も残酷な戦争で亡くなる犠牲者の数を上回る。多くの母親が健康や衛生について無知であるせいで、子どもを病気や慢性疾患に陥らせ、一生続く大きな負担を強いている。もし母親が、栄養や住環境、衣服、睡眠、遊びによる身体への影響を理解していれば、その知識によって子どもを病気から守ることができる。子どもの身体を蝕む大半の病気には相応の原因があり、子どもの健康の善し悪しは自分に責任があることを母親が分かっていれば、その身体を危険にさらすことはない。だが、母親が無知で、何ら原因もなく超常現象のごとく病気になると思い込んでいたら、そうした知識を得られるはずもない。

ここではあまり詳細には踏み込まず、議論の概略を述べるに留めるが、子どもの身体を健やかに成長させるには、健康を保つための多くの知識が求められる。さらに、その理解を促す他の知識もたくさん必要になる。母親は子どもにどんな食事を与えるべきかを熟知しなければならない。身体の成長は日々摂取する栄養と関係しているからである。細胞、特に脳細胞がいかに発達するかは、摂取する栄養の質にかかっている。そのため医学者の中には、栄養状態の良い国は、栄養状態の悪い国よりも優位に立ち、覇権を握ると主張する者もいる。母親は子どもの身体を寒暖から守る方法や、入浴の適切な温度を知っていなければならない。新鮮な空気や太陽の光は子どもの健康に良い影響を与えるので、禁じてはならない。睡眠や遊びなどについても同様の原則があると分かっておくべきだ。

子どもの精神的、知的、道徳的な能力も、母親が理解すべき重要な事柄である。さもなくば、母親こそが子どもが道徳的に堕落する最初の原因となるだろう。エジプト女性の育児の仕方に目を向けたまえ。それが自らの行いの結果を想像できる賢者のやり方でないのは一目瞭然だ。たとえば母親は鬱陶しいからと言って子どもの遊びを禁じるが、それによって子どもの成長と発達を妨げていることに気づいていない。子どものしつけと称して、実行できない、あるいは実行する気のない罰を与えると脅したり、その後の人生にずっと残るような空想上の妖怪を心に植えつけて怖がらせたりする。実際には与えない報酬を約束して、子どもに嘘の見本を示し、人間不信に陥らせる。たいていの場合厳しい声で叱ったり、物理的に脅したりして怒りをあらわす。まるで母親は、自制し、力の加減ができないことを示しているかのようだ。それに、そもそもそんなに怒るほどのことではないのだ。子どもの反応を見て、そこまで怒る必要はなかったと気づくと、子どもを抱きしめてキスし、心から謝る。かわいそうな子どもは、なぜ母親が最初にあれほど怒ったのか、なぜ突然機嫌が直ったのかが理解できない。

こうした欠点は母親だけでなく、わが国の父親たちにもみられる。父親は、人間の性質を理解していないために、母親に負けず劣らず愚かな醜い方法で子どもを育てている。子どもを侮辱したり罵ったりするのは、父親の最もおぞましい行為の一つだ。侮辱された子どもは、言葉の意味を理解しないまま、同じような言葉を親に投げつける。口答えをするようになれば、父親は大物になる兆しと考えて面白がって笑う。逆に父親が息子にむやみに命令することもある。子どもが逆らうと、父親は自制心を失った野獣のように彼に襲いかかり、体中を殴りつける。父親が子どもの不服従を自らの権威や自尊心にとって脅威だと感じなければ、このようなことは起こらない。

自らの行動が子どもの人格形成に根深い影響を与えると分かっていれば、父親は望ましくない行動に子どもが慣れ親しむことがないように気をつけるだろう。子育ての目的が、自らの命令に従わせることではなく、自制心を身につけさせることだと知っていれば、子どもに命令したり、脅したり、叩いたりしないだろう。このような行為は、子どもが自制心を身につける助けにはならない。親が自己管理の意義を納得させ、行動の結果に注意を向けさせれば、子どもは自らに降りかかる善悪が、自分自身の責任だと理解するようになるだろう。

子どもに自制心を身につけさせるのに最良の方法は、放っておいて好きなようにさせることだ。子どもの生活には、行動の結果について助言や指導が明らかに必要な場合を除き、干渉すべきではない。子どもが助言に逆らったのであれば、その結果を受け入れなければならない。とはいえ、子どもがひどく傷つかないよう気をつけて見守り、万が一の危険が及ばないようにしなければならない。こうした方法により、大人に守られなくとも、子どもはやがて自立した大人に成長していく。

すべての父親と母親に知っておいてほしいのは、子どもの嘘や恐れ、怠け、愚かさなどの欠点はすべて、両親が子育ての原則を知らないために生じたということである。これらの欠点を取り除く方法として、教育や医学的な方法があることも理解してもらいたい。子どもを病気から守り、身体的な欠点を克服させるには、すでに述べてきたように多くの知識が必要だ。子どもの身体的・道徳的な発育を助けるためには、さらに詳細で広範な知識が求められる。

大半の者は、育児など些細な問題だと考えている。だが真実に通じる者は、いかなる偉大な取り組みであっても、子育てほど広範な知識、細心の注意、多大な努力を必要とするものはないと分かっている。心身発達の法則を知るために、あらゆる分野に通じた知識が求められる。苦労と配慮も欠かせない。誕生から成人までの子どもの成長に合わせてこの法則を適用するには、他の仕事では求められない忍耐や我慢、厳密な観察や監督力が必要になるからだ。すべての母親が広範な知識に精通するべきだとまでは言わない。だが、少なくとも一般的な原理原則を知っておくべきである。そして、細かい部分にまで理解を深めれば深めるほど、子育てに対する意欲は高まる。

読者は、父親の育児の役割について私が触れていないと思うかもしれない。だが、決して見落としているわけではない。子育ての中心は母親だと認識しているだけである。男女問わず、生まれてから思春期に至るまで、子どもにとって母親以上に模範となる存在はいない。子どもは母親を通して社会を経験し、その青写真は母親によって示されたものに他ならない。母親は、子どもの人生という無地の石板に思うがままに刻み込んでいく。その作業は、アルフォンス・ドーデ(1)が言ったように、子どもが一四歳くらいになるまで続く。それを過ぎると、幼少時に心理的に定着したものには、ほんの少ししかつけ加えたり、差し引いたりできない。

それこそが西洋人が女性を尊重し、母親を崇拝する密やかな理由である。彼らは、自分の優れた資質や倫理性は母親のおかげ、つまり母親から最良の特質や精神を与えられたと考えている。人々が真理を愛し、品行方正で、名誉を重んじ、貧者を慈しみ、病人と痛みを分かち合い、動物に優しいのは母親のおかげだ。仕事で管理と秩序を重んじ、真面目で勤勉で、宗教や祖国を大切にし、人生のあらゆる面で完ぺきさを追い求めるのも、母親が模範を示したからだ。本で読んだり、学校のカリキュラムで学んだりしたからといって、そうした資質が身につくわけではない。もし、丸暗記することで礼儀作法を身につけられるのなら、世界は容易に変革できるだろう。こうした性格は、母親の積極的な働きかけによって育まれるものである。母親は子どもの心に資質を植えつけ、それが性質として定着するように、言いつくせないほどの苦労を重ねてきたのであろう。

西洋人の母親は、子どもの感性が醜悪にならないよう努力してきた。森羅万象の美しいイメージを子どもに与えたのが母親だ。あたかも植物が地面にしっかりと根を張るように、有益な習慣をしっかり身につけるまで、子どもを徐々に鍛えてきたのも母親だ。西洋の母親は、この世で最も重要で有益な仕事をしている。子どもを真っ当な人間に育て上げるために精神的な土台を整えることほど重要で有益な取り組みはないからだ。かくして、社会における女性の活動が、国の精神を形づくり、さらにこの精神性が制度や法律、宗教よりも、国の発展や後退に大きく関わっていることは明らかである。

西洋人で、社会における女性の地位や、家庭における女性の重要な役割について無知な者はいない。この主題について、西洋の哲学者がいかなる意見を述べているかみてみよう。

ジンメル[2]は言う。「女性は、人間という種を育む上でどんな教師も及ばないほど重要な役割を担う。私の考えでは、人間の種において男は身体の中の脳の役割、女は心臓の役割を担う」。

シラー[3]は言う。「男性が偉業を成し遂げる時、その傍らには必ず、愛すべき女性がいた」。

ルソー[4]は言う。「男は女が望むようにつくられる。男性に決意と美徳を備えさせたいなら、女性に決意と美徳を教えよ」。

フェヌロン[5]は言う。「女性に要求されるのは人間生活の基盤に関わる責任だ。女性は家庭のあらゆる事柄を管理するからだ。こうした取り組みを通じて、女性は精神の発展あるいは衰退に関する最も重要な役割を担っている。国は、よく誤解されるように、それ自体で存在となるわけではなく、そこに暮らすすべての家族の総体である。そして女性以外に家族の状況を改善できる者はいない」。

ラマルティーヌ[6]は言う。「女性が本を読めば、夫や子どももそれを読んだようなものだ」。

「女性は国の精神的な発展に影響を与える」といった名言は、学者や哲学者たちの間でも数多く表明されており、すべてを把握しきれないくらいだ。ところが、驚いたことに、語学力があってさまざまな書物に詳しいはずのわが国の青年の大半が、女性の地位と役割の向上に関する私の考えを行き過ぎとみている。中には、私の意見を嘲笑して、取りあうに値しない戯言とみなす者もいる。前著『女性の解放』に異議を唱えたアズハル大学の学者は、次のような意見を表明している。

女性のおかげで国が発展したり、地位を高めたりしたという話は、歴史上でも聖典の一句としても、新聞紙上でも聞いたことがない。ヨーロッパの国々は科学や教育、技術、工業で進歩を遂げ、万人に有益な大発明を行った。だが、科学や教育、最新の技術や工業分野で功績が認められた女性などいるのだろうか。

かかる一文を読めば、このアズハル大学の学者やその同類は、歴史や聖典、ニュースに触れたことがないのだろうかと思ってしまうにちがいない。科学や教育の分野で成功を収めたり、偉大な作品を残して歴史に名を刻んだりした女性は少なくない。こうした女性の伝記を収録した大著があるが、歴史上最も有名な女性たちの取り組みをここで紹介することはできない（別の著書で紹介するかもしれないが）。だが科学であれ芸術であれ、女性が人間の完全なる高みに到達する能力を示さなかった例はないと断言できる。このアズハル大学の学者には、彼の国の由緒ある祖先や宗教において、最も素晴らしい功績を残した数多くの女性がいたことを想起してもらいたい。

歴史をふりかえるまでもなく、先進国には今世紀〔一九世紀〕だけでも、高い地位を得て、名声を博した女性がたくさんいる。たとえばマリア・ミッチェル[7]は彗星を発見し、その星には彼女の名前がつけられた。ミッチェルはその後、米国の天文台の所長に任命され、天文学の教授として数多くの論文を発表した。カロライン・ハーシェル[8]は七つの星を発見し、ロンドンの科学アカデミーから金メダルを授与された。テレーゼ・フォン・バイエルン[9]は、地理学や古生物学に広く貢献し、ミュンヘンの科学アカデミーの会員でもあった。ソフィー・ジェルマン[10]は自然科学の分野で重要な発見を行った。ニュートンの理論をフランスで広めたデュ・シャトレ侯爵夫人[11]、ダーウィンの理論を広めたクレマンス・ロワイエ[12]、ドイツをヨーロッパの一部と初めて定義したスタール夫人[13]、ロンブローゾ[14]の〔犯罪学の〕理論をロシアで広めたタルノフスカヤ夫人[15]などは、学者ならば誰もが知っている。一九世紀以前も含めて活躍した女性の哲学者や作家を、本書ですべて紹介することなどとてもできない。だが、文学の分野で男性の追随を許さないラファイエット夫人[16]とジョルジュ・サンド夫人[17]の名を挙げないわけにはいかない。

国の発展と女性の地位向上が結びついているとしても、女性による科学的な発見や哲学的な考察が、国家に直接的な恩恵をもたらしているなどと言うつもりはない。そうではなくて、女性の活躍が家族のあり方の改善、ひいては国の精神の高まりとつながっていると主張したいのだ。換言すれば、識者や賢人を輩出した国の特徴として、二つの要素が考えられる。一つはそうした人が登場するような下地がこれまで引き継がれてきたのであり、もう一つはその素質の開花を促す教育環境に恵まれたということだ。二つの要素のうち、一方でも欠けていれば、識者や賢人が輩出されることはない。

人格は先天的な要素と後天的な要素の両方によって決まる。前者に影響を与えることはできないが、後者への影響は可能だ。子どもを育てながら、先天的に備わっている長所を伸ばし、短所と思われる特性を抑えることができる。短所のコントロールに限界があるのは確かだが、短所をどう扱えばいいのか分かっていれば、そして適切な子育ての方法を伝授されていれば、改善の余地はある。幼少期の教育と管理が女性の手にあるからこそ、女性たちは他に代えがたい高い地位を得るのだ。

家庭で女性が影響を与えるのは、子育ての場面だけに留まらない。周りのすべての男性に対しても女性は影響を及ぼす。夫の仕事を成功に導いたり、仕事の疲れを癒す機会を提供する女性がどれほどいるだろうか。夫や兄弟、父親と努力を分かち合った女性がどれほどいるのか。男性の心が、絶望や落胆に満ちた時、慰めて、励ました女性がどれだけいるのか。一方、愛する人に喜んでもらいたいという思いで、栄光や価値ある目標を追求し、それを達成してきた男性がどれほどいるのか。

ジョン・スチュアート・ミルは、妻の死後に出版した著書『自由論』の冒頭で、次のように語っている。

私の思想の最良の部分にインスピレーションを与えてくれた友人であり、妻であった彼女の精神に、本書を捧げたい。真理と公正に対する彼女の情熱が私を支えてきた。彼女の評価こそが、私が得た一番の報いであった。長年の間に私が書いたすべての論考と同じように、本書も彼女との共同による作品である。最も残念なのは、本書は彼女の手直しを受ける前の状態にあることだ。もし私が生前の彼女が有していた高邁な思想や気高き精神の半分でも語ることができればと思えてならない。そうすれば、彼女に相談することなく、私独自の思想や精神として示された以上のものが世界の役に立ったはずだ。[18]

有名な科学者であるパスツール[19]の妻も夫のあらゆる科学研究に加わっていたが、ロンブローゾの娘は今でも父親と一緒に働いている。有名なラマルク[20]が視力を失った時、唯一の助けとなったのが娘だった。娘は父を支えるべく生活費を稼ごうと教師をしていた。ラマルクに研究を全うするよう励まし、口述筆記を引き受けたのは彼女だった。そのおかげで、父親は著名な博物学者になった。

これらの例や、その他多くの例は、教育を受けた女性が、子どもを育てるだけでなく、男性の利益や幸福にも大きく寄与しうることを示している。男性にとって昼夜を問わず、家庭の中でも外でも、病める時も健やかな時も、良い時も悪い時もそばにいてくれる伴侶、つまり知的で教養があり、人生に必要なことを理解している連れ合いとの暮らし以上に素晴らしいものがあるだろうか。夫の利益と子どもたちの将来を気遣い、夫の財産を管理し、健康を維持し、名誉を守り、仕事を励まし、責任を意識させ、権利に注意を向けさせる妻。自分が努力すれば、自身や夫、子どもたちに有益なことができると知っている妻ほど得がたい存在はあるだろうか。

自らの人生を捧げられる女性が隣にいなくても、男は幸せになれるものだろうか。彼女と深い親愛で結ばれたい、彼女に認められたいと願い、思いやりのある行動で彼女の好意を求めるだろう。男は高貴な人格の優れた資質によって、彼女との距離を縮めるだろう。そして彼女は、彼の家を飾り、心を満たし、時間を充実させ、悩みを解消してくれる友人となるはずだ。

わが国の男性には理解できないであろう、このような生き方は、偉業を生み出す最も重要な源の一つである。わが国では男女の間に芽生えるべき親密な感情が乏しいということも、私ははばかりなく指摘したい。男性は女性を軽視し続け、誰もが痛みを感じるような従属的な立場に追いやりながら、何とも思わない。男性は、女性に教育の機会を与えて男性と同等のパートナーになるように、家庭内を切り盛りし、夫に最大限尽くす覚悟のある友人となるように、働きかけてこなかった。子どもに対する義務を果たし、最善の育児法を知る母親になってもらう準備も怠った。国の発展のためわれわれはこれまでもこれからも尽力するが、このままではすべてが無駄になってしまうだろう。

東洋諸国、特にムスリムの国々の後進性の原因を探ると、このような事実にたどり着く。私はこうした考えを以前に提示したが、ここでも再び主張したい。読者諸氏には、『女性の解放』を読まずに反論した多くの作家や論者のように、頭ごなしに否定しないでいただきたい。

ムスリムの国々が弱体化していること、その対策が急務であることは論を俟たない。それゆえに医師が患者を治療するように、病状を診断し、その原因を明らかにして治療法を見つけなければならない。では、ムスリムの国々が経験している病の原因は何なのか。

気候や宗教、家族のあり方など、さまざまな理由が考えられる。だが風土では何も説明できない。なぜなら、エジプトは最古の文明を有する国の一つだからだ。歴史家はエジプトで科学や工業が発見され、それがギリシアやローマ、アラブ地域、そして最終的にはヨーロッパに伝わったと認識している。エジプトは、世界最初の重要な宗教を生み出しただけでなく、幾世紀にもわたって今日まで引き継がれる不朽の古代遺産を享受した。また何世代にもわたって自国を統治し、隣国だけでなく遠く離れた多数の大国を支配下におさめてきた。その後エジプトは自立性を失い、情勢の変化や圧政、災難に見舞われたとしても、自らの存在感と独自性を維持することができた。これは、エジプトに他国との競争において抵抗できるだけの強力な地盤がもともとあったことの証左だ。偉業を成し遂げ、法制度を確立し、科学や芸術を発展させる上で気候は何ら障害とはならない。かつては今日のように穏やかでなかったにせよ、気候が進歩を阻む原因となるなど、あり得ようか。

気温が身体や精神に悪影響を及ぼすと証明する、信頼に足る科学的根拠はない。とはいえ、それぞれの地域性の相違は、国民の気質や精神の相違に反映される。東洋諸国の人々は鋭い洞察力、素早い理解力、高い記憶力を備えている。こうした有益な特性は、彼らの忍耐力や辛抱強さの不足を補っている。だが、東洋諸国には寒冷地域があり、こうした地域の住民は熱帯地域ほど文明的ではない。

またムスリムの後進性をイスラームのせいにするのは、まったくのお門違いである。理性に働きかけ、勤勉と努力を促すイスラームという宗教が、ムスリムの進歩の妨げになっているなどとどうして言えようか。イスラームが文明の進歩を促した最も重要な要因の一つであると証明したのはムスリム自身だ。歴史に鑑みてもそれは何ら疑う余地がない。確かに今日、イスラームは本来の形から変容し、幾世紀にもわたって逸脱を重ね、発展を止め、進歩とは無縁となり、その衰退はムスリムの状況に多大な波紋を及ぼしている。そのためイスラームこそが、ムスリムの後進性の原因と断じる西洋の作家も中にはいる。だがイスラームは決定的な要因ではなく、副次的な要因である。これについてはもう少し説明することになろう。

ムスリムの現状は、これまで述べてきた二つの理由、すなわち気候と宗教のいずれにも起因していない。前者はまったく無関係で、後者は副次的な要因だ。となれば、残る第三の要因として、社会における家族のあり方に問題があるとみなければならない。ムスリムやインド人、中国人など、日本人を除くすべての東洋人の衰退はこの要因による。

家族とは、人が生まれて最初に意識し、その後絶え間なく目にするものである。その中に秩序や勤勉さ、自尊心、情緒の豊かさなどの模範をみたならば、子どもはそれらの資質に愛着をもつようになるだろう。そうしたお手本は、子どもにとって成長に向けた旅の第一歩となる。大人になってからもそれらの資質は受け継がれ、それによってさらなる成長が促される。

個人の成長には二つの段階がある。第一は準備段階で、乳児期から児童期にかけて経験する。この段階では、子どもの人生に秩序と規律がもち込まれ、良い行いをしようという気持ちが芽生える。心は優れたものを愛するようになり、体は活動と運動に慣れていく。第二は実践の段階で、大人になってから始まり、人生の終わりまで続く。この段階では、資質は潜在的な形に留まらず、実践しながら顕在化する。

準備段階での怠慢は、成長の歩みを止める要因になる。どんなに学生時代に勉強しても、どんなに宗教的、精神的な教育を受けても、そのせいで羽を断ち切られた鳥のような生活に陥ることがある。飛ぼうとしても飛べないのだ。経験して自分に能力がないと気づけば、運命を受け入れて満足することになろう。最終的には、置かれた環境に甘んじることだろう。科学的な教育でも宗教的な教育でも、それを活かす下地がなければ少しも有益ではない。いくら優れた種子でも成長に適した土地がなければ芽は出ないのだ。

今の子どもたちは、時間をかけて読み書き、科学、外国語などを学んだ後、さまざまな分野の高度な応用学習へと進む。そして卒業すると、社会生活に入る。この段階で期待されるのは、名誉を重んじる感性、行き届いた配慮、優れた倫理観、旺盛な好奇心など、貴重な時間と費用をかけて培われた教育の成果である。ところが、そうした教育を受けながらも、若者たちは、感性が鈍く、好奇心もなく、決断力も欠けているのは、なんと残念なことだろう。彼らには感情の豊かさがない。美しいものを見ても喜ばず、醜いものを避けることもなく、憐れみで心を揺さぶられることも、慈悲によって涙を流すこともない。偉人を尊重することも、下らない者を馬鹿にもすることもない。どんなに有益な事柄であっても、行動しようと駆り立てられることもないのだ。

それは、これまで教育の中で、彼らの良心が育まれてこなかったからに他ならない。家庭での良い教育こそが、行動の原動力となる良心を生み、育て、発展させる。そして、家庭でこの役割を果たせるのは母親だけだ。子どもに宗教や祖国、美徳の尊重を植えつけ、慈愛の精神を身につけさせるのは母親である。そればかりか子どもの資質に影響を与えるのは、母親の後ろ姿だ。子どもは母親の行動を無意識に模倣し、徐々に慣れ親しみ、母親の模倣とは分からないほど完全に内面化する。幼少時代に行動のお手本が身近になければ、そのように育つこともない。その後学校に入り、良い資質に触れて、頭では分かった気になったとしても、それを自分のものにしなければ、実践してみようという然るべき精神は生まれない。

わが国の詩人は、恋人たちが経験する愛の苦しみや痛みについて格調高く美辞麗句を連ねるが、本当の愛を経験しているわけではない。わが国の演説家は、人々の耳に届きやすいように美しい愛国的な演説を行い、祖国への義務を説くが、彼らが自分の言葉を本当に痛感しているのかは別問題だ。宗教に一生を捧げる者であっても、本当の信仰心について理解していない場合もある。すべてを追い求めているようでありながら、実際には何も求めていなかったりする。

この文章を書いている時に、著名な著述家イブラヒーム・ベイ・ヒルバーウィー氏[21]がヨーロッパに向かう船上で書いたという『ムアイヤド』誌[22]の論説を読んだ。ちょうどクレタ島を過ぎる時の心境を綴ったもので、氏の率直さに驚かされた。

ヨーロッパ列強によって支配権を奪われ、ギリシア国王の次男に譲渡されて以来、初めてわが目でクレタ島を見た[23]。過ぎゆくクレタ島を目にしながら、この引き渡しに先立って、あるいはそれに伴って、そしてその結果として起こった痛ましい悲劇を思い出そうとした。この島ではムスリムが殺戮され、迫害と恥辱を受け、残された住民は財産や富を没収された。私は、同胞と痛みを分かち合うべき真のムスリムとして、そうした出来事を振り返ろうとしたものの、燃えたぎるような憤りも、悲しみや哀れみも感じなかった。

私は不幸や災難に対して感情を失い、気にもならなくなったのはなぜかと自問した。そして、あまりに多くの苦難を味わったために、心が乾いてしまったのではないかと考えるに至った。戦いで疲弊しきって再起不能の状態にあるのだ。

クレタ島のムスリムが被った悲劇を想像する時、自分の反応に動揺するだけでなく、恥ずかしさすら感じている。だが、同じような反応を、イスマーイーリーヤ行きの列車の中で経験したこともある。最後のスエズの旅において、カイロを出発し、ザカーズィーク駅を経由して、イスマーイーリーヤに列車で向かった。その時、一八八二年に英国軍に対峙する防衛線となったテッル・カビールやカッサースィーン、マフサマ、ナフィーシャの街を通り過ぎた。[24]このような地域を初めて通ったら、国の栄光や独立を失った痛みを感じて苦悩するはずだろう。ところが、私は何の痛みも動揺も感じなかったのだ。

これが、知性と愛国心で広く知られるエジプト人の言葉である。こうした場所を通過し、同じものを見たとしても、彼の魂以上にわれわれの魂が動くことはないだろうし、彼が感じた以上のことを感じることもないだろう。そのことは率直に認めねばならない。ヒルバーウィー氏が言うところの感情の喪失は、彼の無知によるものでも、彼が国を愛する義務を知らないからでもない。また、氏が思い込んでいるように、数々の災難に見舞われたことによる心神喪失によるものでもない。度重なる苦悩は、人の感情を奪ったり弱めたりするのではなく、逆に高ぶらせたり、強くしたり、忍耐を教えたり、固い決意を促すからだ。ここまで感情を失った真の原因は、幼少時に感情を育むのを怠ったことにある。だからわれわれの神経は、物理的に直接触れる事柄のみに影響を受け、人間的な感情についてはまるで無頓着になってしまうのだ。

トンキン戦争[25]から帰還した仏軍一師団のパレードをフランスで見物した時、隣に一〇歳の子どもが立っていた。その子は旗手が目の前に来ると敬意を示すべく帽子を脱ぎ、国旗に敬礼し、一団が見えなくなるまで目で追っていた。彼にとっての祖国とは、目の前を通り過ぎる国旗に体現されているのだと感じた。幼少時に教えられた祖国への愛は、成人するまで振る舞いとして身につくのだ。一方、パレードを見ていた男も女も、興奮のあまり子どものようにはしゃいでいた。多くの女性は喜びの涙で頰を濡らしながら兵士に口づけし、大半の男性は踊り、歌い、帽子を道ばたに投げ放っていた。このような光景や、子どもたちの前で交わされる議論は、彼らに愛国心を植えつけ、それはやがて花を咲かせ、実を結ぶ。他の望まれる資質も、同じように育むことが可能だ。

エジプト人が凋落したのは、幼少期にこうした教育を受けていないためである。エジプトの子どもは草木のごとく成長するに任され、その衣食以外に関心がもたれることはない。つまり、人々はまるでペットの世話をするように、子どもたちの世話をしているのだ。かかる土台の上に築かれた建物は砂上の楼閣であり、やがて崩れ落ちてしまうだろう。

子育てには、(1)世界の真理の発見のために認識を鍛える「知性の教育」と、(2)善を目指して意思を、美を目指して感性を磨く「魂の教育」の二つが必要である。人間の幸福にはそのどちらも欠かせない。知性の教育は、図書館や学校などで実践することができる。ところが、魂の教育は家庭で、しかも誰よりも母親によって管理されない限り、実践することは不可能だ。知性も性格も極めて優れている母親でなければできない教育だ。だからこそ、エジプト人が進歩を望むならば、エジプト人女性の地位向上に努めなければならないと私は主張したのだ。

残念ながら、エジプト人は未だにこの真実を完全に理解していない。その一方でインドのムスリムは絶え間ない研究を通じて思想を高め、社会における女性の地位、その役割の重要性を理解するようになった。こうした立場は、サイイド・アミール・アリー[26]とイナヤ・フサイン[27]という二人の偉人によって支持されている。

サイイド・アミール・アリーは、「イスラームにおける女性」を主題にした優れた論考を発表した。そのアラビア語訳は『ムクタタフ』誌[28]の一八九九年六月号と七月号に掲載されている。いくつか抜粋してみよう。

女性の地位ほど、国家の進歩を測るのに適した基準はない。インドのムスリムが進歩を望むのであれば、女性の地位をイスラーム黎明期のような高い水準に戻さなくてはならない。

ロシアの近代史は、国家の物質的・精神的な発展が女性の地位と結びついていることを十分証明している。ロシアの貴族女性たちは、一八世紀初頭まで、屋敷（というよりは日光も空気も入らない牢獄のような空間）に隔離されていた。窓はカーテンで覆われ、扉にはしっかりと鍵がかけられ、その鍵は父親や夫のポケットに入っていた。男性は女性を別の場所に移動させる時、インド女性の場合と同じように、女性を隠すための特別な運搬車を用いた。〔ところが〕女性に対する束縛が解かれ、女性に男性と同様の知識や教養を身につける機会が与えられ、彼女たちも社会の柱の一本とみなされた時、ロシアは世界で最も重要な国の一つとなった。

知識の太陽は東から昇り、西へと移っていった。われわれはそこから光を吸収し、女性の地位向上のために努力するすべての人に感謝しなければならない。ただし、人間の心が変わらない限り、アッラーが変化をもたらすことはない。

カリフの妻たちやその他の女性などは、現在、東洋社会の都市部に暮らす女性のように完全に身体を覆っていたのだろうか。そのような疑問を当然抱くだろう。彼女たちはどうやら、イスタンブルの女性が今被っているヤシュマク[29]のような薄い顔覆い(ニカーブ)しか用いていなかったようだ。そうして老いた皺を隠し、若々しげな美しさを際立たせていた。一方、完全に顔を隠すブルクゥやニカーブ、ヒマールと呼ばれる覆いが広まったのは、セルジューク王朝末期になってからである。今日、インドや他国のムスリムに普及しているパルダ[30]は、当時行われていなかった。実際、上流階級の女性は覆いをまとわずに男性の前に姿を見せていたという。

ムアーウィヤ[31]時代のアラブ人は、ローマ人から受け継いだ宦官を雇っていた。ウマイヤ朝のワリード二世[32]の時代にはハレム制度が採用された。アラブのネロと呼ばれたムタワッキル[33]は、公の祝事や宴会の際に女性を男性から隔離するよう命じた。とはいえ、ヒジュラ歴六世紀末〔西暦一二世紀末〕まで、女性は男性と交流し、客を迎えたり、社交場に出入りしたりしていた。また、甲冑を身につけて戦場に赴き、兄弟や夫を助けて要塞や軍事拠点を防衛することもあった。

ヒジュラ暦七世紀半ば〔西暦一三世紀半ば〕にカリフの役割が縮小し、タタール人の手によってアラブの国々の覇権が奪われると、イスラーム学者は女性が手足を見せることが適切かどうかを議論するようになった。

イナヤ・フサインがインドのマドラス〔チェンナイ〕にあるイスラーム文化協会で行った講演のアラビア語訳が、『ムアイヤド』誌（一九〇〇年七月一四日号）に掲載されている。以下は、その抜粋である。

われわれには詳細にわたって検討し、議論を尽くさなければならないもう一つの重要課題、すなわち娘の教育という課題がある。それに十分な注意を払わずして、いかなる国家も発展することはできないからだ。男女が社会で双子のごとく一緒に働き、苦楽をともにしなければ、発展と成功への道は開けない。わが国が強固な基盤によってしっかり支えられていると主張することもできない。子どもはやがて父親となることも忘れてはならない。母親が無知であれば、文化や教養の光で子どもの心を照らし、理性を高め、健全な方法で体を鍛えることもできない。わが国は永遠に他国の後塵を拝することになるだろう。

インドのイスラーム学者と、わが国のイスラーム学者や文筆家の発言を比較していただきたい。後者は、「女性は国の発展に重要な役割を担っておらず、宗教上の義務を果たすために必要な戒律や、読み書きを学ぶだけでよい」と主張する。彼らは皆、女性の隔離を強化するように人々に助言し、本書ですでに述べてきたような完全なる成熟へと続く道を、西洋の慣習の盲目的踏襲だとみなして、そのとおりに歩むべきではないと警告する。西洋の男性もまた、〔地位を高めつつある〕女性たちのあり方に不満を抱いているはずだと思い込んでいるのだ。

女性の地位が長きにわたって貶められてきた社会的な要因について、われわれは詳細に検討してきた。そして倫理観を育むのは女性であり、教養の手綱を握るのも女性であり、さらに国を善悪いずれかの道に導くのも女性であると論じた。また、知性と知識、そして教養を備えた女性でなければ、このような社会的役割を果たすことは不可能であると指摘した。

われわれは西洋の女性について書かれたり、耳にしたりした話を承知の上で、こうした立場を提唱する。西洋文明の日進月歩を目の当たりにする今、西洋諸国がすでに歩んだ道のりをわれわれが歩んでも何の支障もない。女性に自由やその他の権利を与えている国は、他の国に対して成熟した文明に至る道のりを示す。その一方で、女性を従属させている国が、気候や人種、宗教の違いにかかわらず、こぞって遅れをとっていることは明白だ。これが、われわれに突きつけられた課題である。理性的な者であれば、異議を唱えることなどできないだろう。

ヨーロッパの男性が女性の地位向上を苦慮し、その要求に不満を感じているという主張については、本書では扱いきれない。本書が扱うわが国の女性の課題は、西洋の作家が論じる女性の課題とは異なっている。わが国でわれわれが要求しているのは、女性に対する身体的自由や法的権利の付与であり、家庭での義務や役割を果たすための教育である。知性や感性がいかに鈍かろうと、われわれの要求に異議を唱える西洋人はいないだろう。

西洋の作家の中には、一部の女性が自由を乱用し、政治的な平等を求めていることに不満を抱く者もいる。だが、私の主張に反論するためにこうした者の意見を引き合いに出すことは、問題のすり替えに他ならない。事実を明らかにすることと、それを利用することの違いは誰の目にも明らかである。ヨーロッパのいくつかの国では、言論の自由が乱用されている。誰もがこれに不満を抱いているものの、賢明な者であれば、思想を統制すべきなどと主張しない。そういった薬は病よりも深刻な事態をもたらすからだ。

わが国の文人が女性の自由を制限したがるのは、東洋諸国の政府が自国民の言論や活動の自由を制限するのと同じ理由に基づいている。今日のムスリムが、クルアーンや正しきスンナによって確立された一般原則から逸脱することなく、さまざまな状況や時代における国の必要性と宗教的な判断を調和させるための、努力（イジュティハード）の門を閉ざしたのも同じ理由だ。わが国の父親が粗野で残酷な方法で子どもたちを育てようとしているのも同じ理由による。また、少し前ではあるが、わが国の政府は肉や野菜、バターなどの市場商品の価格に〔実態とそぐわない〕関税を課したが、これも同じ理由に基づいている。

それは、ある状況において露見した弊害を取り除こうとする際、有益な事柄までないがしろにする行為である。社会にとって有益なものは、表面しか見ていない人の目にははっきりと映し出されないことが多いからだ。一方、有害なものは、目を背けたくなるようなさまざまな犯罪やおぞましい事柄を含んでいるので、通常、誰の目にも明らかだ。そこでこうした事柄に嫌悪感を抱く者は、あらゆる手段を使ってそれらを根絶しようとする。最も身近で簡単な手段は暴力と権力である。

しかし、思慮深い者であれば、人類は特定の道筋に沿って進み、生命の成長や、個人や社会の可能性を最大限に発揮するその法則に従わざるを得ないと気づくだろう。逆にこれらの法則に反すると、個人にも社会にも大いなる悪影響が及ぶことが分かるだろう。

こうした立場に基づけば、自由のはく奪は、女性の知的、倫理的な発達の法則に向けた最大の侵害行為である。権利乱用の可能性を警戒して女性の自由を奪うことは、一部の女性による有害な行為を防ぐためには有効かもしれない。だが確実に言えるのは、こうした行為が一時的に有効であったとしても、長い目で見れば弊害をもたらし、すべての女性の人格形成の妨げになるということだ。

結論として恐れずに主張したいのは、たとえ西洋女性がかつて歩んだ道のりを辿るとしても、わが国の女性は教育を通じて知性を磨き、自由に思想を営み行動する権利を与えられるべきだ、ということだ。西洋の女性の要求は決して不可能な目標でもなければ、不安材料でもないし、むしろ理性と真実を通じて未来を開くことにつながると、われわれは確信している。女性たちはいったいどこまで要求し続けるのかと疑問を抱くかもしれない。ただそれは、誰にも分からない未知の世界の話だ。今から一〇〇年後の男性の状況が分からないように、女性の状況も予測できない。しかし、人類が完全なる成熟に至る道のりを歩んでいることは確かだ。われわれにできるのは、自分たちの道を見つけ、運命に立ち向かうことだけである。

注

(1) ドーデについては、本書『女性の解放』第一章「女性の教育」注6を参照。
(2) ゲオルグ・ジンメル（一八五八－一九一八）：ドイツの哲学者、社会学者。代表作に『歴史哲学の諸問題』（一八九二）等。
(3) シラー（一七五九－一八〇五）：ドイツの詩人、劇作家。代表作に『ヴィルヘルム・テル』（一八〇四）等。
(4) ルソー（一七一二－一七七八）：フランスで活躍した哲学者。代表作に『社会契約論』（一七六二）等。
(5) フェヌロン（一六五一－一七一五）：フランスの神学者・作家。代表作『テレマックの冒険』（一六九九）はタフターウィーによってアラビア語に訳された。
(6) ラマルティーヌ（一七九〇－一八六九）：フランスの詩人・政治家。代表作に『瞑想詩集』（一八二〇）等。
(7) マリア・ミッチェル（一八一八－一八八九）：米国の天文学者。ミッチェル彗星の発見で知られる。
(8) カロライン・ハーシェル（一七五〇－一八四八）：ドイツで生まれ、イギリスで活躍した天文学者。
(9) テレーゼ・フォン・バイエルン（一八五〇－一九二五）：バイエルン王国の動植物学者、旅行作家。

(10) ソフィー・ジェルマン（一七六六－一八三一）：フランスの数学者、物理学者。

(11) デュ・シャトレ（一七〇六－一七四九）：フランスの数学者、物理学者。

(12) クレマンス・ロワイエ（一八三〇－一九〇二）：ダーウィンの『種の起源』の仏訳者として知られる。

(13) スタール夫人（一七六六－一八一七）：フランスの批評家、小説家。代表作に『ドイツ論』（一八一〇）等。

(14) ロンブローゾ（一八三五－一九〇九）：イタリアの精神医学者で、犯罪人類学を創始したことで知られる。

(15) タルノフスカヤ大人（一八四八－一九一〇）：ロシアにおける刑事人類学派の代表的な理論家。

(16) ラファイエット夫人（一六三四－一六九三）：フランスの作家。代表作に『クレーヴの奥方』（一六七八）等。

(17) ジョルジュ・サンド（一八〇四－一八七六）：フランスの初期フェミニスト作家。代表作に『愛の妖精』（一八四九）等。

(18) この引用文はあくまでアミーンのアラビア語訳から訳したが、ミル『自由論』（関口正司訳、岩波文庫、二〇二〇年、七－八頁）では次のように訳されている。「私の書いたものの中の最善なところすべてに生気を与え、多少はその書き手でもあった人は、私の友であり妻でもあった。彼女には、真理と正義を捉える気高い感覚があり、それによって私をこの上なく力強く奮い立たせ、私にとって最高の報酬である賛同を与えてくれた。その彼女の大切で悲しくもある想い出に、本書を捧げる。本書の著者は私だけではなく彼女でもある。私が長年にわたって書いてきたすべてのものと同様である。ただし、今ある形の本書は、わずかながら彼女による校訂を経るという、計り知れない強みも持った。最も重要な部分のいくつかは、さらに慎重な再検討をしてもらう予定だったが、今ではかなわぬことになった。彼女とともに葬られてしまったあの偉大な思想や高貴な感情のせめて半分でも、世界に向けて伝えることが私にできるのであれば、私はそうするはずである。そのほうが、彼女の比類ない英知による鼓舞や援助を受けずに私が書くどんなものよりも、世界にとって有益なものだろう」。

(19) パスツール（一八二二－一八九五）：フランスの生化学者、細菌学者。

(20) ラマルク（一七四四－一八二九）：フランスの博物学者、進化論者。

(21) イブラヒーム・ベイ・ヒルバーウィー（一八五八－一九四〇）：エジプト副王の弁護士やエジプト最初の弁護士会長を務めたことで知られる。

(22)『ムアイヤド』誌は一八八九年にアリー・ユースフによってカイロで創刊されたアラビア語の雑誌。英国の帝国主義に批判的な論調で知られた。

(23) クレタ島は一八九八年に列強の圧力により、オスマン帝国領内でありながらも自治権を得て、ギリシア王国のゲオルギオス一世の次男が一九〇六年までクレタ総督の地位にあった。

(24) 一八八二年のウラービー革命の際に、ウラービー将軍に率いられたエジプト独立派の勢力が英国軍と戦闘を繰り広げた地域。

(25) 一八八三年、仏軍はベトナム北部のトンキンの支配をめぐる清朝政府との戦争で勝利し、一八八四年に保護国化した。

(26) サイイド・アミール・アリー(一八四九―一九二八):イギリス領インド帝国においてムスリムの権利擁護で論陣を張った政治家・思想家。

(27) 英訳では Inaya Husayn となっているが、いかなる人物かは不明。

(28)『ムクタタフ』誌は一八七六年にシリア人キリスト教徒ジャーナリストであるヤアクーブ・サッルーフとファーリス・ニムルが発行した雑誌。政治的というよりは、欧米の思想や技術、芸術などを百科全書的に伝えることを編集方針としていた。

(29) トルコ人やトルクメン人が用いる薄く透けた顔覆い。

(30) カーテンの意、覆いや物理的な隔離、アミーンのいう「ヒジャーブ」と類似した意味の言葉。

(31) ムアーウィヤ(六〇三―六八〇):イスラーム最初の王朝たるウマイヤ朝の創始者。

(32) ワリード二世(七〇九―七四四):ウマイヤ朝第一一代カリフ。

(33) ムタワッキル(八二二―八六一):アッバース朝第一〇代カリフ。

第五章　教育と隔離（ヒジャーブ）

隔離（ヒジャーブ）は人間の自由とはまったく相容れない。それは、聖法（シャリーア）や人定法の下での権利を女性から奪い、未成年者のような立場にしてしまう。かくして女性は自分一人では何もできなくなる。イスラームの聖法は女性が男性と同等であり、日常生活を管理する能力があると認めているし、人定法も女性が男性と同じように自由であると定めているにもかかわらず、隔離によって女性は囚人となってしまう。かかる弊害は、人権を尊重し自由に喜びを見出すすべての者にとって、隔離を敬遠し忌避する十分な理由となるはずだ。隔離の最大の弊害は、十分な教育を受ける権利を女性から奪うことである。

女性の教育が不可欠であると認めるならば、その適切なあり方を明らかにしなければならない。(1)女性の教育は男性と同じであるべきか、それとも独自の教育をすべきか。(2)隔離しつつ女性を教育することは可能か、それとも隔離は廃止しなければならないのか。(3)女性の教育は、西洋の近代科学に重点を置くべきか、それともイスラーム文明の古き伝統に重点を置くべきか。

これらの問いを検討することは、教育と隔離の関係を分析する上で重要である。過去一年間この問いをめぐってさまざまな議論が交わされてきたが、ここで私の立場を明確にしておきたい。

一番目の問いについて、女性の教育の質を男性の教育よりも下げることは正しいとは思えない。身体の教育に関して言えば、女性は男性と同じく健康を保つために、日頃から運動をする必要がある。西洋の女性が身内の男性に交じってさまざまなスポーツをするのとまったく同じである。女性は幼少時から運動に慣れ親しみ、健康上の理由がない限り運動を続けることが大切である。自然の法則によれば、体内の栄養摂取量と消費量のバランスをとらなければならないからだ。バランスが崩れると、健康が損なわれる。運動不足が原因の病気は、体力を使いながらも栄養を補給しなかったがために罹る病気と同じくらい頻繁に、深刻な程度で起きている。

女性が一回の出産で経験する痛みや辛さは、男性が一生で経験する痛みよりも大きいのかもしれない。出産に耐えられるのは、日頃から新鮮な空気を吸って肉体労働をする農村の女性のように、体が丈夫な者だけである。運動不足で太陽の光も浴びず、新鮮な空気も吸わない都会の女性は、肉体的な苦痛に耐えられない。そのため、初産の産褥期に病気になり、死亡する者も多い。さらに、出産時の妊婦死亡率は三パーセント以上に達する。女性の健康に配慮し、病気や死から守ると同時に、子どもの健康にも気を配り、病気にならないようにしなければならない。母親の体質や病気への抵抗力は子どもに遺伝するからだ。

その一方で、倫理的な教育も重要である。自然は女性を選び、倫理的な規準を維持するよう彼女らに委ねた。自然の法則によって、女性は倫理観を形づくる手綱を握り、信頼を委ねられ、偽りのない純粋な心の発芽を促して育み、子どもたちに広める役割を担う。そうした心は子どもたちから周りの人々に伝わり、家族の精神となってやがて国の精神へと広がっていく。母の精神が家族の精神となったのと同様である。このように健全な女性は健全な男性よりも有益である一方、堕落した女性は堕落した男性よりも有害となる。女性が犯した一度の過ちが、男性の同じ行為よりも堕落をもたらすと長らく考えられてきたのは、このためであろう。逆に言えば、女性の徳の高い行為は、男性のそれよりも高い名声に値するのだ。

最後に挙げるべきは、科学や芸術を学ぶ知識教育である。こうした教育の目的は、人間が世界とそこでの自らの位置を熟知し、有益な活動に邁進し、知識の恩恵を享受し、幸せな人生を実現することだ。女性も男性と同じように、知識の恩恵を受け、その喜びを味わわねばならない。宇宙の驚異を探り、その神秘を理解し、その始まりや広がり、限界を知りたいという欲求は、男も女も違わない。

女性は、いかなる職業でも、既婚でも独身でも、子どもがいてもいなくても、常に時間を見つけて知識を磨き教養を高める必要がある。エジプトの女性が現在怠けたり、馬鹿話をしたり、口論に費やしている時間の一〇分の一でも勉強に充てれば、国は目覚ましい発展を遂げるだろう。単に読み書きや外国語を学ぶだけでは、望ましい知的水準に達することはできない。歴史を理解し、自然科学や社会科学の原理を学び、宇宙や人間社会に影響を与える真の法則を把握する必要がある。子どもを適切に教育するためには、衛生管理や身体機能についても学ばなければならない。かかる訓練の目的は、脳に知識を詰め込むことではなく、真理への探究心を刺激することである。そうすれば学校教育を修了しても、真理を求め続け、常に知的な活動を追求することになろう。

食事づくりや家事の仕方についても、娘は学ぶ必要がある。芸術を愛で楽しむ心を育てることも大切だ。娘が音楽や美術を学ぶことに反対する読者は多いだろう。芸術に触れても何の利益もないと考える人もいるし、それは良識や品位に反する娯楽だと考える人もいるからだ。そうした誤った考えが、わが国の芸術の衰退を招いたのである。芸術が国にもたらす効果を知る者は皆、残念に感じているほどだ。

絵画やデッサンも、科学と同様に有益である。科学は真実を、芸術は真実への愛をわれわれに教えてくれるからだ。芸術作品は、芸術家の考える最も完全な形としての真実を提示し、完ぺきさへの欲求をかきたてる。完全性は、頭では理解し得ても、感覚としては分からない。具体的で魅力的な形として目の前に示されない限り、想像することができないのだ。特定の形で目にすれば、それに愛着が生まれる。芸術家の技術が優れていればいるほど、いっそうの完全性が表現されうる。そしてより多くの人々が作品に惹きつけられ、それを賞賛し、楽しむことになる。

音楽にも同様の効果がある。音楽は、われわれの心の奥底にある感情を表現するもののうち、最も雄弁で、耳に降り注ぐ最も心地よい言語である。プラトンは次のように述べている。「音楽は生命のないものに生を与え、思考を高め、想像力に広がりを与える。音楽は精神に喜びと幸福を与え、貶められた状態から高みに引き上げ、美と完全性に向かわせる。音楽は人間の精神を形成するものの一つである」(1)。

紙幅の都合で詳しく説明できず概略だけを論じたが、以上が娘たちに望まれる教育のあり方である。それは、女性がさまざまな責任を負えるように完ぺきさを目指す教育だ。それにより、女性は自ら生計を立てたり、妻として家族の安心と幸福の手段を獲得したり、母として子どもを育て上げたりできるようになる。

女子が身体的にも精神的にも十分な教育を受け終えるのは、一四歳か一五歳の頃だ。問題は、その後に何をすべきかである。どのように生きていけばよいのか。家の中に閉じこもり、男性との交流を禁じられるべきか。それが彼女にふさわしい自由なのか。これらは、本章の冒頭で私が投げかけた二番目、三番目の問いである。相互に関連している事柄なので、一緒に検討してみたい。

拙著『女性の解放』を批判する人々は、隔離（ヒジャーブ）についてのわれわれの立場を行き過ぎとみなした。彼らによれば、隔離を捨て去るべきとするわれわれの立場は西洋の慣習の物真似だという。隔離は女性の地位を貶めず、女性に有害でもないので、それを維持し、残していかなければならないと彼らは言う。さらに女性の地位が社会的に低いのは教育を受けていないからであり、良い教育を受ければ隔離された女性であっても十分に義務を果たすことができるとも主張する。われわれは、この問題をめぐる論考や議論をすべて精査した。だが、われわれの意見は変わらず、いくら検討を重ねても確信が揺らぐことはなかった。

教育に対する理解こそが、われわれと反対者の意見が食い違う理由だ。反対者にとって教育とはお勉強であり、ある年齢まで過ごす学校という小さな場で実践され、最終的な目標は卒業証書を得ることである。分厚い紙で出来たこの証書を、機知に富んだフランス人は「ロバ〔間抜け〕の皮」と呼んでいる。これを手にすれば、科学と文化を十分理解したことになるというわけだ。われわれはこの意見に賛同しない。教育とは、学校に通うことでも証書を取得することでもない。そうではなく、子どもが幼少期を通じて知性や精神を成熟させるための最初の準備として活用すべきものなのだ。

一四、五歳の少年が知っている科学とは、短い一節として暗記させられた一般公式や普遍的な原則である。これらの理論が科学的で有意義であったとしても、それを応用できなければ何の価値もない。そのためには観察と実験が不可欠だ。それによって理論を当てはめる範囲と限界が定められ、条件が示され、利点や欠点が分かる。理論の応用は、基本原理の真の意義を理解するための唯一の手段である。真の意義がなければ、原則そのものが空理空論に過ぎなくなる。

賢明な者は、卒業したての医師に身を委ねたり、資格を取得したばかりで十分な実務経験のない弁護士に依頼したりしない。文化や倫理観も然りだ。欲望をコントロールし、自制心を保つことの利点を学ぶのは簡単だが、実践するのは実に難しい。感情を統御し、それを理性の力の下に置くには、強力な意思が必要である。意思の力は、悪事を働かないように物理的な歯止めをかけたり、倫理的な規則を頭に詰め込んだりするだけでは生まれない。実際に何らかの出来事に遭遇し、それに立ち向かい、慣れ、乗り越えることで鍛えられる。活動の実践や事実の観察、直接の経験、人との出会いと摩擦などはすべて、真の知識と文化を育む際の源であり、それらを通して高潔な人物は自らを高め、頂点に達するまで成長する。その一方で精神の弱い者は挫折し、最低の次元にまで落ちてしまう。

ハーバート・スペンサー(2)は、知性の教育について次のように述べている。「他人のアイデアで頭を満たすような教育は無用だ。というのも、書物に書かれた言葉は、実践されない限り意味を生み出さないからだ」。また友人のアフマド・ファタヒー・ベイ・ザグルールの翻訳(3)によれば、エドモンド・ドモランは精神教育について次のように述べている。

歴史上の事件や事実に目を向ければ、健全な文化的生活を保障する国でこそ、人々が大きな志を育むことが可能になったと分かる。そうした国は、人々に善良な倫理観を育む機会を与え、称賛すべき行動を促す。このような国では、倫理的な影響力によって、国民は自己を管理し、欲望を抑えることができる。自立を教える実践的な生活ほど、自制心を育み、自発性を促す学びはない。こうした生活様式ほど、心の拠り所となる教えはない。かかる生活において人は真理に導かれ、自然の法則に支えられた学びの場で困難や試練をいかに耐え忍ぶかを学ぶ。その教えは最も容易く受け入れられ、広まり、求められ、説教師の説教やお偉方や先生方の無味乾燥な忠告よりも、いっそう心に響くのだ。というのも、言葉で語る以上に行動で示されるほうがより大きな意味をもつからだ。

経験は真の知識と教養の基礎となる。隔離された女性は、この貴重な泉に近づくことができない。家に閉じ込められ、家の窓や馬車のカーテン越しにしか世界を見ることができないからだ。サイイド・アミール・アリーの言うとおり、そうした女性は「埋葬布に包まれている」ようなものだ。人々の様子を肌で感じ、人々と交わって暮らす、生き生きとした人間にはなれないのである。

エジプト人女性は幾年か学校に通った後、家に連れ戻され、残りの人生を家に閉じ込められて過ごす。われわれが皆が不満に思うこの不自然な生活から女性を解放しなければならない。ただし、それだけでは不十分だ。学校を卒業した後も、女性が自身の心身に気を配り、われわれ男性とともに自然な生活を送れるようにしなければならない。われわれは彼女の手を握り、ともに大地を歩み、宇宙の不思議や技術の驚異、芸術の精巧さ、古代の遺産、現代の発明品などを見せて、思想や希望、喜び、痛みを共有しなければならない。女性たちはわれわれの集まりに出席して、そこで示される倫理観やアイデア、テーマを活用する必要がある。それはまた、慎ましい話し方をしたり礼儀をわきまえたりするという意味で、われわれ男性にも有益となるだろう。

われわれに反対する者は次のように述べる。「エジプトの女性の地位を向上させるために、西洋の女性の物真似を勧めているようだ。女性の隔離を前提としていたわれわれの古代文明をやり玉に挙げるのか。高貴な精神の持ち主であれば、古代文明の栄光に心を動かされ、その基盤に科学的な関心をもって目を向けるのではないか。人間を惹きつけ感情を揺り動かす完全なる成熟とは何かを、かかる真の栄光こそがいつの日か世界全体に示すような決意をわれわれに促すのではないか」、と。

美辞麗句を満載したかかる反論は、読者の耳には心地よく響くかもしれない。それが情緒を喚起するのは、親や先祖の功績を引き継ぎたいというすべての人間の自然な感情に訴えかけるからだ。しかし、真理から目をそらしかねないこうした表現にわれわれは気をつけなければならない。とりわけ、それによって意思の力や自由な選択が奪われる恐れがあるのならば、受け継がれた伝統の力に抵抗する準備をしておくべきだ。深く根づいた伝統への執着について、ことさら煽り立てる必要はない。そのような感情はおのずと引き継がれるもので、自己への執着を促すからだ。むしろ、有害な過去を捨て、有益な未来を受け入れるように促すべきだろう。

かかる心構えがあれば次のことが分かるはずだ。古き良きイスラーム文明に目を向けなければならないが、そのすべてを盲目的に踏襲してはならない。必要なのは、バランスを保ちつつ合理的に判断し、イスラーム国家興亡の原因を検討することだ。そうすれば現在と未来に有益な仕組みをつくり出すための基盤を引き出すことができる。

イスラームはアラビア半島の遊牧民の中から誕生したが、当時の社会は極めて単純だった。イスラームは信者の間に宗教的な絆をつくり、一人の指導者の下に、古代からの伝統に代わる法を確立した。信者らは聖戦（ジハード）を命じられ、戦いに繰り出し、他国を征服した。彼らは周辺国に対して科学的・技術的に優位に立っていたわけではないが、イスラームによって芽生えた団結心と、生まれながらの戦闘気質を有していた。そしてエジプト人やシリア人、ペルシア人、中国人、インド人などと交流した時、これら多くの国が高度な科学技術や産業、芸術の知識をもっていることに気づき、自らの伝統にたくさんのものを採り入れた。同時に、征服下に置かれた人々が、こうした分野を自由に発展させることを認めた。この政策が学知の覚醒を促し、征服下の国々に正しき目標に向けた大きな転換をもたらした。この時代は、約四世紀にわたって続いた。

かくしてイスラーム文明は二つの基盤の上に築かれた。それは、(1)宗教的基盤と(2)科学的基盤である。前者はアラブの部族から単一の支配者と単一の法体系に支えられた単一の共同体（ウンマ）を生み出し、後者は当時の最高の知的水準をムスリムの国々にもたらした。

とはいえ、当時の科学はまだ初期段階にあった。その原理は、さまざまな推測に基づき、ほとんどが経験によって裏づけられたわけではなく、権威という点では宗教よりも脆弱であった。そのためイスラーム法学者は科学者を圧倒し、自らの監督下に置き、科学的な事柄に首を突っ込み、好き勝手に批判を繰り広げた。彼らは科学的なアプローチをもたず、科学的な課題を理解する努力を怠り、クルアーンや預言者の言葉の解釈を繰り返しながら科学的な思想が間違っていると主張した。科学的知識が悪であると人々に信じ込ませ、科学者を無神論者や不信仰者だと非難して貶め続けた。それゆえに、誰もが科学を避けるか、放棄するまでになった。法学者は、宗教的な知識以外のすべての知識は無意味だとし、ますます狂信的になり、宗教の教えには絶対不可侵の領域があるので、立ち入ってはならないと断言した。一部の法学者の著作は、誰にも反論を許さない永遠の真理とされた。あたかも神の恵みの扉をすべての人々に閉ざすことが、宗教の原則であるかのように考えられた。

こうした宗教の徒と科学の徒の対立（私はそれを宗教と科学の対立とは呼ばない）はムスリムの国々に特有ではなく、ヨーロッパ人の間でも生じてきた。ギリシア人やローマ人、アラブ人から科学をほぼ完全な形で受け継いだヨーロッパ人が、真の科学的原理を明らかにするのに長くはかからなかった。他の民族が何千年かかってもできなかったことを二〇〇年で実現し、科学的な発見を次々と成し遂げた。たとえば、宇宙における運動の法則、光とその速度の分析、音とその速度と波形の特性、熱の性質、地球の成り立ちとその真の姿、時代の経過と人々への影響、地球が火の塊だった時代から他の生物種に続き人間が登場するまでの地殻変動などである。さらには、生命の法則と血液や呼吸の循環、消化器系の機能、認識能力の特徴、身体細胞の形成と維持、その生存と死滅の様相、そして化学や自然の原理をめぐる過去の見方の修正と完成なども挙げられる。

こうした発見から、著述家や哲学者は人類がどこから来て、どこへ行くのか、そして未来はどうなるのかを教えるために必要な事柄を取り出し、人文学や社会学、政治学の基礎を築いた。また真理の発見によって、科学は、賢明な者が破壊しうるなどと考えられないほどの強固な構造に支えられるようになった。ヨーロッパの科学者は、多くの論争や対立を経て宗教者よりも優位に立ち、科学はすべてのヨーロッパ人に認められる権威を得たのである。

これまで見てきたように、イスラーム文明が〔近代〕科学の原理が発見される前に始まり終わったのであれば、それが「人間の成熟したモデル」だったなどと信じることができようか。祖先を馬鹿にしたり、その功績を軽んじたりするつもりはない。しかし同時に、祖先が比類なき完全性に至ったと思い込んで、自らを欺いてはならないのだ。われわれは真実を求めているのであり、いったんそれを見出したならば、いかに耳が痛い内容であったとしても、率直に語らなければならない。よってこう言うべきだろう。すべてのムスリムはイスラーム文明について、その外観と内実の両方を学ぶ必要がある、と。イスラーム文明には現在のわれわれの基盤となるものが多く含まれ、人類の発展に影響を与え、ある時代に不足していたものを補完してきた。ゆえに、人がそこから感銘を受けるのは当然だ。とはいえ、この古き文明の外観は、現在の社会生活に適合していないことにも留意しなければならない。

科学についてはすでに論じたとおりだが、政治の仕組みについては、いくら歴史を丹念に調べても、過去に〔近代的な意味での〕政治の仕組みと呼ぶにふさわしいものがあったようには思われない。かつての政府は何ら権力の統制を受けずして、カリフやスルタン、官吏によって操られていた。統治者と官吏は、気まぐれに命令を下した。それゆえに、善良な支配者なら公正の原則を最大限活かすことができたが、そうでなければ公正の枠から外れ暴政を敷いた。政治の仕組みはイスラームの聖法の原則に則したものになり得なかった。

カリフは共同体（ウンマ）に属する人々の忠誠の誓いを得た後に就任するのだから、その権威は主権を有する人民に由来するという反論があるかもしれない。この意見を否定はしない。だが、人民の側が権威の在処を示したのはわずか数分程度であり、それは純粋に形式的なものであった。実際には、主権者は唯一カリフのみであった。戦争の布告や講和の締結、税金の徴収、法律の制定、権益をめぐる国家の専横な支配は、すべてカリフが行った。意思決定に誰かを参加させる必要などなかった。

驚くべきことに、古代ギリシアも古代ローマも、統治者とともに人々が行政に参加する、政治評議会という代表制だったにもかかわらず、その後にあらわれたムスリムは、あらゆる時代において、ギリシア人やローマ人の文明レベルに達せず、共同体の利益と自由を守るための仕組みを確立できなかった。さらに啞然とさせるのは、ムスリムの王侯貴族やイスラーム法学者たちが、刑罰に値する行為を明確に定める法制度の確立を考えなかったことだ。そのような制度を整備しないまま支配者に裁量を委ね、支配者は権力を勝手気ままに行使した。犯罪とその処罰の明確化は、公正の基本中の基本であるはずだ。

言うまでもなく、ムスリムは政治学や社会学、経済学について何も知らなかった。いずれも新しい科学だったからだ。これに反論したければ、ムスリム社会の原理解明に取り組んだ唯一の著書であるイブン・ハルドゥーン[4]の『歴史序説』を紐解くしかない。だが、彼の論理には欠点があることにも気づくだろう。とりわけ社会問題を検討しようとしたイブン・ハルドゥーンが、人間社会の基盤である家族について一言も触れていないことに読者は驚くかもしれない。実際に政治科学がこの程度だとしたら、われわれはイスラーム文明から何を引き出せばよいのだろう。

同じく、われわれの社会における家族のあり方を探ってみると、〔権力統制の〕仕組みなど存在しないことに気づく。事実、男性は二人の証人を前にすれば婚姻契約を結ぶことができるし、どんなに些細な理由でも、あるいは理由などなくとも妻と離婚することができる[5]。クルアーンの制限[6]を気にせず、何人もの女性と結婚する者さえいる。かかる行為は過去にも、そして現在でも一般的に受け入れられており、家族の崩壊を防ぐための仕組みをつくろうとした支配者やイスラーム法学者はいなかった。ただし、こうした欠陥を補おうと、離婚や結婚、復縁は聖法に基づく委託人の立ち会いのもとで行われるようになった。疑惑や疑念、争いや確執の原因として禍根を残さないようにするためだった。

かかる混沌とした状況を、ヨーロッパ人が夫婦の絆や家族の安定した関係のために確立した制度や法と比べることができようか。家族の重要性や社会における役割を軽視しなかったギリシアやローマの法律と比べることができるだろうか。現状を然るべく改善するため、われわれに何ができるのだろう。

われわれは、イスラーム文明を、倫理的な基盤(アーダーブ)の観点から検討しなければならない。現代の人々は、かつてのムスリムは倫理的な成熟を真に極めたと思い込んでいる。だが、それは間違った、あるいは少なくとも誇張した見方だ。ムスリムは新しい文化的倫理的な基盤に立ってこの世にあらわれたわけではない。ムスリムに先立ち、ユダヤ教徒やキリスト教徒、仏教徒、中国人、古代エジプト人などが暮らす国々が存在した。こうした国々では、倫理的な基盤が存在し、それは彼らの書物に記録されている。中には、その基盤が天からの啓示と考える者もいた。

倫理的な基盤を求めてムスリムがどう行動したかについては、歴史を振り返れば、どの時代にも善行と悪行、美談と悪評の両方があったことが分かる。歴史書や文学には、遊牧民(アラブ)の倫理観や行動が明確に示されている。詩や箴言、歌から、品性の低下や倫理の腐敗、低俗な風習がない時代などなかったと分かるだろう。

預言者亡き後、アラブの国々は互いへの憎悪や怨恨、利己主義による内部対立で完全に引き裂かれ、他国との最も深刻な戦争に翻弄されるようになった。アリー〔第四代正統カリフ〕の息子の一人は一〇〇人以上の女性と結婚したため、アリーは自ら人々に、〔これ以上自分の息子に〕娘を嫁がせないでくれと頼んでまわったという。女性の外出に反対していた男たちは、壁の隙間から女性を盗み見るようになった。王侯貴族の中には、女奴隷が出席者を歌で楽しませる社交の場で、酔いつぶれる者もいた。歌人の中には、王侯貴族や富裕層に施しを乞う者もいれば、狂気の沙汰と思えるほどに自分を褒め称えたり、少年に愛の詩を捧げたり、想像するのも恥ずかしく口にできないような卑猥な言葉や不謹慎な表現で敵を罵る者もいた。歴史家の中には歴史を捏造する者もいたし、イスラーム法学者の中にはハディースの一部を捏造して私的な目的のために利用する者もいた。

「成熟した人間のモデル」と言えるほど欠点のない時代などあったのだろうか。成熟した人間を過去に求めてはならない。アッラーがその下僕に慈悲深くあられるとしても、そのようなモデルが誕生するのは極めて遠い未来の話となるだろう。

人間の精神にしばしば起こる奇妙な思い込みの一つは、自分の時代が過去の時代よりも劣っているというものである。こうした考えが生じるのは、息子が父親を尊敬し、父親に由来するものすべてを称賛し、父親の行動を成熟していると捉えるからだ。その一方で、父親は息子が何か目新しい行動を示せば否定するばかりで自身を変えようとはみじんも思わない。つまるところ、息子の思い込みと父親の奢りこそが、現在を否定し、過去を崇拝すべく互いに支え合っているのだ。

もしこの主張が正しければ、はじめに最も成熟した人間が存在し、時代とともに今日に至るまで人間は劣化し続け、やがてもの言わぬ動物に成り下がるということになる。このような考えは、人類が長い年月をかけて徐々に進歩し、誇りをもてるような高度な段階に至ったとする現在のわれわれの認識に反する。

かつてのイスラーム文明は、現代の著述家たちが想像する「こうあってほしい」姿とは異なっており、実態は欠陥だらけだったと立証されている。女性の隔離が〔当時の社会を支える〕原理であったのかどうか、バグダードやアンダルシアのカリフ時代の女性が社交場に参加していたかどうかはさておき、女性を隔離することが現代にふさわしくないのは事実だ。イスラーム文明において、女性の自然な性質や社会的な地位について誤解があったとしても何ら不思議はない。同じような間違いは他にもたくさんあったからだ。

言うまでもないことだが、イスラーム文明について論じる際には、宗教的な観点からではなく、社会構造を支える科学や芸術、産業、倫理、慣習といった観点から判断されなければならない。社会状況に影響を与えるのは宗教だけではないからだ。宗教には権威があるかもしれないが、それは人々の知性や精神のレベルにあった影響力しかもたない。われわれは皆、過去への異常な執着という性質に立ち向かわねばならない。それはわれわれを衰退と劣化に導くからだ。執着が生まれるのは、ただ自分自身の脆弱さゆえである。時代に即して環境を変えたり利益を上げたりできず、他人に頼るイメージしかもてない。まるで「考えたり、働いたり、頭を悩ませるのはもう止めて、安逸を貪れ。過去を超えるものなど創り出すことはできない」と自分に言い聞かせ、救済を求めるかのようだ。これこそが病であり、われわれはその治療に着手すべきである。唯一の治療法は、西洋文明の重要な成果を理解し、その原理、影響、効果を把握できるように子どもたちを育て上げることだ。

その時が来れば（それが遠い未来でないことを願っているが）、真実はわれわれの目の前で太陽の光のごとく輝き、明白となるだろう。西洋文明の価値を知って理解し、近代科学に基づかない限り、状況は改善できないと確信することだろう。人間社会がいかに異なろうとも、科学の権威に従うことを認識するだろう。

文明国は、人種や言語、国籍、宗教などの違いはあっても、政府の形態や行政、司法、家族のあり方、教育や言論、建築、道路、さらには衣服や挨拶、食事などの日常生活に至るまで似通っている。科学や産業に関しても、発展の度合いに多少の差があるのみだ。

このように文明が人類を一つの道に向かわせていることは明らかだ。未開の社会や一定の文明レベルに達していない社会は、たいてい科学的原理を基盤としていないように思われる。われわれが「ヨーロッパ人を手本にする」、「ヨーロッパ人の習慣を真似る」、「ヨーロッパ人の女性に注目する」などと言うのはそのためだ。

女性の権利や教育について古今のイスラーム学者がいかなる見解をもっていたか調べようとしたが、何も見つけることができなかった。ある友人が、教育省検査官のシェイフ・ハムザ・ファタハッラー氏[7]がこの主題で著書を残していると教えてくれた。だが、最初から最後まで読んでみたが、同書は、この主題と無関係な話題に終始していた。アズハル大学教授をはじめ、ヨーロッパ社会への賞賛に異議を唱えた人々が私に反論する際、男女を含むヨーロッパの学者や著述家の意見を引き合いに出していることにも驚かされる。

ムスリムによる著作に対する知識が足りないとか、よく理解していないなどと言われても、それについて言い争うつもりはない。それよりも、女性の権利や、女性として、妻として、母として、市民としての義務を取り上げた古今のイスラームに関わる著書を発見できたら、さぞ嬉しく、感激することだろう。私の知識や読書の不足を指摘する人々のうちの誰かが、そうした本を一冊でももって来てくれたら、感謝と賞賛の言葉を惜しみなく伝えるだろう。

「科学が統合され、発展し、活用されてきた点に鑑みれば、ヨーロッパ文明は正しく善良で有益だと認める。だが、どの社会にも必要な倫理観や精神性に関して言えば、ヨーロッパ文明のそれは、腐敗し悪質で有害である」と、わが国の識者は言うかもしれない。彼らは、西洋人が科学や芸術、産業においてわれわれよりも進んでおり、その知識は現世の幸福のために有益な道筋を描いていると認める。ところがヨーロッパ人同士がお互いにどのように接しているか、特に男女がどのように交流しているかを見聞きすると、態度を一変させる。そしてヨーロッパ社会とは何かを理解しようとしないまま、その倫理的基準は低いと断言する。こうした考え方はわれわれの間で一般的なようで、新聞を読んだり、会話に耳を傾けたりするたびに遭遇するが、その原因を説明することは難しくない。

われわれは西洋人の科学技術の進歩を認めている。なぜなら、われわれの衣食住、室内の調度品や家具、学校で学ぶ科目や、行政や政府機関におけるあらゆる制度、街区の壮麗な建築物や大型施設、整備された庭園、馬車用の清掃された道、蒸気や電気の機械など、至るところにその影響がみられるからだ。要するに、科学技術の知識について、われわれが西洋に遅れを取っていると認めざるを得ない物的証拠を、連日、あらゆる場面で目撃しているのだ。

その一方で、われわれは劣等感から生じる恥の意識を消し去り、復讐を望んでいるかのごとく、自分たちは優れた精神をもつと言い張る。物質的な発展で彼らが優れているならば、精神性や内面はわれわれが優れていると主張する他ないからだ。こうした立場に固執することは容易い。物質的な優位性は目に見えるものであり、簡単には否定できないが、精神的な優位性は理性でしか理解できず、誰もが把握し得ないからだ。頑固で無自覚な者は、それ〔精神的な劣等性〕を否定する余地を見出す。そういう人は、西洋社会にはナイトクラブや卑猥な劇場など、西洋人自身も苦痛を感じ、手放したいと望むような悪習が多々あることを見聞きして、ますます持論に固執するようだ。事実、賢明な西洋人はこうした場所をなくしたり減らしたりするために努力しており、なかなかその努力が実らないことを残念がっている。だがわれわれは、そうした欠点につけ込んで、持論を支える口実としているだけなのだ。

西洋人を批判する際、人々は女性が覆いをまとわないことや、男性と交流して完全な自由を享受し、男性から尊重されている点などをあげつらう。われわれの多くは、このような社会のあり方を堕落の原因と考え、女性は皆貞節を知らず、男性は皆自尊心をもたないと考える。文明は、自らの精神を磨いて悪徳や害悪から守り、人々の間に徳を広めるのが目的なのだから、そうした解釈が正しいとすれば、ヨーロッパ社会は当然軽蔑されるべきである。しかし、その見方は正しいのだろうか。

精神面において西洋は東洋よりも劣っているか否かに関して、本書で検討する余裕はないにせよ、簡単に私見を述べてもよいだろう。東洋と西洋は古くから、宗教の違いによって何世代にもわたって互いに敵対心を抱いてきた。今日に至るまで、互いについて無知なまま、不信感を抱き、認識を歪め、真実とかけ離れた状況を想像してきた。真実に目を向けたとしても感情に流されている限り、いかなる者も真実から遠ざかってしまうからだ。ごくまれに真実を追究しようとする者もいるが、感情が判断を鈍らせ、自らの固定観念に引き寄せられてしまう。真実などどうでもよい大多数の人は、感情に流されて嘘や妄想、曲解というカーテンで真実を覆ってしまい、一筋の光でさえ心に届かないのだ。

さらに言えば、西洋で科学教育が普及したのはごく最近だが、東洋は未だにその前の段階にある。科学教育を受けていない者は、理性よりも感情に頼ってしまうため、信頼できる前提に基づいた判断をすることが困難である。ある問題に直面した時、事実の背景ではなく、自らの思い込みに基づいて評価を下してしまうのだ。しかし、科学的な教育を受けた者は、感情には左右されず判断する。自然や歴史的課題に取り組めば、関連する出来事を結びつけ、事実を整理し、得られたデータに基づいて正確な判断の下で原則を導き出す。真実を求める心がそうさせるのだ。彼らは、隣国や敵の状態を調べる場合にも、馴染みのある分析方法の手順を踏み、たとえその結果が信念や期待に反していても受け入れることができる。

西洋人は高度な教育を受け、東洋やムスリム社会を調査し、その習慣や言語、遺跡、宗教について記し、見解をまとめた研究成果となる重要な著書を世に送り出してきた。賞賛に値するものがあれば賞賛し、非難に値するものがあれば非難してきた。自分の想定と一致するか否かにかかわらず、真実を見極め、その結果を正確に分析して発表したいという気持ちを原動力としたのである。

ところが、われわれはそうした教育を受けていない。論者の判断は、感情や気まぐれ、惰性、既存の思考に支配されている。たとえ洞察するうちに一片の真実や意義を見つけても、非難を恐れて明言できなかったり、自らを偽り信じてもいないことを長らく支持し続けたりする。真摯に真理を求める者がそう公言したら、「非国民」とか「宗教やその共同体の敵」と非難されるだろう。「西洋人の優位性を認めれば、彼らの支配欲を煽ることになる」とか、「われわれの欠点を示せば自分で首を絞めて絶望に陥る」

と思い込んでいるため、よくても乱暴で軽率な考えだというそしりを免れ得ない。

こうした意見をもつ者は、そのように育てられたか、単に誤解しているだけだ。西洋人が支配を目論むのは、われわれが自らの後進性を認めたからではなく、彼らが先にわれわれの後進性を認識したからである。西洋人は五〇〇〇年前のわが国の遺産を発見し、古代エジプト人の習俗を探り、ファラオの日常生活の細部まで把握し、その時代の膨大な情報を蓄積している。とはいえ、それはわれわれには届かず、ほとんど何も知らされない。よって、彼らのほうが先に、われわれの現状、長所や短所を理解していたとしても何ら不思議ではない。

しかしわれわれは劣等感から絶望に押しつぶされてはならない。絶望とは、滅亡から逃れられないときに生まれるものだからだ。われわれはそのような状況にはない。国というものは、どこか同じ場所に留まっているのではなく、常に変化を繰り返している。弱者と強者、栄枯盛衰は永遠ではなく、つねに入れ替わる。困難に直面したら、躊躇することなく、勤勉と努力で対処しなければならない。自らの脆弱さに気づいてはじめて、改革の必要性を実感するのだ。他国よりも遅れていること、その完成したレベルに達するには未熟であることに気づかない国は、進歩を目指すこともなければ、その目標に向けて行動を起こすこともない。自らの欠点や諸国にとってのわが国の位置づけを感じることこそが、進歩のための最初の一歩なのだ。

したがって、私は躊躇なく断言する。「西洋人よりもわれわれのほうが倫理観において優れている」という言い草は、母親が子どもを寝かしつける時に歌う子守唄のようなものだ。ヨーロッパ社会の優越性は、科学や産業の発展といった物質的な影響に限られるわけではない。そのことは、西洋人と交流し、公私にわたる彼らの暮らしぶりを垣間見て、その倫理意識に触れた者の間ではよく知られている。

ヨーロッパの人々は、他の民族と同様に、上流階級と中産階級、下層階級の三つに分かれている。下層階級は、読み書きの知識とわずかな科学の原理を知る程度にしか教育を受けていない。その倫理観は、われわれの大半よりも腐敗している。

一方、上流階級の人々は、知識面での幅広い教育を受けているが、生活は富と惰性、欲望に支配されている。まるで勤勉な人々が発明を担い、産業の専門家であるように、上流階級は娯楽のスペシャリストである。彼らは自らが身を置く文明状況のおかげで簡単に欲を満たすことができる。わが国にはみられないような手段を尽くし、自己満足のためにさまざまな享楽を生み出すからだ。たとえば電気は街を照らし、情報を伝え、農夫や商人、手工業者、旅行者、病人の役に立つだろうが、富裕層は自らの放埒のためにそれを利用する。富裕層の中には、新聞の発行や著書の出版に関わる者もいるが、個人のアトリエや風光明媚な庭園、そびえ立つ邸宅に財を投じる者もいる。

西洋社会において〔即物的な〕堕落が容認されるのは、個人の自由が基本であり、それをなくすことなどあり得ないからだ。自由の弊害を受け入れざるを得ないのは、その有用性が弊害に勝ると分かっているためである。西洋における堕落は、個人の自由と、今日までの思想的発展の自然な帰結である。だが、知識の普及とあらゆる階級における教育の改善によって、人々が少しずつ文化を向上させ、完全なる成熟という価値ある目標に近づいていることを疑う者はいない。

注意すべきは、ここでいう西洋諸国での「堕落」は、国を最も強力に下支えする柱となる社会的な美徳を傷つけないということだ。国を強化し守るために私財を投じ犠牲を払う気持ちは、こうした美徳のおかげで少しも損なわれない。国家の防衛や奉仕のために召集されれば、最も卑しい者も高潔な者も皆、個人の楽しみを捨てるか後回しにして、呼びかけに応え、命をかけて国のためにすべてを投げ打つ。西洋社会の富裕層と貧困層に共通する美徳は、オリエントの国々にもみられるものだろうか。そして中産階級については、間違いなくわが国よりも西洋のほうが進歩的である。

つまるところ、われわれは西洋人を表面的にしか知らないのだ。多くは、路上やカフェで耳にしたり、あるいは何かで読んだ物語や逸話からの知識しか得ていない。だから西洋社会やその倫理的基準の全体像をつかんだと言っても、それは誤解に他ならない。西洋の生活について正確に判断したければ、あらゆる側面を知り、人々を駆り立ててきたすべての感情や情緒を理解しなければならない。そのためには、言語は当然のことながら、歴史や習慣、道徳観などについても十分な知識が必要である。これらを身につければ、ドイツ人男性が妻子を残してボーア人の支援に向かう理由[8]や、科学者が悠々自適の生活を捨てて問題の解決や謎解き、病気の治療法の発見に専念する理由が分かるだろう。莫大な財産と高い地位に恵まれた政治家が、国難に立ち向かうための方策を練り、自身の睡眠時間さえ削る理由も、理解できるかもしれない。ナイル川の源流を発見するために、家族を残し、国を離れて何カ月も何年も過ごす探検家の動機や、不便で危険極まりないにもかかわらず、未開人の中で生活する宣教師の感情が分かるだろう。金持ちが慈善団体、あるいは自国や人類全体にとって有益となる活動に何千ポンドも寄付する理由に納得するかもしれない。

このような資質の秘密や崇高な行動の根源を辿ると、家族の成員の間にある調和や団結、愛の存在を知ることになる。誠実な言葉や、真理を探究する心、名誉を重んじる心、貧者や弱者を助けようとする気持ち、動物への慈愛などにも目を向けることだろう。われわれは、西洋人が文化や美徳の面で大いに優れているという、真の姿を確実に捉えるだろう。その姿は、自己愛を抑え、社会の構成員がそれぞれ互いを必要としているという連帯意識の高まりを示すのである。

これは何ら不思議なことではない。科学の進歩は精神的かつ倫理的なレベルの向上をもたらすからである。知識は心を豊かにするための手段であるから、知性面での発展が倫理的な発展を伴うことは疑いようがない。知識がなければ優れた倫理観を得られないというわけではないが、無知な者には知識のある者ほどには倫理観が根づかないことは指摘しておきたい。知識は知性に訴えかけ、科学的真理は論争なくして受け入れられない。そのため、研究や努力、勤勉さが必要になる。知識が自然に活用されれば、自制心が生まれ、それが良き倫理観の最も重要な基礎となる。知識が豊富な者は、倫理に反することを見ても、一歩引いて善悪を客観的に判断し、正しいかどうかを考え直し、安易に手を出すことはまずない。一方、無知な者は、たとえ倫理的であったとしても、単に習慣でそうするに過ぎない。そういう者は善悪に関係なく、自分の感覚に従い、何ら吟味することなく、多数派の意見を受け入れる傾向にある。そして一度でも〔倫理的であるという〕自身の習慣を破って背徳の喜びを味わってしまうと、自制心を失い、二度と元の状態に戻れなくなる。

知識は知的な判断力を強固にし、倫理観を養う。さらには宗教心も高める。宗教と倫理観は共通の基盤の上に成り立っているので、このように主張しても差し支えないだろう。これに関する最も美しい文章がハーバート・スペンサーの教育論にあるので、取り上げてみたい。

科学は宗教的感情と相容れないとよく言われるが、そんなことはない。逆に、宗教と相容れないのは、科学の放棄である。著名な学者が本を書き、真実を語ったとしよう。人々は著者への称賛を惜しまない。しかし実のところ、人々は彼の本の表紙を見たことがあるだけで、中身を読み、理解しようと努力したわけではいない。このような称賛にいかなる価値があるのだろうか。偉大な業績を些末な事柄で評価することが許されるとしても、このような人たちの反応をどうして信じられようか。こうした人々は宇宙とその創造主をも同じように扱い、さらに悪いことに彼らは「最も類まれなる驚異」、「最も驚くべき摩訶不思議」と自分たちが呼ぶ事柄について、何一つ知らずに人生を終えて満足している。それればかりか、そのような真理を理解しようと努める者、その秘密を探り当てようとする者を非難する。もし彼らが道理に通じていれば、科学の軽視が宗教的感情を弱らせ、さらには破壊することが分かるだろう。科学への奉仕は、精神が果たすべき宗教的義務である。すべての被造物は貴重で価値があり、それを発見した者は高い評価に値すると広く認められているからだ。科学への奉仕は、宇宙とその創造主に敬意を払うことである。科学の探究者は単にお題目を唱えるだけでなく、時間を費やし、アイデアを温め、取り組んでいかなければならないのだ(9)。

以上から、西洋の科学的進歩が精神の発展に寄与する一方で、われわれの知識の欠如が文化の未熟さにつながっていると結論づけることができる。父と子、兄弟、夫婦といった家族の中で生じている問題を例にとれば、この結論が正しいことは火を見るよりも明らかだ。また村の中でも、妬みや憎しみ、裏切り、争い、不可解で残忍な犯罪として文化の未熟さが露わとなっている。国レベルでも、国民同士の絆の崩壊、些細な事柄をめぐる意見の対立、私益を追求するあまり公益に資する活動に予算を割かなかったり、時間を惜しんで国益を考えなかったりする姿勢がみられる。これらはすべて、われわれの精神的なレベルが劣っている証左だ。農村の人々の寛大さなど、われわれが良い倫理とみなす言動も、実は見栄という欠点によるものである。多くの名望家は、歓待の精神や盛大なお祝い事で知られているが、他方で貧者を虐げたり、身内の弱者（特に女性）の財産を狙ったり、家族には出費を惜しんだりするなど、寛大な精神をもった人間からすれば軽蔑に値する矛盾した生活を送っている。

トルコ人の社会はわれわれの社会と変わらないが、一部の農村部の文化や倫理観は成熟し、エジプトよりも優れているのは確かだ。農村部に住むトルコ人は、身の丈に合った質素な生活を送っており、善良でモラルを乱すようなことは何もなく、堕落とは無縁で想像すらしないからだ。しかし、私が見たように、村人が故郷を離れて都会に暮らすようになると、先を争っていかがわしい店や破廉恥な見世物小屋に出向き、恥知らずな行為に耽るのだ。

まとめると次のようになる。ヨーロッパ社会も文明的に完全に成熟しているわけではない。この世に完全なものなど存在しない。現在目にしているのは、不完全ながらも人間が獲得した成果である。とはいえ、ヨーロッパ人はいくつかの未熟な点を克服し、完全なる成熟に一歩近づくことができた。たとえそれが、人間の精神に求められる完全なる成熟に遠く及ばないとしても、われわれはこの成果を認め、未来に向けていっそうの高みを目指さなければならない。

社会のある部分だけが進歩しても、他の部分には影響がないという考えは間違っている。進歩とは、それが契機となって個人から国家に至るまで生活のあらゆる側面に影響を与えなければ、本物とは言えないのだ。進歩の影響を見てみると、住宅や食事、衣服、建築、道路、団体、冠婚葬祭、教育や子育て、劇場、娯楽施設に加え、工業、商業、農業、科学、芸術に至るまで、生活のさまざまな分野にまで広がっていると分かる。つまり、進歩の影響は、社会の知的、倫理的な生活のあらゆる側面に反映されるのだ。

これは社会における知性と倫理が相互に密に結びついているためである。両者は、それぞれ向きは異なるにせよ、同じ楯の両面に過ぎない。あらゆる情報は新たな知識を活用する知性を育み、精神に有益となり、われわれの行動様式に影響を与える。知識が単なる知識として行動に影響しなければ、その重要性の大半は失われる。

西洋とわれわれの間には、女性が顔を露わにして外出したり、男性と交流したり、自由を享受し、男性から尊重されるといった慣習上の違いがある。だからといって西洋人の倫理観が低下しているわけではない。エジプト人の間でこうした慣習を欠点と考える人が多いのは事実だ。一方で、次のような問いも浮かぶ。なぜ西洋の男性は女性をそのように扱うのか。なぜ夫は妻を尊重し、右隣に座らせるのか。妻が知的で教養ある人になってほしいと願うのはなぜか。妻が望むがままに外出したり、旅行したり、男性と交流することを許可するのはなぜか。このような自由と尊敬があるのはなぜか。かかる行動は堕落した慣習に由来すると答える者もいるかもしれない。だが、この答えでは不十分である。というのも、なぜ西洋にはそのような慣習があるのかという問いに戻るからだ。

こうした問いに答えることは難しくないと人々は言うだろう。未開社会の習慣について論じたならば、「それは偶然生まれた習慣で、人々は何も考えずにその影響を受けている」と言う。その慣習の起源や現状との結びつき、生活に及ぼす影響について何も知らないのである。ところが、ヨーロッパ人やアメリカ人が自分たちの行動の理由や結果を知らないというのはつじつまがあわない。自然の秘密を発見すべく絶えず努力し、微生物を調査し、分類し、正確に記録し、育て、繁殖させてきた学者らが、自らの慣習について無知であるとは考えにくい。

西洋の学者は、他の問題と同じように、自らの慣習についてもしっかりと研究し、東洋社会との比較も行ってきた。彼らの中で、自国民に対して〔東洋人のような慣習に〕変更せよと呼びかけた者がいたという話は聞いたことがない。むしろ、学者たちは口をそろえて、女性の隔離こそ東洋社会の衰退の原因であり、その放棄が西洋社会の進歩の原動力だと言う。すでに述べたように、意見の相違がみられるのは、女性の政治的権利についてのみだ。

この点での意見の一致は注目に値する。西洋人の中には、国民全員が経済資本を所有すべきであり、私的所有権は一種の強盗だと主張する者もいる。結婚制度を廃止すべき、つまり男女の関係を法律や政府の規制から解放すべきだと断言する者もいる。あらゆる秩序や法を破壊し、いかなる形であれ政府の存在を認めないという者もいる。このようにさまざまな意見があるにもかかわらず、女性の隔離を求める者は一人もいない。むしろ、逆である。急進派は、女性の自由と権利をいっそう拡大し、男性との平等を実現すべきと主張し、部分的には穏健派と立場を共有している。

なぜ、どうして、こうした合意に至ったのだろうか。ヨーロッパ人が従来の習慣を守りたいと思ったからだろうか。決してそうではない。ヨーロッパ人にとって変化とは進歩の法則である。この一世紀を振り返ると、西洋社会のあらゆる側面、つまり政府や言語、科学、芸術、法律、衣服、習慣に変化があったことが分かる。いかなる状態にあろうとも、学者は自由に批判するし、さらなる変化を求めることもある。

ヨーロッパ人は個人の名誉を軽視し、女性の貞潔に関心がないという主張も間違っている。これはよく耳にすることだが、その出所はヨーロッパ社会の事情をろくに知らない、経験の乏しい無知な者に違いない。彼らの知識は、カイロの有名なアズバキーヤ地区[10]とその周辺を訪れ、通りをゆく人々の様子からわれわれの習慣について綴る西洋人の旅行記と同じくらい浅薄だ。

では、なぜ、〔隔離を非難する〕このような合意が生まれるのか。それは、女性の権利や自由が単なる慣習ではないからだ。挨拶する時に西洋人は帽子を脱ぐとか、東洋人は手を頭に触れるといった、東西それぞれの歴史に結びついた慣習がある。それは挨拶という行為以上の意味をもたず、公私の生活にも影響しない。しかし、女性が教育を受けているか、家の中で囚人のように暮らしているか、自由を満喫しているか、男性と交流しているか、結婚や離婚の権利はどうか、家庭や国レベルで女性の役割はいかなるものであるかは、〔単なる慣習ではなく〕社会的な問題である。それは科学的な課題でもあり、社会の合意があっても驚くべきではない。

西洋人を馬鹿にし、勝手な思い込みで彼らは女性に関して常軌を逸していると決めつけるのではなく、彼らの考えを理解しようと努めるべきである。一九世紀において男女ともに実現した偉大な覚醒〔飛躍〕の理由、それがもたらしたすべての影響について検討しなければならない。そうすれば、正しく知的な理論に基づき、経験と事実に裏づけられた健全な見解を自ら導く可能性が生まれるだろう。

注

（1）プラトン『国家』上巻、藤沢令夫訳、岩波文庫、一九七九年、二四一－二四二頁には次のように記されている。「リズムと調べというものは、何にもまして魂の内奥へとしみこんで行き、何にもまして力強く魂をつかむものなのであって、人が正しく育てられる場合には、気品ある優美さをもたらしてその人を気品ある人間に形づくり、そうでない場合には反対の人間にするのだから」。

（2）ハーバート・スペンサー（一八二〇－一九〇三）：イギリスの哲学者、社会学者。スペンサーの社会発展理論は、ムハンマド・アブドゥやアラブのダーウィン主義者シブリー・シュマイイルなど同時代のアラブ地域の多数の論者に思想的な影響を与えた。

（3）この翻訳については、『女性の解放』第三章「女性と国」を参照。

（4）イブン・ハルドゥーンについては『女性の解放』第三章の注1を参照。『歴史序説』では国家と社会は血縁・地縁に基づく連帯意識（アサビーヤ）を基盤として成り立ち、「王権」とも結びついていると説明される。

（5）『女性の解放』の第四章「家族」を参照のこと。

（6）同前。クルアーン四章三節と四章一二九節を根拠に、男性が複数の妻をもてるのは、公平な扱いに関して「アッラーに対して責任を負う」という条件つきでと述べている。

（7）シェイフ・ハムザ・ファタハッラー（一八四九－一九一八）：アズハル大学教授。アラビア語に関する研究で知られる。

（8）特に第二次ボーア戦争（一八九九－一九〇二）において、英国軍がボーア人勢力に勝利すれば、トランスヴァール共和国北側のドイツ領も占領の脅威にさらされることから、ドイツ側はボーア人勢力を支援していた。

（9）おそらく、Herbert Spencer, *Education: Intellectual, Moral, and Physical*, A.L. Burt Co., pp. 86–87 に基づいたアラビア語訳だと思われるが、英語原文からの正確な訳ではない。

（10）カイロ市内で外国人が多数駐在する高級住宅地区。

結論　エジプトの女性をめぐる思想状況

ここ数年、エジプト人は自国の社会の欠点を自覚し始め、それゆえに苦悩の表情を浮かべ、改善が急務であると考えるようになった。西洋のニュースを耳にし、多くの西洋人と交流してその進歩の度合いを知った。西洋人が豊かな生活を送り、幅広い意味での自立と言論の力などエジプトでは許されていない権利を有していると知り、それなしには人生に価値がないことを理解した。かくしてエジプト人は西洋人に追いつきたい、彼らと同じ恩恵を手に入れたいと願うようになった。その中から、この国を成功の道に導くと信じ、その考えを競って広めようとする指導者たちがあらわれた。活動への参加を誘う者、精神の調和と団結を求め、あらゆる不和の原因を排除しようと呼びかける者、愛国心と自己犠牲に訴える者、宗教的な教えの堅持を主張する者などさまざまだ。

ただしこれらの指導者が見落としてきたことがある。それは、女性を巻き込み、彼女たちがその意味を理解し、共感し、献身的に取り組まない限り、どんな提案も社会に変化をもたらし得ないということだ。それが叶ってこそ、女性たちは、自ら思い描く成熟した人間になるよう、最良のやり方で子どもを育てられるからだ。

教育が然るべき変化に対応しない限り、いかなる社会状況も変えられない。どのような改革を求めるにせよ、その必要性を政府が人々に説いたり、鼓舞すべく演説したり、有益であると謳う書物を刊行したり、その利点を説明する論考を広めるだけでは十分ではない。それだけでは、国を導き、苦境を警告し、状況を改善し得ない。国のいかなる変化も、その美徳、特性、倫理観、慣習を合わせた結果だからである。それらは先天的に人々に備わっているものではなく、教育や女性の参画によって生まれるからだ。

エジプト人が自分たちの状況を改善したいと願うなら、根本的な原因にまず目を向けなければならない。先進国の間で、あるいは文明史において、価値ある地位を得るためには、必要な資質を備えた男性を育てる健全な家庭環境や家族関係を整えなければならない。また、そのような家庭環境、家族関係を築くには、女性が教育を受け、従来ではないやり方で、思想や目標、苦労、活動を男性と共有する必要がある。

私が前著で明言したこの単純明快な事実は、人々に妄言と呼ばれ、イスラーム学者には「イスラームに反する」と批判された。学校を卒業した者〔新たな教養層〕には、「西洋人の生活の過度な模倣」と批判され、中には「祖国と宗教に対する重罪」と非難する者までいた。東洋〔オリエント地域〕の女性解放は、イスラームの破壊を望むキリスト教国の目論見であるから、それを支持するムスリムはムスリムではないという主張もあった。この他にも、真の利益を理解できない単純な者にとって聞こえのよい、無知な人々を信じ込ませるような妄想が聞かれた。

こうした批判に対して一言だけ言っておきたい。もしヨーロッパ人がわれわれに危害を加えたければ、われわれをそのまま放置しておくだろう、と。その目標を実現するには、われわれを現状のままにしておく以上に有効な方策はない。これは間違いようのない真実である。隠そうとしたり、無視しようとしたりしても、真実の姿は、常にそうであるように、遅かれ早かれ露わになるだろう。

われわれの現状に目を向ければ、エジプトの女性たちが隷従の段階を脱したこと、そして彼女たちの自由の実現を阻む障壁は極めて低いことに気づくだろう。それは次のような四つの事実からも明らかだ。(1)エジプト人の間には、かつてとは異なり、娘の教育の重要性についての新たな認識が生まれている。(2)女性の隔離は徐々に減ってきており、いずれはなくなる見込みである。(3)若い男性は、伝統的な形式での結婚に抵抗を感じ、婚約相手をよく知るために現在の方法を変えたいと望んでいる。そして、(4)エジプトの大法官であるムハンマド・アブドゥ師を筆頭に、政府と一部の識者がシャリーア法廷の改革に取り組んでいる。大法官が発表した裁判所の役割に関する重要な報告書を見ると、この改革の多くの側面がエジプトの家庭に影響を及ぼすだろうことが分かる。とりわけ一夫多妻婚に関する声明は重要である。

貧しい人々の一夫多妻婚に抗議すべく、私は声を上げる。多くの貧しい男性は、二人や三人、四人の妻をもちながらも養うことができず、生活費や夫婦の権利をめぐって常に争いながらも、誰とも離婚しない。妻同士や子どもたちの間でも揉め事が続き、誰もがアッラーの定めに従って生きることができない。このことが、われわれの宗教や国にどれほどの弊害をもたらすかは想像を絶するほどだ。

今年になって、無期懲役などの終身刑や長期の禁固刑に処された男たちの妻が大勢、自分たちの悲惨な生活状況を法務省に訴え出ている。彼女たちには婚姻関係を解消する正式な手段がなく、自分と子どもを養ってくれる身寄りもいない。そこで法務省は、当件に関して裁判所が取り得る法的措置について、エジプトの大法官に正式な法的見解を求めざるを得なくなった。大法官は、当件や同様の問題を調査し、マーリク派の法学に基づく一一の項目を提出して、法務省に指針を示した。[1] 以下は、貧困層のために作成された項目の一覧である。[2]

(1) 夫が妻の扶養を拒否した場合、夫が明確な財産を有する時は、裁判所の夫に対する扶養料の支払命令は、夫の財産によって執行される。夫が明確な財産をもたず、なおかつ妻を扶養する意思がない場合、裁判官は直ちに離婚を宣告する。夫が扶養できないと主張し、それを証明できない場合、裁判官は直ちに扶養するよう裁定する。夫が妻を養えないことを証明した場合、裁判官は一カ月間を猶予として夫に扶養の機会を与える。その期間が過ぎても夫が妻を養えない場合、裁判官は離婚を宣告する。

(2) 夫が病気や投獄により、妻を養うことができない場合、裁判官は夫の回復や釈放に必要な時間を定める。夫の回復が遅れたり、刑期が長引いたりして、弊害や揉め事が生じる恐れがある場合、裁判官は離婚を宣告する。

(3) 夫が妻を十分扶養せずしばらく不在にしている場合、裁判官は一定の期限を宣告する。夫が必要な扶養を行わず、定められた期限を過ぎてもあらわれない場合、裁判官は離婚を宣告する。夫の所在が不明であったり、不在の夫に妻を扶養する財産がないことが証明されたりした場合、裁判官は離婚を宣告する。

(4) 不在の夫が財産や貸金、預金を誰かに預けている場合、妻はその貸金や預金から生活費を賄う権利を有する。妻は財産や預金の存在を証明しなければならないが、彼女の要求は、法定後見人なしで認められる。これに先立ち、妻は不在の夫の財産から扶養を受ける権利があり、かつ夫が妻を扶養するための財産を残しておらず、また誰か代理人に扶養させると認めていないことを宣誓しなければならない。

(5) 扶養不能を理由とする裁判官の離婚判決は、控訴により取り消すことができる。夫は、法の規定する期間内に自らの資力を立証し、妻を扶養する準備をすれば、妻との復縁を申し立てることができる。夫が資力を証明せず、妻を扶養することができない場合、夫には控訴する権利がない。

(6) ムスリムの国々で夫が行方不明になり消息が分からない場合、妻は夫が向かった、あるいは滞在していると思われる地域を特定して、法務省に訴状を提出することができる。法務省はその時点で、知事や警察に通知して夫の所在を確認する責任を負う。警察が夫の痕跡を見つけられなかった場合は四年間の猶予が与えられ、その後に未亡人として規定の期間（四カ月と一〇日間）を待たなければならない。その後、特別な法手続きを踏まずとも再婚することができる。

(7) 一番目の夫の生存を知らない二番目の夫が初夜を過ごす前に、行方不明の一番目の夫が戻ってきた場合、あるいはその生存が確認された場合、妻は一番目の夫に属する。正式な婚姻契約を結んだ後でも、あるいは婚姻完了後でも、二番目の夫が一番目の夫の生存を知っているのであれば、妻は一番目の夫に属する。法の定める待婚期間中またはそれ以降、再婚契約前またはそれ以降に一番目の夫が死亡したと思われる場合は、妻はその財産を相続する。ただし二番目の夫が一番目の夫の生存を知らずして婚姻を成立させた後に死亡したとしても、妻は二番目の夫から財産を相続することはない。

(8) ムスリム同士の戦闘で行方不明になったとされる男性の妻で、その夫が戦闘に参加していたと報告された場合、妻は法務大臣に訴状を提出することができる。捜索の結果、夫が発見されなければ、妻は法で定められた待婚期間の後に再婚することができる。夫の財産は、夫の消息がつかめない場合でも、相続財産として譲り受けることができる。夫が従軍したことしか分からない場合は、妻の相続や再婚は前二つの項目〔(6)と(7)の行方不明となったケース〕に準ずる。

(9) ムスリムと非ムスリムの戦争で夫が行方不明になった場合、妻は法務大臣に訴状を提出することができる。夫の捜索後、妻には一年間の待機期間が課せられる。その一年間が経過すると、妻は、その後に再婚を認められ、さらに一年後には夫の財産を相続することができる。行方不明者の妻は待機期間中、夫の財産で扶養される。揉め事を避けたい妻は、証拠をそろえられるならば即座に離婚を申立てることができる。

(10) 夫婦間の不和が深刻になり、クルアーンに規定されたどの方法でも解決できない場合、地方裁判官に訴えを提出する。その際、夫の親族と妻の親族、できれば隣人の中から、公正な二名の仲裁人を任命しなければならない。もし親戚が辞退した場合、裁判官は身内以外の仲裁人を任命して夫婦のもとに送らなければならない。仲裁人が所定の方法で夫婦を和解させることができれば、その仲裁は受け入れられる。そうでなければ、仲裁人は離婚を勧めるか、裁判官に当件を委ねなければならない。裁判官はその勧告に基づいて判断を下すが、一度離婚すれば取り消しはできず、二人の仲裁人の役割も終了する。

(11) 妻は、夫が自分に危害を加え、その危害が法的に許されないものである場合、たとえば法的な根拠のない責任放棄や殴打、罵倒などを受けた場合、裁判官に離婚を訴えることができる。妻はこれらを合法的な方法で証明しなければならない。

アズハル大学の学長はこれらの条項を承認し、大法官に次のような手紙を送った。

エジプトの国家大法官閣下へ

われわれは、今月四日に発表された閣下の書簡第一九号と、マーリク派の見解に基づく一一箇条の条文を含む付則案を検討いたしました。われわれは当案の見解に同意し、承認する旨署名しました。この重要な課題をめぐる閣下のご配慮に謝意を示すとともに、署名入りの文書を同封いたします。

ヒジュラ暦一三一八年、ラビーウ・アーヒル月、六日

アズハル大学にて学知と貧者に奉仕するマーリク派の清貧なるサリーム・ビシュリー

一夫多妻婚と女性からの離婚をめぐる権利は、『女性の解放』で論じた最も重要な課題である。ムハンマド・アブドゥ師のような偉大な知識人で、かつ明哲な賢人がこの課題に関心をもち、われわれの提案を広く伝えてくださったことを大変光栄に思っている。

われわれが家庭で日々目にするものを含めたこうした動きは、エジプト人女性の地位が改善され、進歩に向かい始めた兆候である。これらの動きは単なる見様見真似から始まったわけでなく、西洋人とのつき合いの中で影響を受けながらも、いかなる生物も環境に適応するという、自然史の学者に周知の法則に基づいている。しかし、こうした変化を受け入れる覚悟は、必ずしもまだ十分ではないようだ。目

標を定め、そのために準備しなければならないと私が述べたところ、多くの反対の声を浴びせられたのはそのためである。反対者の中には、自分自身も変化し、家庭内でも変化の兆候を感じ取っている者もいたが、人間が常に自らの偏見に影響されることを鑑みれば、彼らの行動も何ら驚くべきことではない。

自分が何を望むかを知るべき時期はすでに過ぎている。われわれの人生の目的が、単に数年間生き延びることだったとしよう。高貴さも卑しさも、裕福さも貧しさも、自由も隷属も、知識も無知も、善も悪も、関係なく過ぎていく数年間だ。そうであれば、エジプトの女性に自由と教育を与えたとしても無駄だろう。男性が何人も妻を持ち、毎日新しい女性と結婚して次の日には離婚し、妻や娘、姉妹、母、祖母を好きなように監禁しても何ら差し障りはないだろう。

アフリカやアジアの多くの国々で、女性は、家の中に隠されて誰にも見られずに暮らしている。夫に先立たれた妻の中には、その後の人生を楽しむことがないよう、自ら命を絶つという悲惨な状況に置かれる者もいる。これらの国で女性が無知で孤立した状態に置かれ続けている理由を尋ねてみれば、女性の隔離と抑圧をより強めるための口実も得られることだろう。しかし、もしわれわれが日頃読んだり聞いたりしているように、エジプトを活力に満ちた先進的で文明的な国家にすることを目指すのであれば、次のように言わなければならない。

あなたが不平を述べているこの苦境から抜け出し、希望するように、あるいは希望する以上の文明の高みへ辿り着くための方法がある。それは、あなたの周りの女性を無知と隔離の束縛から解放することに他ならない。これを最初に提案したのはわれわれではないし、その点でわれわれは称賛に値しない。

むしろ他国こそが先に活用し、試し、その恩恵を受けてきたのだ。西洋諸国に目を向ければ、各国の女性に大きな違いがあることが分かる。米国人女性の教育や精神、習慣、倫理基準は、フランス人女性とは異なるし、ロシア人女性とも異なる。イタリアの女性は、スウェーデンやドイツの女性とは似たところはまったくない。しかし彼女たちは、気候や人種、言語、宗教の違いにもかかわらず、一つの点で共通している。それは自由を自らのものとし、自立した生活を楽しんでいることだ。

自由を得て、西洋の女性はそれまでの貶められた状態から解放された。教育が与えられると、自分たちが帰属する社会の進歩に、男性とともに参加する意志を示した。かくして女性は、男性とは異なるけれど、しかし男性に負けずとも劣らない社会的役割を担うようになった。店で商品を昼夜売りさばく商人、役所で数時間かけて関係部署への業務通知をしたためる事務員、街々の交通の便を良くするために橋を架ける技術者、手足を切断してでも残りの器官を救おうとする医師、人々の争いごとを調停する裁判官。こうした仕事に携わる者であっても、女性の仕事よりも自分の仕事のほうが社会に有益だと主張できる者はいない。男性が自分自身や家族、そして国家にとって有益であるように、彼らを育て上げ、社会に送り出してきたのは女性たちだからだ。

われわれは、「団結し、互いに協力せよ」とか、「人格面での欠点を克服せよ」とか、「家族と祖国に奉仕せよ」などと他の者たちのように無味乾燥なスローガンを並べ立てたいわけではない。指導者の助言やスルタンの命令、魔術師の魔法、聖人の奇跡で変化が起こらないことは分かっている。変化とは、これまで述べてきたように、若者の精神を望ましい状態に整えることでもたらされる。それはどこにでもある長く困難な道のりである。だが、困難を乗り越えれば、勝利と成功が待っているはずだ。一番の近道は、目標に向かって突き進むことである。

注

（1） エジプトの裁判所では、従来ハナフィー派の古典的学説を採り入れていたが、それは扶養の権利や離婚に関して多くを許容せず、女性に不利な状況をもたらすものであった。そのため、アブドゥはマーリク派の学説に基づき、扶養の権利や離婚について、より多くを許容するよう補完したのである。

（2） これらの項目は一部内容を変え、エジプトの身分関係法（一九二〇年以降に制定）となった。詳細は眞田芳憲・松村明編著『イスラーム身分関係法』中央大学出版部、二〇〇〇年、および後藤絵美「エジプトの「家族法」」長沢栄治監修、森田豊子・小野仁美編著『結婚と離婚』（イスラーム・ジェンダー・スタディーズ1）明石書店、二〇一九年、一五八－一六五頁を参照されたい。

解説

解説1　カースィム・アミーンとエジプトのフェミニズム

後藤絵美

1　はじめに

本書で訳出した『女性の解放』と『新しい女性』は、一九世紀から二〇世紀の変わり目のエジプトで、カースィム・アミーン（一八六三－一九〇八）という男性知識人が著したものである。欧米をはじめ世界各地との比較から当時のエジプト人女性が置かれた状況を問題化し、その改善を提案したこれらの著作によって、アミーンはエジプトやアラブの「フェミニズムの父」と称された。[1] しかし同時に、彼の主張は外国の模倣を推奨するものであり、正しい宗教理解や伝統的な社会慣行から逸脱しているという批判にもさらされた。加えて、近年のエジプト近代史研究や中東ジェンダー研究では、アミーンに対する評価が高くない。そこではアミーン以前にも女性の著述家や活動家らによって「フェミニズム」が始まっていたことが強調されてきた（つまりアミーンはフェミニズムの「父」ではなかった）。[2] また男性の目線で、男性を読者に限定した彼の議論は、女性を真に解放するものではなかったと主張されたり、アミーンが唱えた女性解放論は、当時の近代化事業のための道具に過ぎず、本来の意味の女性解放を目指したものではなかったと評されたりした。[3]

長らく賛否両論の中にあったアミーンの著作を、どのように読み、どう評価するかは、読者それぞれが判断すべきことだろう。本稿では、筆者なりの観点から、アミーンとその著作をエジプトのフェミニズムに位置づけてみたい。

なお、フェミニズムという言葉を、本稿では、中東近代史家のマーゴット・バドラン（一九三六―）に倣い、次のように定義しておく。すなわち、「その性別ゆえに制限を受けている女性がいるということに気づき、制限を取り除こうとし、より公正なジェンダーのあり方を導き出そうとすること、そして女性の新たな役割、新たな男女関係を築こうとすること」[4]である。

エジプトのフェミニズムの起点[5]は、一九世紀前半以降の女子学校設立と女子教育の呼びかけに置かれることが多い（関連年表参照）。リファーア・タフターウィー（一八〇一―七三）は、『娘たちと息子たちのための信頼できる指南書』（一八七三）の中で、女子教育がイスラームの教えに反しないことを強調した。また、教育により、女性たちが置かれた状況は改善し、夫婦関係や家庭生活にもよい影響があり、ついには国力の強化にも役立つと主張した。

一九世紀前半から半ばにかけて、外国のキリスト教ミッショナリーや、エジプトのユダヤ教徒、コプト・キリスト教徒による女子学校の開設が相次いだ。それらの学校にムスリムの少女たちも通うようになり、学校教育が普及し始めた。ただし、富裕層の娘たちは家に留まり、家庭教師から学ぶ場合が多かった。一八七三年、エジプトの人口の多数派を占めるムスリムのための最初の官立女子学校がカイロに設立された。後にサニーヤ校と呼ばれた同校には、教員養成課程も併設された。

一八八二年、列強の支配が世界を覆う中、エジプトはイギリスの軍事占領下に置かれた。アーイシャ

・タイムール（一八四〇―一九〇二）という女性著述家は、『諸事への熟視をうつす鏡』（一八九二）と題する小冊子の中で、植民地支配下のエジプトが世界的な経済システムに組み込まれ、男性の経済力が衰え、女性を守ってきた伝統的な仕組みが崩壊しつつあると論じた。小冊子や新聞、雑誌を媒体に、女性たちが女性の地位向上や新たな男女関係のあり方について、それぞれの主張を発信し、議論するようになったのはこの頃からである。[6]

エジプトでフェミニストという言葉が最初に公に使われたのは、一九二三年、エジプト女性連合が設立された時だと言われる。[7] フダー・シャアラーウィー（一八七九―一九四七）が率いた同連合が目指したのは、「あらゆる権利や義務において男性と同等となることができるよう、女性たちの教養と社会性を高めること」、「エジプトの女性が政治的権利および社会的権利を得られるようあらゆる合法的な取り組みを行うこと」であった。[8]

以上の概観からも分かるように、カースィム・アミーンの『女性の解放』や『新しい女性』は、エジプトのフェミニズムの起点ではない。ではどこに位置づけられるのか。以下では、アミーンの経歴と、その著書がもついくつかの特徴、そして同時代を生き、後にフェミニズムのために活動した女性たちの思索や経験を眺めながら、この問いを考えていきたい。

2　経歴

カースィム・アミーンは、一八六三年一二月、トルコ系の軍人でナイル・デルタに広大な土地を所有する父親と上エジプトの名家出身の母親の間に長男として生まれた[9]。当時のエジプトはオスマン帝国の属州で、半独立王朝のムハンマド・アリー朝第五代イスマーイール（一八三〇－九五、在位一八六三－七九）の治世であった。欧化主義による近代化政策を推進したイスマーイールは、鉄道の敷設や新市街の建設、スエズ運河の開通などの大規模なインフラ整備に加えて、近代的な学校教育制度の普及にも尽力した。アミーンが通ったアレクサンドリアの小学校やカイロの予備学校フランス学科も、イスマーイールの命により新たに開設されたものである。その後アミーンは司法行政学校[10]に進学し、一八八一年に法学の学位を取得した。

アミーンがエジプト政府の派遣学生としてフランスのモンペリエ大学に滞在したのは、一八八一年から八五年までの四年間である。留学先では法律を学ぶ傍ら、ヴォルテールやルソーをはじめ、フランスの作家の著作を読み、ダーウィン、マルクス、ニーチェなど、ヨーロッパの碩学の思想に触れた。この時期、同窓のスラヴァというフランス人女性と親しかったことが知られている。内気な性格ながら、時に男女が集うパーティーなどにも参加したという。

アミーンにフランスでの留学経験があるからといって、彼が手放しの欧化主義者になったと考えるのは早計であろう。彼の留学期間である一八八〇年代の前半、エジプトでは列強の力を目の当たりにした人々が植民地支配に抵抗する方法を模索していた。副王イスマーイールによる早急で無計画な近代化事業によって対外債務がかさむと、イギリスとフランスはエジプトへの政治的・経済的な介入を強めた。それに対して、一八八一年、「エジプト人のためのエジプト」をスローガンとする大規模な民族主義運動（ウラービー革命）が起きた。これを鎮圧したイギリスは、治安維持の名目で、一八八二年九月、エジプトを軍事占領下に置いた。

フランス滞在中のアミーンもまた、祖国の未来を憂い、そのために何かしたいと考えた一人であった。彼は、民族主義運動への参加によってエジプトを追われた二人の改革思想家、ジャマールッディーン・アフガーニーとムハンマド・アブドゥをパリで迎え、雑誌『固き絆』の発行を手伝ったり、アブドゥの通訳を務めたりした[11]。

一八八五年、エジプトに帰国したアミーンは、二二歳で混合裁判所[12]の検事に就任した。その後、地方都市の検事長やカイロ控訴院裁判官を歴任した後、一八九四年に三一歳の若さで同院裁判長に昇進した。フランス人のダルクール公爵による『エジプトとエジプト人』（*L'Égypte et les égyptiens*, 1893）への反論として、フランス語による『エジプト人』（*Les Égyptiens: réponse à M. le duc d'Harcourt*, 1894）を刊行したのも、父の友人の娘でトルコ系のザイナブ・アミーン・タウフィークと結婚したのも、同じ年である。アミーンの伝記を著したムハンマド・イマーラによると、彼は毎晩、一七時から一九時まで、二時間を妻とともに過ごすことにしており、その後一九時から二二時までの三時間は書斎で本を読む時間にあてていたという。ザイナブはイギリス人の家庭教師に育てられたが、かれらの間に生まれた二人の娘のうち、一人にはイギリス人の、もう一人にはフランス人の家庭教師をつけたという[13]。

アミーンがエジプトの社会問題やエジプト人の精神性についてアラビア語で小文を書き、エジプト人ムスリムのための雑誌『ムアイヤド』に無署名で投稿するようになったのはこの時期であった。一八九九年、同誌に連載された女性論をまとめて出版したのが『女性の解放』である。同書は話題を呼び、多数のコメントや反論が寄せられたため、その応答として『新しい女性』を執筆し、翌年出版した。

一九〇〇年代に入ると、アミーンはエジプト大学設立運動のために奮闘し始める。しかし大学の開校を目前に控えた一九〇八年に、彼は四四年の生涯を閉じる。祖国や人々のために考え、筆を執り、活動した人物として、アミーンを称える多くの追悼文が寄せられた。[14]

3　『女性の解放』と『新しい女性』

アミーンは『女性の解放』の序文で、女性の地位を問題化すべき理由として、それが国家の成熟度の指標になるからだと述べている。[15] また、『新しい女性』の「女性の家庭への義務」には、次のような言葉がある。「家庭で女性が影響を与えるのは、子育ての場面だけに留まらない。周りのすべての男性に対しても女性は影響を及ぼす。夫の仕事を成功に導いたり、仕事の疲れを癒す機会を提供する女性がどれほどいるだろうか。夫や兄弟、父親と努力を分かち合った女性がどれほどいるのか」。[16] 女性に教育を施すことは、子どものためだけでなく、男性にとっても利益があるというのである。「国家」や「男性」を中心に据えたこれらの記述は、アミーンの議論が、女性を真に解放するためのものではなかったという主張の根拠になっている。

またアミーンの著書には、エジプトの社会や文化に対する自己批判に満ちた言葉が少なくない。特にエジプト人女性に対する一般化や侮蔑的表現は批判の的になってきた。[17]

一方、以下で注目するのは、それらとは異なるアミーンの著作の特徴である。一つは、男女間の本質的平等を求める思想であり、もう一つはイスラームの新たな理解である。これらをもとに、アミーンは社会改革の必要性を訴えた。

男女間の本質的平等

『女性の解放』の第一章「女性の教育」の冒頭には、次のような言葉がある。

女性とは何なのか。男性と同じ人間だ。身体やその機能、感情、思考能力において男性と何ら変わりない。性別が異なるだけで、すべての人間的特徴にまったく差異はない。

もし男性が心身ともに女性に優っているとすれば、それは男性が幾世代にもわたって心身を活用してきた一方で、女性は心身を用いることを禁じられ、さまざまな時代や場所において程度の違いこそあれ、低い地位に貶められてきたからだ。[18]

女性は男性と同じ人間である。もしも身体能力や知的能力が男性よりも劣るように見えるとすれば、それは女性たちが、能力を伸ばす機会を奪われてきたからだ、とアミーンは言う。エジプトの女性は、裁縫や料理、アイロンがけができればいいと言われ、多くの場合、読み書きや、科学の基礎的な知識を習得する機会さえもたなかった。しかし、とアミーンは続ける。「芸術や産業、発明、高度な哲学は、いずれも男性と同様に女性にも目を向けるよう求めている。気高い女性が、現世や来世の真実や幸福を求めるがゆえに、それらについて学び、その秘宝を享受したいと強く望まないことがあろうか。男性と女性で志にどのような違いがあるのか。男子であれ、女子であれ、等しく目の前にある事柄に疑問を抱き、目の前で生じていることの原因を知りたいと思うのではないだろうか」[19]。女性たちは男性と同様に、読書に勤しみ、財産を得たいと願い、高い志や万事への好奇心を抱くものだという。

アミーンはまた、男性と同じ地位を得ることは女性にとっての権利であるとも述べる。その上で、次のようにつけ加えている。ただし、女性が労働市場で男性同様に成功するためには、相応の準備が必要である。現状のように、教育の男女格差ゆえに女性が不利になるとすれば、それは公平性や公正さに欠けた状態だと言わざるを得ない。それに現状では、貧しい女性や必要に迫られた女性が就業することを社会は許容するが、それ以外の女性については許されないという論調がある。しかし、いつ「必要に迫られる」かは、誰にも予測できない、と[20]。

かくして父親の最も重要な義務の一つは、娘に可能な限り、準備させておくことである。すべての父親は、息子の教育と同じように、娘の教育にも最大限の力を注がなければならない。娘が結婚すれば、その知識は弊害をもたらすどころか、彼女とその家族にとって有益になるだろう。娘が結婚しない場合や、結婚後に何らかの理由で離婚したり、寡婦になったりした場合、彼女は、生計を立てるために知識を適切に役立てることができる。そうして、快適で自立し、尊厳を保った生活を送ることが可能になるとアミーンは言う。

『女性の解放』や『新しい女性』の随所にあらわれるのが、性別の違いが、能力や役割、ふるまいの違いをもたらしたのではないという主張である。性別ゆえに教育や経験の違いがあることは、公平さや公正さの欠如であるともアミーンは述べている。こうした男女の平等や公平性にまつわる主張は、当時のエジプトでは決して一般的なものではなかった[21]。

イスラームの新たな理解

二つの著作でアミーンが提示したイスラーム理解もまた、当時のエジプト社会ではまだ目新しいものであった。彼はムハンマド・アブドゥからの影響を強く受けていた。アブドゥはイスラーム学者でありながら、西洋の知識や思想、実践に関心を持ち、積極的にそれらを採り入れ、変化する時代の要請に応じた合理的で倫理的なイスラームの解釈や実践を提案したことで知られている。その際の方法論は、アブドゥの言葉によれば、「〔先行する法学者への〕追従の軛から思考を解き放ち、初期イスラームの共同体において――〔法学派などの〕分岐が出現する以前に――行われていた方法で宗教を理解し、原典に基づいた知識の獲得に回帰する」[22]というものであった。アミーンの著書にも同様の思考回路や方法論が継承されている。以下では、「ヒジャーブ」と「婚姻」についてその点を見ていこう。

ヒジャーブ

一九世紀を通して、エジプトでは大半の女性が外套や布で顔を含む全身を覆っていた。中上流階層の場合、さらに家の壁や馬車などの乗り物によって、男性の視線から厳重に隠されていた。この慣習は「ヒジャーブ」と呼ばれ、イスラームの教義や、女性の敬虔さと慎ましさ、社会的地位の高さと経済的な豊かさに結びつけられ、その遵守が求められてきた[23]。

『女性の解放』の中でアミーンは、ヒジャーブに関して複数の観点から議論しているが、彼が特に強調したのが、当時のエジプトで「ヒジャーブ」という言葉が、本来のイスラームで求められている以上の意味を含んでいるという点であった。

アミーンによると、当時のエジプトでヒジャーブは、(1)女性の頭髪と胸部を覆うこと、(2)女性の顔と両手を覆うこと、(3)女性を家の中に隔離すること、(4)女性が他人の男性と交流するのを禁じること、という四つの意味を含むものと捉えられていた。ところが、啓典クルアーンや預言者の伝承録であるハディース、そして過去の学者たちの見解を精査すると、イスラームで必要とされているのは、(1)女性の頭髪と胸部を覆うことのみであると分かる。加えて、時代状況を考えると、現行のヒジャーブ（(1)から(4)までを含むもの）を実践することは、合理的でも倫理的でもないという。

行き過ぎた「ヒジャーブ」をやめて、本来の、神が示したヒジャーブ――女性の頭髪と胸部を覆うこと――に戻すべきだというアミーンの言葉は、彼の著作の中でも、特に多くの批判にさらされた。ただしアミーンは、それを、有無を言わせず、ただちに実行に移すべき事柄だと主張したわけではなかった。『女性の解放』の「女性のヒジャーブ」の最後には次のようにある。

本書を締めくくるにあたって、読者に伝えなければならないのは、現在の女性たちに対してヒジャーブの伝統を即座に放棄せよと言いたいわけではないということだ。こうした革命的な行為は、あらゆる突然の変化と同じように、おそらく堕落をもたらすだろうし、その目標に達することはない。むしろ私が求めているのは、娘たちが若い頃から、こうした変化に向けて準備する環境を整えることである。娘たちは徐々に自立心を芽生えさせ、貞節さとは精神的な素養であって、決して体を隠す衣服の問題ではないと分かるだろう。[24]

重要なのはヒジャーブの有無ではなく、娘たちが自立心や貞節さ、そして、精神的素養を育むことであるとアミーンは強調した。彼にとってヒジャーブをめぐる改革とは、次世代を育てる中で、ゆっくりと進めるべきものだったのである。[25]

婚姻

エジプトのムスリムの間で婚姻関係内での男女の不均衡が問題視されるようになったのは、近代的な司法制度や法律が普及し始めた一九世紀終わりのことである。伝統的なイスラーム法学で婚姻は、「性交から得られる快楽と婚資の対価関係に立つ一種の有償契約[26]」と捉えられてきた。男性は同時に四人まで妻をもつことが許容され、離婚（婚姻契約の解消）においても男性だけに大きな権限が与えられていた。たとえばエジプトで主流な法学派だったハナフィー派の場合、夫（や妻）に離婚の意思があるかないかにかかわらず、夫が離婚にまつわる一定の文言（「お前を離婚する」「お前は解き放たれた」など）を述べると直ちに離婚が成立すると考えられていた。一方、婚姻契約の不備や夫の棄教などのわずかな例外をのぞいて、妻からの離婚の要求は認められなかった。[27]

アミーンが『女性の解放』を執筆したのはそうした状況下であった。「家族」と題する章の冒頭で、彼は次のように述べている。

イスラーム法学者の著書には、結婚を「男性が女性と同衾するための契約」と捉えていると分かる記述がある。その中には、夫と妻の間に肉体的な欲望以外のものがあることを示す表現が一つもない。これらの書物は、善き男女が互いに対して求める、最も重要な精神的な義務について何も語っていない。クルアーンは結婚について明確に定義している。文明化した国々のいかなる法をみても、クルアーンの定義以上に的確なものはないと思う。至高なるアッラーは次のようにのたまう。

《かれ〔アッラー〕の印の一つではないか。あなた方は彼女らによって安らぎを得るよう（取り計らわれ）、あなた方の間に愛と情けの念を植えつけられる》〔三〇―二一〕[28]。

神がクルアーンを通して、婚姻とは夫婦の愛情に基づくべき行為であると示したにもかかわらず、イスラーム学者らはそのことを看過した。そして、婚姻は男性が女性と性的関係を結ぶための契約であるという卑俗な定義を示した。これは学者によるイスラームの曲解であると非難した上で、アミーンは読者に、神が求めるような愛情ある結婚をすることを呼びかける。そして、そのためには結婚前に相手を知り、男女ともに自ら相手を選ぶこと（少なくとも結婚について自らの意思で同意すること）が重要だと述べている[29]。

人々が日常の中で直面する問題の多くが、イスラームに由来するものではなく、しばしばイスラームとして誤って認識された慣習によって引き起こされているとアミーンは考えていた。慣習である以上、それに固執する必要はなく、むしろ、日々の変化は神の御心によるのだから、変化には柔軟に対応していくことがイスラームの正しい実践だと彼は主張した。そこで一夫多妻婚や離婚について、アミーンは次のように述べる。「今日の男性は、この〔一夫多妻婚の〕慣習を捨て去るほうがよいだろう。そうしたからといって、後世の人々が悔やむとは思えない。女性との関係は、現在では肉体的欲望よりも精神的な側面がより重要となっている」[30]「証人のいない離婚の宣言は法的に成立しないと、なぜわれわれは認めないのか。そうすれば、意図しなかったり、怒りのあまりつい口にしたりした、多数の離婚の成立を阻止できるはずだ。かかる判断ができれば、クルアーンの章句とも一致し、人々の利益を守ることにつながると考える」[31]。アミーンが重視したのは、過去の法解釈をそのまま受け継ぐことではなく、現在や未来に目を向けつつ、神の意図を自ら改めて考えることであった。

ただし、アミーン自身も予期していた通り、その主張は当時のエジプトの人々にとって馴染みあるものではなかった。『女性の解放』も『新しい女性』も非難の的になった。アミーンは繰り返し、自分はイスラームの伝統を否定するつもりも、外国の慣習を模倣するつもりもないと強調したが、その著作はイスラームを否定し、外国を模倣するものとして激しく批判された[32]。

4 アミーンとその後のフェミニズム

カースィム・アミーンの議論や、それに対する同時代の人々の批判や抵抗は、後のエジプトでフェミニズムを牽引した次世代の女性たちによっても記憶されている。

中流階層家庭出身のナバウィーヤ・ムーサー（一八八六―一九五一）[33]は、一九〇〇年代の終わりに、エジプトのムスリム女性として最も早い時期に顔覆いを外したことで知られている。それは、ナバウィーヤがサニーヤ校の教員養成課程を卒業し、母校の公立小学校女子部の教員になった数年後のことであった。彼女が後に著した随筆「ヒジャーブを外したこと」には、アミーンの著作がきっかけの一つだったことが記されている。

私はヒジャーブを外すことを望んでいました。そのことについてこれまで書き記したことはありません。故カースィム・アミーン氏の本を読み感銘を受けたものの、私は言葉で慣習を変えることはできないと考えました。言葉にするとエジプトの人々はあることないことを言いながら批判するばかりです。……私は言葉ではなく行動で呼びかけることにしました。私の装いは、私が東洋の人間であることを示していたので、顔と両手をあらわすことにしました。これは預言者の慣行と啓典で許されたことなのだから！　実際、誰も私のことを悪く言いませんでした。[34]

アミーンの著作を読み、感銘を受けたナバウィーヤは、ヒジャーブを外すことについて自らの行動で呼びかけることにした。アミーンを批判した人々も、同じことを行動で示した彼女に対して悪く言わなかったという。[35]

二〇代半ばのナバウィーヤが人前で顔覆いを外したのは、アミーンの『女性の解放』が刊行されてから一〇年近く経った後のことであり、彼女自身、教員として勤め始めてからしばらく経ってからである。これは、自ら顔覆いを外す女性があらわれ、周囲がそれを受け入れる準備が整うまでに、（アミーンが示唆したように）相応の時間がかかったということを示しているのだろう。

アミーンの著作の影響は、ナバウィーヤの著書『女性と労働』（一九二〇）にもみられる。同書の中でナバウィーヤが強調したのが、性別の違いが能力や性質、適性の違いをもたらすのではないという点であった[36]。確かに、女性の身体は一般に男性のものより小さいが、身長が低く痩せた男性が、身体の大きな男性に劣らないのと同様に、女性は自分よりも身体の大きな男性と同じことができると彼女は主張した。そして、女性が女性であるというだけで教育の機会を奪われてきたことや、一部の下層の女性たちが、知識がないために低賃金で過酷な労働をさせられ、時に性的な搾取も受けてきたという状況が放置されてきたことを非難した。

ナバウィーヤにとって教育が重要なのは、それによって女性たちの選択肢が増えるからである。たとえば、教育を受けた女性であれば、現在男性がそうしているように、店舗を経営したり、教育にたずさわったり、医療や法務の関係で、あるいは政府機関で、待遇のよい仕事に就くことができる。就業を念頭に教育が必要なのは、生活費を稼がねばならない下層の女性だけの話ではない。中上流階層であっても、結婚しない場合や、突然配偶者や保護者など、一家の大黒柱を失うことは充分考えられる。ナバウィーヤのこうした議論は、数十年前のアミーンの著作を思い起こさせるものである。

二〇世紀前半のエジプトで情熱をもって女子教育に尽力したナバウィーヤは、やがてエジプト初の女性校長になり、文部省管轄の女子学校監査官に任じられた。彼女は生涯独身だったが、生活に困ることはなかった。

富裕層出身で、人々の目から厳重に覆い隠され、家庭教師による教育を受けて育ったフダー・シャアラーウィーもまた、晩年に著した回想録[37]の中で、アミーンに度々言及している。たとえば、『女性の解放』が出版された当時を振り返りつつ、フダーは次のように述べた。

その頃、カースィム・アミーンの著作『女性の解放』が出版されました。同書は、女性の教育と解放を通じた根本的改革の必要性を世間に知らしめるものでした。それは覚醒の礎を築くための最初の一石となりましたが、世論からの激しい否定や抵抗に遭いました。そのことでカースィムの心は打ちのめされましたが、彼が大胆で勇気のある方法で示した真のメッセージが損なわれることはありませんでした。当時女性たちまでもが、カースィム・アミーンの発言や主張を非難する声を、私たちは何度も耳にしました。それが女性のためのものだったにもかかわらず、です。彼女たちは、自分たちが無能な状態に置かれているという言葉にプライドを傷つけられたのです。[38]

『女性の解放』が刊行された後、男性だけでなく女性たちもアミーンを批判し、アミーンは深く傷ついた。それでも彼のメッセージの価値は損なわれなかったとフダーは回顧する。

フダーが女性のための慈善活動や講演会を主催するようになったのは、一九〇〇年代の終わりのことである。一九一四年にエジプトを保護国としたイギリスに対する人々の反感が高まると、フダーは女性たちとともに反英運動に加わった。フダーが初めて馬車を降りて、顔覆いをしたまま、他の女性たちと徒歩で通りを練り歩き、シュプレヒコールをあげたのは一九一九年、彼女が三九歳の時である。そして一九二二年にエジプトの独立を祝った翌年の一九二三年、四三歳のフダーはエジプト女性連合を結成した。

アミーンの著作がフダーや彼女が率いたエジプト女性連合に影響を与えていたことは、一九二三年にローマで開催された国際女性参政権会議での彼女のスピーチからもうかがえる。四三カ国の代表団が集まった席で、エジプト代表として壇上に立ったフダーは、これまでのエジプトではイスラームの教えが歪められ、そのために女性たちは苦しみ、社会に害が及んできたこと、しかし状況は改善しつつあることを報告した。そして「西洋の人々が厳しく非難する」一夫多妻について、次のように述べた。

聖なるクルアーンは妻の数を四人までとしていますが、それは神がイスラーム以前のアラブの人々の間に広まっていたこの慣習を奨励するために示したものではなかったと私は考えています。なぜなら、クルアーンには以下のような言葉があるからです。
《公平にしてやれそうにもないのならば、只一人だけ〔にしておきなさい〕》
《あなた方は妻たちに対して公平にしようとしても、到底できないだろう。あなた方は〔そう〕望んでも》
つまり、家庭内に不和をもたらし、母親の違う兄弟姉妹の間に敵意を生むようなこの慣習を廃止し、人々を分け隔てない〔元来の〕シャリーアの規定に戻るよう求めることは、私たちにとって正当なことなのです。[39]

一夫多妻婚に関する自身の理解を示したフダーは、この慣習が、教育の浸透によって少しずつ減ってきていることにも言及している。自尊心を高めた女性たちは夫が他の妻を娶ることを拒否し、家庭での幸福と心の平穏を願う男性たちは不和の要因を持ち込もうとは考えなくなったという。[40]
国際女性参政権会議の帰途、フダーはそれまで人前で長らく用いてきた顔覆いを外すことを決意した。

「会議の場では、皆の前で顔を覆わなかったのだから、堂々と、顔を覆わずに故郷に戻るべきだ」と考えたからである。顔覆いを取り去った姿でカイロ駅に降り立ったフダーを出迎えた女性たちは歓声をあげた。中には彼女に倣って自分の顔覆いを外す者もいたという。[41]

エジプトに戻ったフダーやエジプト女性連合のメンバーは賛否両方の声に迎えられた。ある時、フダーは連合に対して批判的なイスラーム学者の一人を名指し、新聞紙上に次のような内容の書簡を投稿した。エジプト女性連合のメンバーが国際女性参政権会議に参加したのは、（学者が考えるように）一夫多妻の廃止や婚姻や離婚をめぐる法の改正を求めるためではなく、西洋女性に現実のエジプト人女性の姿を見せたかったからである、と。「西洋の女性はエジプト人女性について何も知らないか、植民地主義思想のもとで書かれた本からの偏った知識をもっています。彼女たちに、今のエジプトの女性は西洋の姉妹とほとんど同等の文明の中にいること、西洋の女性が望むような権利を、イスラームという宗教が私たちに与えていることを伝えるためでした」。[42]

フダーはまた、エジプトの女性たちが、「宗教に反しない範囲」で、西洋の女性らの道徳や慣習、礼節を学ぶ必要があると考えたことにも触れ、ただし、会議で発議された事柄すべてに賛成して従うというわけではないともつけ加えた。[43] そして教育における男女平等以外の改革は、国内で議論しながら進めていくつもりであると、慎重に言葉を選んでいる。

こうしたフダーの姿勢は、アミーンの著作の刊行から四半世紀を経たエジプトにおいても、イスラームと女性の地位に関する旧来の理解が根強くあったことを示唆している。フダーは生涯を通して、エジプト女性連合や他のフェミニズム団体とともに、女性参政権獲得や不平等な家族法の改正のための活動を続けた。エジプトで女性の参政権獲得が実現したのは、一九五六年、フダーがこの世を去ってから九年後のことである。家族法改正をめぐっては、一九二〇年以来、少しずつ改善された点もあったが、二〇二四年現在に至るまで、アミーンがかつて指摘したような、根本部分についての議論が続いている。[44]

5　おわりに

以上、本稿では、カースィム・アミーンの経歴と、その著書のいくつかの特徴、そしてアミーンの後を生きた女性たちの思索や経験について見てきた。アミーンの経歴が物語るのは、彼が西洋の思想や価値観、技術や豊かさに触れ、それらに魅力を感じた一方で、列強による政治的・文化的な支配に対する焦慮を抱いた世代の一人であったということである。アミーンのフランス滞在は、近代エジプトで最初の民族主義運動や、イギリスによる軍事占領の時期と重なった。帰国後、新しい国家の担い手の一人となり、エジプトを強く、豊かにする方法を模索する中で、アミーンは女性が置かれた状況を問題化し、その改善について論じた。アミーンが女性の解放を「近代化事業のための道具」と捉えていたのか、真に公正な社会を求めていたのか、あるいはその両方だったのか、彼の著作から判断することは難しい。たとえば、男性を読者に想定した独特の論法も、実は戦略であり、社会を牛耳る男性たちに耳を傾けさせ、その意識改革を促そうとしていたと見ることもできるからである。[45]

『女性の解放』と『新しい女性』という二つの著作について、これまで注目されてきたのは、「国家」や「男性」のために、女性が何をなしうるのか、どう変わるべきなのかを論じた部分であった。一方、本稿ではそれとは異なる特徴として、男女間の本質的平等という思想とイスラームの新たな理解に基づく、社会改革の呼びかけに着目した。男女の能力に差があるとすれば、それは女性が男性と比べて長らく能力を高める機会を奪われてきたからであり、女性が男性と同等になろうとすることは、彼女の権利であるとアミーンは主張した。そして、現状において女性を抑圧するさまざまな事柄——顔覆いの着用や隔離を含むヒジャーブ、家族法のあり方をめぐる理解など——は、イスラームではなく慣習によるものであるとアミーンは主張した。だからこそ、それらについての改革の呼びかけは可能である、と。

アミーンをエジプトのフェミニズムに位置づける際に、以上で述べた特徴が重要だと思われるのは、それが後の運動を担った女性たちの思索や経験としばしば重なるからである。ナバウィーヤ・ムーサーもフダー・シャアラーウィーも、男女間の本質的平等やイスラームの新たな理解の正当性を疑うことなく、それらを出発点として考え、活動していた。その意味において、アミーンは後のフェミニズムの発展に必要な土台の一部を提供したと言うこともできそうである。

アミーンによるフェミニズムへの貢献はそれだけではない。フダーやナバウィーヤの言葉から分かるのは、彼が批判や抵抗を一身に受けながら議論を喚起した後に、女性たちが進みうる道ができていったということである。「娘たち」——次世代の女性たち——にとって状況が改善するようにと、身体を張って茨の道を歩んだのだとすれば、その点においてカースィム・アミーンを、エジプトの「フェミニズムの父」の一人と呼ぶこともできるのではないか。

エジプトの教育博物館での展示「女子教育」，2018年8月12日筆者撮影。
壁の両側には，リファーア・タフターウィー（左上），ムハンマド・アブドゥ（左中）をはじめ，女子教育の普及に関わった人々の肖像画が掲げられている。中央上のやや大きな3枚の肖像画は，左がナバウィーヤ・ムーサー，右がフダー・シャアラーウィー，中央の上部がカースィム・アミーンである。

1922	英，エジプトの独立を宣言（その後も完全な独立を求める運動が続く）
1923	エジプト女性連合結成，フダー・シャアラーウィーとナバウィーヤ・ムーサーがローマでの国際女性参政権会議に参加。フダーが帰国後の駅で顔覆いを外す

関連年表

1832	官立助産婦学校開設
	外国キリスト教ミッショナリーによる女子学校設立開始
1853	コプト・キリスト教系の女子学校設立
1863	**カースィム・アミーンの誕生**
1873	最初の官立女子学校開設
	リファーア・タフターウィー『娘たちと息子たちのための信頼できる指南書』
1876	近代化事業による財政破綻，エジプトは英仏の管理下に入る
1879	フダー・シャアラーウィー誕生
1881	カースィム・アミーン渡仏
	「エジプト人のためのエジプト」をスローガンとするウラービー運動が起こる
1882	エジプトが英軍事占領下に入る
1884	アフガーニーとアブドゥがパリで雑誌『固き絆』を創刊
1885	カースィム・アミーン仏より帰国
1886	ナバウィーヤ・ムーサー誕生
1889	官立女子学校（サニーヤ校）に教員養成課程が開設される
1892	アーイシャ・タイムール『諸事への熟視をうつす鏡』
	ヒンド・ナウファルが最初の女性雑誌『若き娘』を創刊
1893	ダルクール公爵『エジプトとエジプト人』
1894	カースィム・アミーンがカイロ控訴院裁判長に就任
	カースィム・アミーン『エジプト人』
1895	カイロのアッバース小学校に女子部設立
1898	ラシード・リダー，カイロで週刊誌『マナール』を創刊
1899	**カースィム・アミーン『女性の解放』**
1900	**カースィム・アミーン『新しい女性』**
1904	ザイナブ・ファウワーズ『ザイナブの書簡』
1907	ナバウィーヤ・ムーサーが高校卒業資格試験を受験，合格
1908	カースィム・アミーン死去（44歳）
	エジプト大学（現カイロ大学）の設立
1909	エジプト大学で女性のための公開講義を開始
	この頃ナバウィーヤ・ムーサーが顔覆いを外す
1910	マラク・ヒフニー・ナースィフ『女性をめぐって』
1914	イギリスの保護国となる
1919	反英独立運動
	フダー・シャアラーウィー率いる女性たちのデモ行進
1920	ナバウィーヤ・ムーサー『女性と労働』

注

（1）アブー＝ルゴド、ライラ編著『「女性をつくりかえる」という思想——中東におけるフェミニズムと近代性』後藤絵美・竹村和朗・千代崎未央・鳥山純子・宮原麻子訳、明石書店、二〇〇九年、四八三頁、Hoda A. Yousef, "The Other Legacy of Qasim Amin: The View from 1908", *International Journal of Middle East Studies* 54, 2022, pp. 505–523, p. 506.

（2）Beth Baron, *The Women's Awakening in Egypt: Culture, Society, and the Press*, New Haven/ London: Yale University Press, 1994; Margot Badran, *Feminists, Islam, and Nation: Gender and the Making of Modern Egypt*, Cairo: The American University in Cairo Press, 1996.

（3）アハメド、ライラ『イスラームにおける女性とジェンダー——近代論争の歴史的根源』林正雄・岡真理・本合陽・熊谷滋子・森野和弥訳、法政大学出版局、二〇〇〇年、二〇六－二四二頁、ミッチェル、ティモシー『エジプトを植民地化する——博覧会世界と規律訓練的権力』大塚和夫・赤堀雅幸訳、法政大学出版局、二〇一四年、一六四－一六六頁。

（4）Badran, *Feminists*, pp. 19–20.

（5）エジプトとアラブ地域におけるフェミニズムの草創期については、後藤絵美「アラブの近代とフェミニズムの開花」姜尚中監修『アジア人物史10 民族解放の夢［19～20世紀］』集英社、二〇二三年、五八五－六一〇頁を参照されたい。

（6）後藤「アラブの近代とフェミニズムの開花」五八八－五八九頁。

（7）al-Ittiḥād al-nisā'ī al-miṣrī がそのフランス語名を l'Union féministe égyptienne としたことによる（Badran, *Feminists*, p. 19）。

（8）フダー・シャアラーウィーとエジプト女性連合については後述。フダーについての詳細は、後藤絵美「ヴェールを外すこと——《憧れ》にうつるエジプトの近代」山口みどり・中野嘉子編著『憧れの感情史——アジアの近代と〈新しい女性〉』作品社、二〇二三年、六一－九三頁も参照されたい。

（9）カースィム・アミーンについては主に以下を参照した。竹田新「カースィム・アミーンと『女性の解放』——(1)『女性の解放』出版に至るまで」『アラブ・イスラム研究』六号、二〇〇八年、九五－一〇七頁、Muḥammad 'Imāra,

Qāsim Amīn: Taḥrīr al-mar'a wa al-tamaddun al-Islāmī, Cairo: Dār al-Shurūq, 1988; Rajab Sa'd al-Sayyid, *Jiddī Qāsim Amīn*, Cairo: Dār al-Ma'ārif, 2011; Amīna al-Bandārī, "Taqdīm al-mujallad" in *Taḥrīr al-mar'a, ta'līf Qāsim Amīn/ Tarbiya al-mar'a wa al-ḥijāb, ta'līf Muḥammad Ṭal'at Ḥarb*, Alexsandria and Cairo: Maktaba al-Iskandarīya, 2012.

（10）フランス人法律家を校長として一八六八年に開設された公立校で、そこではイスラーム法とフランス法の両方が教授されていた（"Amin, Qasim", in Arthur Goldschmidt, Jr., *Biographical Dictionary of Modern Egypt*, Cairo: The American University in Cairo Press, 2000, p. 22; J. Heyworth-Dunne, *An Introduction to the History of Education in Modern Egypt*, London: Luzac & Co., ca. 1938, pp. 353, 396)。

（11）アミーンは司法行政学校時代にアフガーニーの講義に参加しており、列強の攻勢に対抗するための宗教改革とムスリムの連帯の必要性を訴えるその思想の影響を受けていた。

（12）外国人との民事・商事事件を管轄する裁判所。エジプト人と外国人の判事で構成される。

（13）'Imāra, *Qāsim Amīn*, p. 27.

（14）Yousef, "The Other Legacy of Qasim Amin", p. 511.

（15）「女性の地位が低下すれば、国は凋落し、野蛮になる一方で、女性の地位が向上すれば、国や文明も発展してきた」（「序章」『女性の解放』八頁）。

（16）「女性の家庭への義務」『新しい女性』二二四頁。

（17）アハメド『イスラームにおける女性とジェンダー』二二五－二二七頁。

（18）「女性の教育」『女性の解放』一七頁。

（19）同前、二二－二三頁。

（20）「女性の自身への義務」『新しい女性』二一〇頁。

（21）al-Bandārī, "Taqdīm al-mujallad", pp. 31–32.

（22）Muḥammad 'Abduh, *al-A'māl al-Kāmila li Imām al-Shaykh Muḥammad 'Abduh*, Muḥammad 'Imāra (ed.), 5 vols., Cairo/ Beirut: Dār al-Shurūq, 2006, vol. 2, p. 312.

（23）ヒジャーブに関する議論やそれが用いられていた当時の状況については後藤「ヴェールを外すこと」六四－七二

頁を参照されたい。

(24) 「女性のヒジャーブ」『女性の解放』八〇頁。

(25) 改革の進め方については『女性の解放』の「はじめに」も参照されたい。

(26) 柳橋博之『イスラーム家族法』創文社、二〇〇一年、一二頁。

(27) エジプトの家族法の問題化とその後の展開については、後藤絵美「エジプトの「家族法」」長沢栄治監修、森田豊子・小野仁美編著『結婚と離婚』(イスラーム・ジェンダー・スタディーズ1)明石書店、二〇一九年、一五八―一六五頁を参照されたい。

(28) 「家族」『女性の解放』一〇一―一〇二頁。

(29) 同前、一〇一―一〇五頁。

(30) 同前、一一四頁。

(31) 同前、一二八―一二九頁。

(32) 「結論」『新しい女性』二七二頁を参照のこと。バドランによると、『女性の解放』に対して少なくとも三〇の怒りに満ちた反論があったという(Badran, *Feminists*, p. 258, 注78)。特にイスラームの理解に関して強く反論したのが、ハサナイン・ブーラーキーやタルアト・ハルブである。反論をめぐる詳細はJuan Recardo Cole, "Feminism, Class, and Islam in Turn-of-the-Century Egypt", *International Journal of Middle East Studies* 13(4), 1981, pp. 387–407を参照されたい。

(33) ナバウィーヤ・ムーサーについては、後藤「アラブの近代とフェミニズムの開花」六〇一―六〇四頁および千代崎未央「植民地主義・性差別と闘ったエジプトの女性教師」岡真理・後藤絵美編『記憶と記録にみる女性たちと百年』(イスラーム・ジェンダー・スタディーズ5)明石書店、二〇二三年、一一四―一一九頁を参照のこと。なお本稿では、女性名については、ファーストネームを用いて呼ぶ。これはエジプト人の場合、本人の名の後に父親の名前が続くことがあり、通常の呼び方をした場合、男性名(父親の名)となるからである。

(34) Nabawīya Mūsā, *Tārīkhī bi-Qalamī*, Cairo: Multaqan al-Mar'a wa al-Dhākira, p. 78.

(35) ただし、批判的な視線や言葉を投げかけられた経験がなかったわけではない。この点については後藤「ヴェールを外すこと」七〇―七一頁を参照されたい。

(36) Nabawīya Mūsā, *al-Mar'a wal-'Amal*, Cairo: Mu'assasa Hindāwī lil-Ta'līm wa al-Thaqāfa, 2014, pp. 17–24; Nabawiya Musa, Ali Badran and Margot Badran trans., "The Difference between Men and Women and Their Capacities for Work" in Margot Badran and miriam cooke eds., *Opening the Gates: An Anthology of Arab Feminist Writing*, 2nd edition, Bloomington and Indianapolis: Indiana University Press, 2004, pp. 263–269.

(37) 一九四〇年代に六〇代半ばのフダーの口述を秘書が書き留めたもの。フダーの死後、一九八一年に出版された。同書については後藤「ヴェールを外すこと」を参照されたい。

(38) Hudā Sha'rāwī, *Mudhakkirāt Hudā Sha'rāwī*, Beirut/ Cairo/ Tunis: al-Tanwīr, 2013, p. 70.

(39) Ibid., p. 162.

(40) Ibid.

(41) 後藤「ヴェールを外すこと」八四頁。ヒジャーブに関してもフダーはアミーンの名を思い起こしている。一九二五年にアメリカ女性団体の集会で講演をした際、フダーはこう語ったという。かつてエジプトでは、慣習によって、一一、一二歳の少女たちがヒジャーブを課せられてきた。十分な教育を受けていなかったために、少女たちは「それがクルアーンで命じられる宗教的義務である」という人々の言葉を簡単に信じて、顔を覆い、隔離されてきた。それが不正な誤りであることを最初に指摘したのがカースィム・アミーンであった、と（Jurjīt 'Aṭīya Ibrāhīm, *Hudā Sha'rāwī: Al-Zaman wa al-riyāda*, 2 vols, Cairo: Dār al-'Aṭīya li-l-Nashr, n.d., vol. 2, pp. 33–39）。

(42) Hudā Sha'rāwī, *Mudhakkirāt*, p. 169.

(43) Ibid., p. 170.

(44) 家族法の改正に関しては前出の後藤「エジプトの「家族法」」を参照されたい。エジプトでの家族法をめぐる近年の議論については、竹村和朗「「6月30日革命」体制におけるアズハルの独立と統制——新身分法制定をめぐって」『中東研究』五四七（二〇二三年一号、二九—四一頁）が詳しい。現代においても口頭で離婚が成立することの問題点が論じられるなど、アミーンの主張が今でも一定の意味をもつことが分かる。

(45) この点について al-Bandārī, "Taqdīm al-mujallad", pp. 85–87 にも同様の指摘がある。

解説2　アラブ近代思想におけるカースィム・アミーンの女性解放論

岡崎弘樹

1　本書の成り立ち

本書は、カースィム・アミーン（一八六三―一九〇八）の *Taḥrīr al-Mar'a*（『女性の解放』、一八九九年）ならびに *Al-Mar'a al-Jadīda*（『新しい女性』、一九〇〇年）の日本語訳である。アラビア語原文からの訳出にあたって、『女性の解放』については① *Taḥrīr al-Mar'a*, Hindawi, 2012 を底本として、② Amīnat al-Bandārī ed. *Taḥrīr al-Mar'a*, Dār al-Kitāb al-Miṣrī, 2012 と③ Muḥammad 'Imāra ed. Qāsim Amīn, *Al-A'māl al-kāmila*, Dār al-Shurūq, 1989 を参照している。[(1)] 一方、『新しい女性』については④ *Al-Mar'a al-Jadīda*, Hindawi, 2012 を底本としつつも、⑤ Muḥammad 'Imāra ed. Qāsim Amīn, *Al-A'māl al-kāmila*, Dār al-Shurūq, 1989 と⑥ *Al-Mar'a al-Jadīda*, Matba'at al-Sha'ab, 1911 を参照にしている。[(2)] さらに英訳版 Samiha Sidhom Peterson trans. *The Liberation of Women and the New Woman: Two Documents in the History of Egyptian Feminism*, American University in Cairo Press, 1993 をも参考にしている。[(3)]

アミーンの女性解放論は同時代から後世に至るまでさまざまな論争を呼んできた。本書の注でも指摘しているが、『女性の解放』は刊行されてまもなく宗教界とエジプト・ナショナリストの双方から熾烈な批判にさらされた。アズハル大学のムハンマド・ハサナイン・ブーラーキー師（一九二五没）は、『女性の解放』の出版と同じ一八九九年に『女性の解放に含まれる欺瞞に対する傍らの友の警告』を刊行して、女性の隔離や慎ましさ、真のイスラームは何かをめぐって反論を繰り広げ、[4]また後にエジプト国立銀行の創設者として知られるタルアト・ハルブ（一八六七－一九四一）も一八九九年と一九〇一年に二冊の著書を刊行して女性の教育を支持しながらも、貞操の維持という立場から女性の公的な場への参加に関しては明確に反対した。[5]アミーンの『新しい女性』には、こうしたさまざまな立場からの批判に対する反論が展開された。

とはいえ、アミーンはまもなく宗教界における「イスラーム改革主義者」と後に呼ばれるラシード・リダー（一八六五－一九三五）を代表とする潮流[6]や、サアド・ザグルール（一八五九－一九二七）などの開明的なエジプト・ナショナリスト政治家、一〇年以上を経て「砂漠の探究者」ことマラク・ヒフニー・ナースィフ（一八八六－一九一八）といった新世代の女性論客によって擁護されることになる。アミーンの女性解放論は、植民地主義権力にさらされるイスラーム諸地域の人々の連帯の呼びかけとともに、社会の内側からの漸進的な改革論と結びついていた。かくして『女性の解放』についてはアラビア語原文が出版されてから間もなくペルシア語版（一九〇〇）[7]、ウルドゥー語版（一九〇三）、オスマン・トルコ語版（一九〇八）、タタール語版（一九〇八）、ロシア語版（一九一二）などが刊行され、[8]イスラーム地域の多数で一定の読者層に読まれたことは知られている。

アラブ・イスラーム世界におけるいわば「近代フェミニズムのマニフェスト」として読み継がれてきたアミーンの重要性は、とりわけ一九七六年にムハンマド・イマーラ編集『カースィム・アミーン全集』（全二巻）[9]が刊行されて以後、二つの意味で再確認されることになった。ひとつは一九七〇年代以降におけるイスラーム復興現象の中でヒジャーブを着用する女性が増え始め、それまでの女性の解放＝ヴェールを脱ぐという単純な図式が成り立たなくなったことである。[10] もうひとつは、それまで民族主義思想やマルクス主義思想に傾倒していた多数のアラブ知識人が、同時代のイスラーム復興現象を理解するため、一九世紀中葉から二〇世紀初頭の近代黎明期におけるナフダ（復興）思想、とりわけムハンマド・アブドゥをはじめとするイスラーム改革主義の流れに手がかりを求めるようになったということである。アブドゥの忠実な弟子であったアミーンの思想は、一九七〇年代以降と近代黎明期という二つの時代の女性解放論をつなぐ結節点とみなされた。アミーン全集の第二版が一九八九年に、英訳版が一九九三年に刊行されたのも、かかる時代状況を受けてのことであっただろう。

日本語訳で読める代表的なアミーン論は、おそらくライラ・アハメドの『イスラームにおける女性とジェンダー』（英語の原書は一九九二年刊行）における第八章「ヴェールに関する言説」であろう。だが、すでに多くの論者によって批判されているように、アハメドの分析を媒介としてアミーンの女性解放論を読み解くことは、かなりの曲解や誤読を生む。アハメドが着目するのは一九世紀における西洋のフェミニズム思想と植民地主義言説のねじれた関係である。アハメドによれば、とりわけヴィクトリア朝期の英国中産階級の信仰や慣行が「進化の過程の頂点」に立つものであり、「究極的な文明モデル」とみなされ、男性の女性に対する生物学的な優位性を唱える人類学などの新しい学問とともに当時の植民地支配の体制を思想的に支えたという。こうした思想の最たる担い手であり『近代エジプト』（*Modern Egypt*, 1908）で知られる稀代の植民地行政官クローマー卿は、英国の女性参政権に反対する男性連盟の創設メンバーであったにもかかわらず、エジプトではイスラームやヴェール着用の強制によって女性が抑圧されていると非難した。アハメドによれば、このような「西洋文明の本来的優越性とムスリム社会の本来的後進性」を認めながら、植民地主義をイデオロギー的に支えイスラーム地域への攻撃を正当化する二重基準の西洋フェミニズムの思想を、アラブの側で表明した人物こそ、カースィム・アミーンであったという。

女性の解放を主張しながら、徹底して父権主義者であるアミーンが唱えているのは実際のところ、ムスリム社会を西洋モデルに変えることであり、社会の外観をイスラーム式の男性支配から西洋式の男性支配に置き換えることだった。女性「解放」の訴えに偽装して、彼はネイティブの文化や社会に対する植民地主義者たちの攻撃を、その根本で再生産しながら、彼もまたネイティブの文化と社会を攻撃していたのだ。[11]

アハメドによる「西洋言説の焼き直し説」に対しては、英語圏のイスラーム・ジェンダー研究者がさまざまな形で批判している。批判者らによれば、アハメドはエジプトのフェミニストを伝統固有の価値を重んじる派と西洋的な価値を志向する派に単純に二分し、後者を貶める意図を持っていたとされる。またオスマン帝国内において西洋化志向をもった論者であれ、イスラーム固有の伝統を重んじる論者であれ、西洋思想を盲目的に受け入れて「複製」したわけではなく、つねに「選択」というプロセスがあったと強調される。[12]

『女性の解放』にせよ、『新しい女性』にせよ、一九世紀末のエジプトを生きた男性著述家の手によるフェミニズム論である。それがゆえに、女性の隔離の放棄や教育の必要性を説きながらも、同時に仕事に専念する男性を支える妻、子どもを適切に育てる母親、蔑視の対象である娼婦といった今日的基準とは必ずしもそぐわない良妻賢母像が示されている。アブー＝ルゴドが指摘する「近代ブルジョワ家族」に典型的な諸観念がみられ、その夫婦愛や科学教育が過度に理想化されていたという分析も正鵠を射ているだろう。[13]

とはいえ、アミーンの女性解放思想を考察する場合には、おそらく彼の思想の多面的な構造、ならびにそれを取り巻く当時のアラブの思想的文脈、すなわち「ナフダ」（復興）と言われる思想が全体として何を目指していたのかという文脈からの検討も欠かせない。すなわち単線的な進歩主義史観とフェミニズムという二面的な理解ではなく、同時代のアラブ人思想家が抱えた一連の問題群（専制主義、階級、自由、寛容、文明、イスラーム、複線的進歩主義史観）を多面的にとらえながら、その全体像の中にアミーンの女性解放思想を位置づけることが求められるのではないだろうか。そして還元主義的、本質主義的なアプローチを回避するカギとなるのが、宗教と慣習との区別を幾度も強調したアミーンのこの言葉ではないだろうか。

覆い布（ヒジャーブ）は決してわれわれ固有のものではないし、ムスリムが始めたものでもないことが分かるだろう。……かかる重要な問題は、宗教的な見地とともに社会的な見地から検討する必要がある。[14]

それでは宗教的見地とともに社会的見地から検討するというアプローチがいかなる意味を持つのかについて、エジプトの近代史を遡って考えてみたい。

2 「時代共有の精神」から考える

「エジプトにおける女性解放の発端は一八〇〇年[15]」と言われるように、近代社会における女性のあり方について初めて議論されたのは、ナポレオンのエジプト侵攻によってエジプト人とフランス人の間で直接的な摩擦が生じたときだとみられている。同時代の目撃者で歴史家であったジャバルティー（一七五四－一八二五）は、『エジプトのフランス統治時代』（一七九八）で、黒人女奴隷がエジプト人の主人の家を飛び出し解放を求めてフランス人の家に向かったといった「西洋の衝撃」を伝えた。ただ衝撃はあくまで衝撃であり、他者の文化の受容を意味するわけではない。ジャバルティーは、一部のフランス人将校がムスリムに改宗してエジプト人名士層の妻を娶ったが、彼女たちがフランス人女性のようにヴェールを着用しなくなり「慎みや恥じらいを捨てた」と嘆く。フランス軍の撤退後は一時的にヒジャーブを脱いだ女性も再び着用するようになったが、ジャバルティーにとってヒジャーブの放棄はムスリム社会における伝統や倫理観の放棄を意味していた[16]。

それに対して西洋社会に自ら飛び込んだ上で、近代社会における女性のあり方を再考したのが、リファーア・タフターウィー（一八〇一－一八七三）であった。ムハンマド・アリー体制下で一八二六年から一八三一年にかけて第一期派遣留学生としてフランスを訪れたタフターウィーは、『パリ要約のための黄金の精錬』（一八三四）に同地で見聞した社会や政治、文化について詳細に書き留めている。近代女性のあり方についても、エジプトでダンスは女性が男性の欲望を刺激する特技であるのに対し、フランスで舞踏会におけるダンスは道徳的な腐敗とは無縁な一種の芸術であり、体操のようなものだと説明する。このように他者の文化について倫理的な退廃や慎ましさの喪失と決めつけず、それとは切り離してある種の慣習として理解すべきという説明は、ヴェールについても同じであった。タフターウィーはフランスでの女性を尊重する態度は騎士道精神の賜物でもあるとしつつ、次のように語る。

皆さんから外国の女性について多数の質問が寄せられたので、その状況を明らかにしてきた。要約すれば、女性の貞節は、ヴェールを着用しているのか否かではなく、良い教育を受けているか否かによって決まる問題だ。ただ一人だけを愛し、浮気をせず、夫婦が仲むつまじいかによって決まる問題でもある。[17]

パリ見聞記である以上、エジプト社会における女性のあり方について詳しく論じているわけではない。とはいえ、ジャバルティーとは異なり、タフターウィーは宗教や文化、社会、政治、それぞれに固有の領域や論理があるという社会学的な認識を示し、ヴェール問題もこの一環としてとらえていたことが伺える。タフターウィーは『娘たちと息子たちのための信頼できる指南書』（一八七三、以下『指南書』と略す）において、エジプトにおけるヒジャーブ着用や女性外出時の男性の同伴について伝統的な見解を示すにとどめながらも、女子の隔離に反対し、女性のために読み書き計算をはじめとする初等教育を漸進的に制度化する重要性を訴えた。[18] かくして、タフターウィーはアラブ世界における近代的な意識を切り開いたナフダ（復興）第一世代の代表的な人物とみなされる。

ところが一八七〇年代に入ると、欧州列強による植民地分割の動きはエジプトにまで押し寄せた。イスマーイール専制体制による財政破綻、英仏二元管理体制、それに抵抗したウラービー革命の頓挫を経て、エジプトは英国の占領下に置かれることになる。かかる状況下で、ホウラーニーの言う通り、西洋はタフターウィーの時代のようにエジプトの内発的な改革のために「学ぶべき模範」だけではなく、「抑圧する側の敵」としも認識されるようになった。[19]

アラブ・イスラーム地域出身の知識人が欧米の読者に向かって直接語りかけるようになったのもこの時期である。最も知られているのは、フランスの文献学者エルネスト・ルナン（一八二三－一八九二）とイラン出身でムスリムの国際的な連帯を訴え続けたジャマールッディーン・アフガーニー（一八三八／三九－一八九七）の論争であろう。一八八三年にソルボンヌ大学で行われた「イスラームと科学」という題名の講演で、ルナンはとりわけオスマン帝国の支配下でイスラームが本来の教義から離れ、科学や哲学と対立し、教条主義や狂信を育む要因となったと主張する。そして、ヨーロッパの近代化は教会権力の弱体化によって成し遂げられたように、ムスリムの国々の近代化もまたイスラームから離れることで実現可能だとの見方を示した。これに対し、アフガーニーはムスリム社会の衰退はイスラームそれ自体ではなく専制主義の定着という政治によるものだと反論した。そして、ムスリム社会の近代化は啓蒙や学知を重んじるイスラーム本来の教えに戻りつつ植民地主義権力に抵抗するムスリムの連帯によって可能となるというのである。[20]

アフガーニーはウラービー革命前夜の一時期を除いて女性の解放について公に語ったことはなかった。だが、女性の権利拡大についてアラブ・イスラーム社会に固有のイデオロギーを基盤とする多元的で複線的な進歩主義史観の下で検討しなければならないという意識は、当時のナフダ知識人の間で共有されていただろう。後に「イスラーム改革主義」と呼ばれる潮流の代表的論客となったムハンマド・アブドゥは自ら編集する官報『エジプトの諸事実』において「人は結婚を必要としている」(一八八一年三月七日)や「一夫多妻婚に関するイスラーム法の判断」(同年同月八日)、「婚姻関係の利点」(同年同月一二日)といった論考を発表し、イスラームにおける一夫一婦婚の原則的推奨などを社会的、あるいは教義面から説明していく。[21] かくしてイマーラが指摘するように、後にアミーンが『女性の解放』や『新しい女性』を執筆するにあたり、アブドゥの思想に大きく負っている、あるいは記述自体にアブドゥの手が部分的に入っていることは十分考えられるだろう。[22]

いずれにせよ、女性の解放は決してイスラーム改革主義者のみによって表明されたわけではなく、アディーブ・イスハーク(一八五六―一八八五)やシブリー・シュマイイル(一八五〇―一九一七)といったシリア人キリスト教徒コミュニティー出身の論客とも共有された主題であった。アフガーニー・サークルの一翼を担ったシリア出身の論客イスハークは「女性の権利」という論考で、腕力と知性における男性優位を唱えたモンテスキューの見解や男性の満足のために存在するというルソーの女性像は、その後のフランス革命によって反証され、一九世紀にはふさわしくない時代遅れの女性観だと批判する。[23]

実際のところ、ジェンダーをめぐる課題について、西欧思想の受け売り、あるいはアハメドが主張するようなヴィクトリア朝の保守思想に代表される単純な文明発展史観はほとんど表明されなかったと考たシュマイイルは、同著を賞賛する手紙を送った。ダーウィン主義に基づく漸進主義的な変化を支持する正しくない」という立場を示したマラク・ヒフニー・ナースィフの論集『女性をめぐって』を受け取った見逃せない。またこの論争から二〇年以上を経た一九一〇年、「現在のところヒジャーブを脱ぐことは主治医であったことに鑑みれば、同じ雑誌の中で両者の間で開かれた議論が行われていたという前提は両者に直接的な関係はないといった反論を繰り広げる。[25] シュマイイルが結核を患っていたマカリウスの(Maryam Makariyus. 一八六〇―一八八八)は、脳や頭蓋骨が大きくとも知性が脆弱な場合もあることから、女性の論客によるさまざまな反論を特集していることである。たとえば、マリアム・マカリウス深いのは同じ『ムクタタフ』誌の次号（第一二号）で、このシュマイイルの「科学的な」見解に対して

この論考だけをみれば典型的、そして挑発的ともいえる生物学的還元主義論ではあるけれども、興味する前の下等生物を除いて雌が雄よりも優れていることはない」と結論する。[24]

れている」という見方を紹介しつつ、「あらゆる証拠に鑑みても、一部の下等生物か、人類に枝分かれ女性は優れていても、合理的ではなく機械的」、「ヨーロッパ史に鑑みれば、女性は男性よりも一世紀遅「男性の頭蓋骨は女性のそれよりも大きい」、「男性の脳は女性の脳よりも重い」、「商売や工芸においてHuschke）やポール・ブローカ（Paul Broca）などの人類学や解剖学、動物学的見地を持ち出す。その上でるヒポクラテスやアリストテレス以来の見方を支持するとともに、同時代のエミール・フシュケ（Emilな論考を発表する。シュマイイルは、体格や知性、倫理面において男性が女性よりも優位であったとす一八八七年、「女性と男性は果たして平等なのか？」（『ムクタタフ』誌第一一号）というきわめて挑発的えられる。アラブ世界にダーウィンの進化論を紹介した代表的論客であったシブリー・シュマイイルは

るシュマイイルによれば、無知のヴェールを脱がずして物理的なヴェールを一挙に脱ごうとしても何ら満足できる結果には至らないのであり、ナースィフはすでに他界したカースィム・アミーンの教えを忠実に引き継ぎ、実践しているというのである。[26]

このような互いの立場の尊重や対話の中にこそ真実や解決の糸口があるという態度は、イスラーム改革主義者も含めて同時代の精神として共有されていた。《アッラーは、自らを変えようとする人間だけをお変えになる》［一三―一一］。アブドゥらはクルアーンのこの章句を好んで引き合いに出すが、単純な護教論者ではなく、啓示とともに理性や合理性、人間の尊厳を重んじた近代的な人間を漸進的に生み出すことを最たる課題としていた。アブドゥが専制政治のヒエラルキー性を問題視しつつ、アズハル大学を含む教育機関や司法機関の自治にこだわり、また国会を開く前に市町村レベルの議会で人々が練習する必要を説くのも、何よりも自立した個人を目指す思想の一環であった。こうした「同時代の精神」の中にアミーンの女性解放論を位置づけるとき、その意義はおのずから明らかとなるだろう。

3　アミーンの『エジプト人』におけるオリエンタリズム批判

アミーンの思想全体を理解する上で、まず注目すべきはフランス語で書かれた『エジプト人――ダルクール公爵への反論』（一八九四）であろう。ダルクール公爵（一八三五―一八九五）が『エジプトとエジプト人』（一八九三）[27]にて文化本質主義的なエジプト人論を展開したことに対して、アミーンは次のように反論する。「どうしても認めることができなかったのは、われわれが貶められた地位から永遠に抜け出すことができない宿命を負っているという主張である」[28]。

ちょうど一〇年前のルナンとアフガーニーの論争を再燃させるかのように、エジプトの農民や女性を奴隷として短絡的に図式化するダルクールのオリエンタリズム的偏見に対してアミーンは、「見た事実を引用するわけでもなく、自覚的に厳しく判断しているわけでもなく、旅行者による検証不可能な証言を借りているだけだ」と批判する。アミーンの時代において農民は税制の改革にともなう暴力的な徴収や賦役の廃止によって生活状況を改善し、財産を増やし、公の場で政府の活動にも意見を述べるようになった。にもかかわらず、こうした論者はホテルの窓から、あるいは馬車の中から質素な貧しい人々を観察しながら、イスラームを敵視する小説の一節、特に一九世紀半ばのイスマーイール統治時代以前の状況を思い出しているだけだというのである[29]。

アミーンが永遠の劣等性を宿命とみなす支配の言説に対抗して持ち出すイデオロギーは、エジプトへの祖国愛である。エジプトのムスリムは言語と宗教においてアラブ人ではあるけれども、歴史的にはイスラームを受け入れた元コプト教徒、要するにもともと同じ共同体の人々にすぎない。英仏の植民地主義権力によってムスリムとコプト教徒の分断が図られたにせよ、「共通の不幸が彼ら〔エジプト人〕の間に愛国心という共通の感情を生み出し、宗教の差異よりも民族共同体を優越させた」。事実、ウラービー革命の際には英仏だけでなくトルコ人やコーカサス人の支配に対して、エジプトのムスリムとコプト教徒は手を取り合って戦ったというのである[30]。

この部分だけを読むと一世紀近くの後に書かれたパレスチナ人知識人エドワード・サイードの『オリエンタリズム』（一九七八）や『文化と帝国主義』（一九九三）と同じ論調のように思えるかもしれない。

だが、ムハンマド・アブドゥの忠実な弟子であるアミーンが、もう一つの重要な対抗イデオロギーとして持ち出すのは、ヨーロッパによって狂信の源として敵視されてきたイスラームである。

ダルクール公爵がエジプト人の農民について、本物の奴隷だと主張するのには本当に驚かされる……われわれは歴史的に、いかなる人種や宗教に属していようと、法によって個々人の機会不平等を確立したり、人間による人間の搾取を是認したことは一度もなかった。イスラームはある種の奴隷制を認めていたけれども、人間の尊厳についてより深く理解し、その侵害を決して受け入れなかった。[31]

アミーンの反論によれば、ムスリムは一日五回の礼拝時に行う沐浴によって心身ともに清潔さを保ち、また公益を重んじる精神により「財産の一部を貧者や学校設営のために残さないで亡くなる金持ちはほとんどいない」。モンテスキューは『法の精神』で黒人の劣等性を認めたが、ムスリムは人種や肌の色にかかわらず人間の自由と法の下での平等を尊んできたという点でフランス革命よりも一〇〇〇年先を歩んでいた。第二代正統カリフであったウマルが「私が道を逸脱したら正してくれ」と述べた際、ある信徒が「その場合は剣をもって正します」と述べたように、民主主義や普通選挙の精神も当初から育まれていた。こうしてアミーンは、「ヨーロッパの学者や政治家は、イスラームの社会制度を研究して自国の状況にも活用すれば、大きな利益を得ることができる」とまで言い切るのである。[32]

そもそも、このアミーンの『エジプト人』がフランス語からアラビア語に訳されたのは、原著刊行から八〇年以上を経たムハンマド・イマーラ編集『カースィム・アミーン全集』（一九七六）であったから、イマーラやムハンマド・ジャラール・キシュクをはじめとするエジプトのイスラーム主義的な傾向をもつ論客に大いに歓迎されたことは想像に難くない。[33]『エジプト人』におけるアミーンの次のような雄弁な語りは、イスラーム復興時代のイマーラたちの留飲を下げるに十分であっただろう。

私は狂信者には程遠いが、イスラームはいつか同じ信念で結ばれた全人類の団結を可能にする最高の旗印になると信じている。その単純明快さ、教義における神秘主義の完全なる排除、積極的な道徳性、あらゆる革新を受け入れる独自の能力、それを特徴づける幅広い寛容さによって、普遍的な宗教として美しき役割を演ずる資格を十分有していると信じている。そして、これこそが、私の誤解でなければ、クルアーンが思い描き、一瞬実現しかけた夢なのである。[34]

かかる情熱的なイスラーム擁護論の中で、後の『女性の解放』と『新しい女性』につながるような女性解放論が、『エジプト人』でも展開される。アミーンによれば、エジプトの農民だけでなく女性もまた奴隷に等しいというダルクールのお馴染みの図式と異なり、「エジプトの女性が家に閉じこもっているという主張は、絶対に間違っている」。彼女たちは、男性と同じく昼夜外出し、一人あるいは友人と外出したり、訪問したり、お客を受け入れたり、店で買い物をし、市場を歩き、娯楽施設にも出入りし、一人旅をすることもある。つまり、「われわれ男性がすることは、女性もすることができ、われわれが許可されていることは女性も許可され、同時に私たちが禁止されていることは、女性も禁止されている(35)。後進性や劣等性のレッテルとなっている一夫多妻婚についても、イスラーム法は「原則として妻は一人にしなさい」と説いており、伝統的な社会規範を維持している田舎の農民や、近代的な思想の下で育った都市部の若年層においてはほとんどみられない。一夫多妻婚は女性の扶養や父性の保証という意味でのみ存在するものの、非嫡出子といった問題はフランスの愛人文化にみられるような「西洋の産物」であり、中絶や嬰児殺しのような犯罪は「エジプトでは存在する理由がない」という。[36]

一見すれば〈裏返しのオリエンタリズム〉と言える単純な護教論に陥っているようにみえるかもしれないが、実のところアミーンはその淵のぎりぎりのところで踏みとどまっていたように思える。アミーンは、エジプトの女性には教育が必要であると認めつつも、エジプトにはエジプトの、ヨーロッパにはヨーロッパの慣習があるのだから、その差異を尊重すべきではないかと、ダルクールに説く。アミーンによれば、結婚はヨーロッパ人にとってはほとんど人生の終わりを意味するかもしれないが、ムスリムにとっては始まりを意味し、女性たちに対して「新しい魂と優しい心、鮮明な感覚」をいっそう与える。ムスリムの男は「舞踏会、オペラ、カフェ、コンサート、集会には行かないが、家に帰って妻や子どもと過ごし、余暇のすべてを家族に捧げる」[37]。要するに、東西それぞれの家族のあり方は決して同一ではない。アミーンはダルクールの著書を読んだときには体調を崩して一〇日間寝込んだというが、気を改めて筆をとったと友愛の精神をもって語りかける。そして飽くなき領土の拡大を企図するヨーロッパ人は「自らの行ないによってエジプト人が苦しみ、今も苦しんでいることを知るべきだ。正義に従って、われわれに行った悪事を改める義務が課されるべきだ[38]」と諭すのである。

4 『女性の解放』と『新しい女性』の位置づけ

以上のようなアミーンの議論を踏まえたうえで、五、六年後に刊行された『女性の解放』と『新しい女性』の二作はいかに読み解かれるべきであろうか。本書を読んだ読者であれば、この二作はこのようなイスラーム擁護論が相対的に抑制されているように感じられるだろう。むしろ女性の隔離や一夫多妻婚をはじめとする同時代の慣習が「本来のイスラームからの逸脱である」とアミーンが非難を強めていることも分かる。それゆえにイマーラが述べるように、「『エジプト人』で否定し、反駁していた見方を『女性の解放』で提示している」、すなわちイスラーム擁護からイスラーム非難へと「思想的に転向した」という解釈も成り立つかもしれない。[39] 確かにホアン・コールの言う通り、アミーンが結婚したのは『エジプト人』を書いた直後であったから、独身時代には分からなかった妻との現実の結婚生活の経験も無関係とは言えないだろう。[40]

しかし、ここで何よりも注意すべきは、前作『エジプト人』がフランス語でヨーロッパ人読者に向けて書かれたオリエンタリズム批判であるのに対し、『女性の解放』はアラビア語でエジプト人をはじめとするアラブ人、あるいはイスラーム地域の人々に向けて書かれた自己批判を含む内部からの漸進的改革を説く啓蒙書であったという点である。すなわち、ハミッド・ダバシが『ポスト・オリエンタリズム』で主張するように、アラブ人の手によって欧米語で書かれる作品は欧米の白人男性という歴史的に創られた「主体」に対する説得の試みに他ならない。だが、植民地主義的な意識に囚われた彼らに語りかけるだけでは不十分で、やはり問題の当事者たるエジプト人を相手にアラビア語で語りかけることこそが最重要課題であったのだろう。[41]

当然ながら『女性の解放』や『新しい女性』においても、女性に教育の機会を与えることは宗教だけでなく祖国の義務でもあるとして、エジプト・ナショナリズムを強調する姿勢は多々見られる。フランス滞在時代に目撃した軍事パレードへの人々の熱狂ぶりや国旗の掲揚すらも、エジプト人が見習うべき模範として強調されるが、そこには祖国エジプトが英国の占領下にあるという現実を何ら恥じない、すなわち帝国主義の論理を内面化しているような文人（ヒルバーウィー氏）に対するアミーンの憤りも垣間見られるだろう。

その一方で『女性の解放』以後に強調し始める「本来のイスラームからの逸脱」とは何を意図するのだろうか。アミーンの説明によれば、国家から家庭にいたるまでの専制ヒエラルキーの浸透や女性の隔離、教育からの排除をはじめとする悪しき慣習が「イスラーム」という宗教の皮をかぶり人々の精神を腐敗させている。宗教的な見地だけでなく、社会学的な見地からも再検討が必要であるというアプローチは、ヒジャーブをめぐる議論が最も分かりやすい。

私がヒジャーブを一度にすべてなくすべきという立場だと思い込んでいる人がいるだろう。だが、それは見当違いだ。むしろ私はヒジャーブを維持すべき礼儀作法（アダブ）の基礎だとみなして擁護し続けているのだが、とはいえイスラームの聖法（シャリーア）に則した形で実践されるべきと推奨しているのだ。法に基づくヒジャーブは、現在人々が慣れ親しんでいるヒジャーブとは別物だ。[42]

アミーンが顔覆いという意味のヒジャーブ着用の廃止を切に求めていたという解釈もある。[43] だが、この一文だけでも、さらに当時のナフダ思想家によって共有されていた「同時代の精神」からしても大きな誤解である。先述のシュマイイルのような世俗主義的傾向をもつ思想家と同様に、師たるアブドゥをはじめとするイスラーム改革主義者が求めていたのは、女性自身が自ら決定し、精神的、物理的に自立するための環境づくりであっただろう。それゆえにアミーンは近代的な家族のあり方をめぐって、第一にクルアーンやハディースだけでなくイスラーム法学者のさまざまな見解に依拠しつつ、イスラームは原則的には一夫一婦婚を求めているとか、意思のない離婚は認められないといった解釈を教義面から説明していく。

しかし、同時にアミーンの立論を特徴づけているのは、第二の社会的な見地である。宗教と慣習を区別する社会学的な考察は、モンテスキューをはじめとする西欧啓蒙思想だけでなく、イスラーム中世の思想家イブン・ハルドゥーンの教えでもあり、先述の通りタフターウィー以来のアラブの近代思想家にも受け継がれてきた。ここで興味深いのは、『エジプト人』で家族のあり方に関してイスラームからも学ぶべきとヨーロッパ人に対して説いていたアミーンが、『女性の解放』以後では女性の社会参加などに関してエジプト人は西洋人から多くを学ぶべきと今や強調しているところである。『新しい女性』で論じられたように、西洋諸国、とりわけ米国で、女性が司法界やアカデミズム、宗教界、さらに政界においても活躍し始めており、一部の州では投票権も認められ、ヨーロッパ社会にとっても模範とされている。エジプト社会、広くはイスラーム社会では「女性が仕事に出れば家庭の責任をおろそかにする」

といった考え方が染みついている。だが、アミーンによれば、欧米の女性は「仕事をすればするほどいっそう仕事が充実し、休息すればするほどますます休息も充実すると考えている」[44]というのである。女性が離婚や死別といった理由で夫に経済的に依存できなくなったとしても、自ら生活の糧を得るための社会の受け皿がないという認識も、当時の思想家の間で共有され始めた。『女性の解放』でも言及されているが、アブドゥもまた夫が病気や刑期に服し扶養できない場合は妻が財産を譲り受けるという規定を法制度に取り入れようと試みた。アミーンもかかる論調に影響を受けたことは疑いないが、『新しい女性』を読む限り、エジプト人女性の活躍の場として公教育と医療分野といった「専門職」を意識していたのは明らかであろう。

こうしたアミーンの認識には、当時の社会構造上の変容が背景にあったと考えられる。タフターウィーは『指南書』において女性の労働参加の意義にも言及しているが、主として女性の精神的な自立、とりわけ教育の機会平等を最優先課題として掲げた。だが一八七〇年代における女子教育の開始から三〇年を経た一九世紀末にはエジプト人口一〇〇〇万人のうちヨーロッパ系在住者も含めて少なくとも三万人の女性が読み書き能力を身につけたとされ[45]、当時の論客の間では「中産階級[46]」と呼ばれていた。アミーンのみるところ、女性が稼ぎ手になれば、これまで親族の困窮した女性を扶養せざるを得なかった男性の負担も和らぐことから、男性の解放にもつながるというのである。

なおアミーンは西洋女性のみを当時のエジプト女性にとって学ぶべき主体的な範型としたわけではない。ラクダの戦いで一時的に軍事司令官をも担った預言者ムハンマドの妻アーイシャなどイスラーム誕生期の女性たち、さらには一九世紀末にエジプト人口の大多数を占めた農民や遊牧民の女性たちも賛美の対象となった。そもそも都市部の上流階級の女性が家庭内に隔離されているのに対し、非都市部の農民女性はいっそう自由で農作物を売りに市場に繰り出しているといった指摘は、クロウト・ベイ（Clot Bey）など外国人観察者によって報告されてきた。[47] アミーンによれば、公の場から隔離され肉体的にも脆弱となった都会の女性とは異なり、田舎や農村の妻たちはたとえ字を読むことができなくとも男性と同程度の生活の知識を有し、心身を鍛え、家事だけなく夫とともに畑仕事にも従事している。かくして「出産に耐えられるのは、日頃から新鮮な空気を吸って肉体労働をする農村の女性のように、体が丈夫な者だけ[48]」というのである。

社会学的な分析のためにアミーンは、ミルの自由論やスペンサーの社会進化論など西洋近代の思想的成果に依拠するだけでなく、離婚率や乳児死亡率といった統計的な知識に頼っているところも興味深い。[49] 近代社会における家族のあり方ひとつをとってもクルアーンやハディースを法源としてきた聖法、すなわち四大法学派の伝統的な家族法解釈から単純に引き出すことは困難であるとして、アミーンは次のようにも説明する。

女性の権利について本質的な見解を示そうと望むならば、まず目の前の現実に目を向け、それに基づいて理論を構築しなければならない。村や町や地方の実態に即したものとして頭の中に状況を描き、さらにあらゆる年齢や環境、階級の女性に適しているかを探らなければならない。娘や妻、離婚した者、寡婦に加えて、学校や家庭の内外、商店、工場にいる女性を思い浮かべなければならない。……いずれについても、多様な情報と広範な考察が必要となるため、決して簡単ではない。[50]

近代社会における女性の解放を真に望むのであれば、理論と実践（現実）の間の絶えざるフィードバックが必要なのであり、その往来が途切れた瞬間に机上の空論に陥ってしまう。教義を論じる者もあくまで実態や発言者の意図に基づいたうえでイスラームの聖法（シャリーア）の「真意」にまでさかのぼった創造的な解釈をしなければならないというのも、アブドゥをはじめとするイスラーム改革主義者によって強調されてきた。

こうしたアミーンの思想が、ヨーロッパにおける女性解放思想と対位法的な形で語られていることも目を引く。ヨーロッパにおいて、たとえばフェミニズム思想の祖といえるメアリ・ウルストンクラフトはフランス革命と同時代の英国にてルソーに代表される啓蒙的な平等思想に感化されながらも、そのブルジョワ的家族像を批判し、教育の機会均等や結婚における不平等の除去など、男性支配の諸制度からの女性の知的な、精神的な自立を求める問題提起を幅広く行った。一九世紀に入ると、資本主義秩序の浸透の中で「知的な自立」とともに「経済的な自立」がいっそう深刻な課題となる。フランスではフローラ・トリスタンが労働者階級女性が置かれた現状を目の当たりにする中で理性や合理主義を通じた知的な自立だけではなく、就業機会や職業機会を通じた「経済的な自立」をも強く打ち出した。やがて一九世紀後半にもなるとJ・S・ミルの議論も含め「政治的な自立」がいっそう強く主張され、女性参政権の実現をも強く求められる。[51] 社会進化論に影響を受けエジプトを「半文明の状態」と位置づけるアミーンは、エジプトもまた同じような道を歩んでいくことができると、いささか素朴に信じているのである。

ところが一九世紀末のエジプトという文脈においては、アミーンは女性の教育や労働にかかわる市民的権利については全面的に擁護するものの、女性の政治参加については依然として準備不足という見方にこだわる。『エジプト人』ではウマルの逸話を引きながらイスラームの教義における「民主主義の精神」を強調していたにもかかわらず、『女性の解放』では国家論や政治共同体については踏み込んだ議論を展開することはない。『新しい女性』では、より率直に次のように語っている。

政治の仕組みについては、いくら歴史を丹念に調べても、過去に〔近代的な意味での〕政治の仕組みと呼ぶにふさわしいものがあったようには思われない。かつての政府は何ら権力の統制を受けずして、カリフやスルタン、官吏によって操られていた。統治者と官吏は、気まぐれに命令を下した。それゆえに、善良な支配者なら公正の原則を最大限活かすことができたが、そうでなければ公正の枠から外れ暴政を敷いた。政治の仕組みはイスラームの聖法の原則に則したものになり得なかった。[52]

クルアーンのどこにも国家論がないがゆえに、イスラーム思想における「政治共同体」（国家）論の脆弱さについては多々指摘されてきた。[53] アブドゥ自身も英国の盟友ブラントに求められて議会論などを断片的に語ったことはあったにせよ、自らが果たすべき役割をとりわけ司法と教育、宗教の分野に定めていたことで知られる。[54]

イスラーム神学における政治理論の欠如をめぐっては、やがてイスラーム改革主義を引き継いだアリー・アブドゥッラーズィク（一八八八―一九六六）が『イスラームと統治の基礎』（一九二五）においていっそう大胆に説明を試みる。アブドゥッラーズィクによれば、預言者が人々に対して行使するのは精神的な力であり、人々を正しき道に導く信仰を生み出す一方で、権力者が行使するのは物理的な力であり、人々の生活を維持し、社会の繁栄を目指す。かくして「イスラームは宗教であって国家ではない」という理解から、アブドゥッラーズィクは『国家』（プラトン）や『政治学』（アリストテレス）に遡り、それに匹敵するような政治理論はイスラーム思想において発展しなかったと断言するのである。(55)

5　〈行為主体〉論と政治理論を結びつける

アミーンの没後、アラブ・イスラーム世界の女性解放論はナースィフや、後藤が解説1で論じたように、フダー・シャアラーウィー（一八七九―一九四七）といった女性の解放思想家の手によって担われ、大きく発展を遂げた。だが、イスラーム改革主義の流れをくむ代表的な男性の思想家の手による女性解放論は政治理論との亀裂を埋めることなく、むしろマキシム・ロダンソンの言うところの神学論理中心主義（théologo-centrisme）に傾いていったことは否めない。アブドゥの忠実な弟子でアミーンの擁護者であったラシード・リダーも一九一〇年代以降に西洋の直接的な政治・軍事支配にさらされるなかでカリフ制や、女性のヒジャーブ着用や男性による保護の必要性を説くべく神学的なアプローチをもって自ら編集する『マナール』誌で論陣を張った。(56) 同じくチュニジアで労働組合指導者であったターヒル・ハッダード（一八九九―一九三五）は、『シャリーアと社会におけるわれわれの女性』（一九三〇）(57)において、アミーンと同じくイスラーム改革主義の立場からザイトゥーナを中心とする当時のチュニジアの宗教界における伝統主義的な女性観への批判を展開した。ただし、かつてアミーンはイスラーム初期の女性たちや中世イスラームの論者だけでなく、ドーデやマンテガッツァ、ジンメル、ルソー、ラマルティーヌ、フェヌロン、スペンサー、デモリンなど西洋の論者をも多々引用し、世界史的な視野の下で考察していたにもかかわらず、ハッダードはシャリーアとの純理論的な観点でしか議論せず、文明史的な視野も洋の東西を含めた比較論も、社会階級論的な視点を提示していない。

このような神学的な論理へのこだわりには、おそらく時代状況が関係していただろう。アミーンはナフダ第二世代だが、ハッダードはナフダ第三世代に属する。ハッダードの時代は、宗主国からの独立と新たなアラブ国家の樹立を求める社会・政治運動が活発化した時期であり、植民地主義権力との全面的な対決のなかでイデオロギー的な「動員」と影響力の確保が切に求められていた。かくしてハッダードにとって「女性の権利は神によって与えられた」という一貫した神学的な理論づけこそが至上命令であったのだろう。しかし、こうしたイデオロギー的「動員」はその後長く尾を引き、アハメドやイマーラ、キシュクにみられたような民族主義的な立場、あるいはイスラーム主義的な立場を極度に推し進めた論調もまた、その「動員」の論理に少なからずからめとられていたことは想像に難くない[58]。

となれば、女性が置かれた現実から考えるべきというアミーンの問題提起は、どのような形で現在のイスラーム・ジェンダー論の中で活かされ、議論されるべきなのだろうか。おそらく、サバ・マフムードの研究は大いなるヒントを与えてくれるだろう。マフムードは『敬虔の政治』やその他の論考を通じてアラブ・イスラーム地域におけるフェミニズム論において、イデオロギーに満ちた抵抗の物語やアイデンティティ・ポリティックス以前に、まず〈行為主体(エージェンシー)〉をエスノグラフィー的なアプローチで観察することの重要性を強調する[59]。マフムードが「敬虔運動」の一環とみなすヒジャーブ着用は、その行為主体たる当事者にとってはイスラームの美徳たる慎ましさや恥じらいを重んじ、アッラーに近づくための行為である。彼女らは、かかる宗教行為への国家の介入も、あるいはシャリーアの普及ですらも求めていない。むしろヒジャーブをかぶるだけでは不十分で、家庭や教育、労働のいずれにおいても「自らの行動を判断するための共通の規範や基準を導入すること[60]」が肝要なのである。酒におぼれ性的な映像にのめりこむ不埒な夫を、穏やかに、しかし粘り強く説得し、改悛させ、自律的な生活を取り戻すことこそが彼女たちの宗教実践に他ならない。ところが、かかる「敬虔運動」は、ムスリム同胞団をはじめとするイスラーム主義運動やそれを対象とする研究者からすれば、西洋の政治・文化的支配への抵抗や近代化の失敗に対する抗議の一形態と解釈され、政教一致やイスラーム国家樹立に向けた運動の源とみなされる。さらにこの「敬虔運動」は、ナーセル時代以来の民族主義的な権威主義体制の公式の立場[61]だけでなく、ナワール・サアダーウィーのような反帝国主義者でありながらもヒジャーブを「虚偽意識」とみなす世俗主義的な女性運動家の立場からも懐疑と警戒の対象となる。加えて、一九九〇年代後半以降のアフガニスタン女性をめぐる国際世論にみられたように、オリエント女性のヴェールを引き剝がしたいという西洋の植民地主義的なファンタジーの再現によって国際的な次元でも敵視される[62]。このようにアラブ・イスラーム世界における〈行為主体〉としての女性の運動は、幾重にも連なるイデオロギーのからまりあいの中で、当事者の意図とは部分的に重なり合いながらも、部分的に切り離され、あるいは敵対する形で解釈され、読み替えられ、ある種の「型」にはめられているというのである。

このような現在の研究発展に鑑みても、現実と理論の橋渡しを模索したアミーンの女性解放論は今日的意義を失ってはいない。アミーンは西洋の白人男性に語りかける際にはオリエンタリズムへの徹底した批判を展開した一方で、アラブ・イスラーム地域の読者に対しては〈裏返しのオリエンタリズム〉を回避すべく、「原始イスラームの精神」とそこから逸脱した慣習を区別して女性自らが精神的、物理的な自立を可能にする条件づくりを模索した。したがってここに訳出した代表作『女性の解放』と『新しい女性』は、〈行為主体〉としての女性を、家族を中心とする私的な空間からローカル、リージョナル、グローバルなレベルにいたるまでの複雑に絡み合う政治理論に結びつけていくための認識の最初の一歩、そして内実をともなった「解放」の道筋を示していたと読み解くことができるのではないだろうか。

本書の翻訳に関してはもともと二〇一七年に東京大学で開かれたムスリム知識人に関するシンポジウムの懇親会で後藤絵美氏からアミーンの著作を訳したいという申し出を受けたことがきっかけである。まず岡崎が他の研究の合間を縫って、少しずつ訳出して下訳を用意し、それを後藤がアラビア語原文と一文一文照らし合わせつつ訳文の推敲を重ねた。その上で、両名が注の充実を図り、全体の統一のために何度も推敲するという作業を経た。後藤はイスラーム地域のジェンダー論を専門としているが、岡崎はアラブの近現代思想を専門としている。かくして本書の訳文と注は互いの専門性を活かした構成となっており、それがゆえに後藤が著者紹介を兼ねた解説1を、岡崎がアラブ近代思想の中に著者を位置づける解説2を担当している。また、一九世紀米国の不明な人物名などについては、米国フェミニズム史専門の荒木和華子氏（新潟県立大学）に専門的見地に基づく見解をいただき深く感謝している。一人で訳す場合には考えられないほどの時間をかけたものの、そもそも一二〇年以上前の文章であることやイスラーム法学から西洋思想に至るまで扱う内容の多様性ゆえに訳出上の困難がともなったことは認めざるを得ない。日本語読者の忌憚なきご批判を甘んじて受けたいと思う。

なお本書の出版は法政大学出版局の奥田のぞみ氏のご好意なくしては不可能であった。いわゆる「中東もの」はセンセーショナルな話題を除いては概して苦戦続きとして断られ刊行を断念することが多い中、敬遠されがちなこの分野の重要な著作の邦訳出版にあえて多数コミットされている奥田氏に深い敬意を表明したい。世界的にみれば、二一世紀に入ってアミーンの『女性解放論』も含めてアラブの近現代思想の重要な著書については、欧米語を含めて各国語への翻訳出版が継続的に行われている。本書の刊行も、こうした世界的な流れに与する地道な取り組みの一環となることを祈っている。

二〇二四年五月

注

（1）①は母音符号もふってあり印字も読みやすいものの、一部に誤植がみられる。②については、誤植はほとんどないと思われるが、タルアト・ハルブの女性の教育とヒジャーブに関する論考も収録した一冊となっている。③はアミーンの『女性の解放』を原書で読むうえで長らく依拠されていたものの、やはり一部に誤植や飛ばしがみられる。

（2）④は母音符号もふってあり印字も読みやすいが、誤植や飛ばしが散見される。⑤は③と同様に一部に誤植がみられる。⑥は古いため印字は読みにくいが誤植はほとんどないと思われる。

（3）この英訳版は極めて優れているものの、やはりアラビア語原文と照らし合わせると誤訳と思われる箇所も数カ所みられる。また一部の欧米人の氏名についてはアミーンが欧米語からアラビア語に転写したものをさらに英語に再転写しているが、アミーンが本来意図した人物がよく分からない場合もある。なお、『女性の解放』の欧米語への翻訳に関しては、一九二八年にOskar Rescherによってドイツ語に訳され、また二〇二二年にスペイン語、二〇二三年にフランス語訳（Qasim Amin, *De la libération de la femme*, Al-Bouraq, 2023）が刊行されている。

（4）詳しくはHoffman-Ladd, Valerie J., "Polemics on the Modesty and Segregation of Women in Contemporary Egypt", In *International Journal of Middle East Studies*, Vol. 19, No. 1 (Feb., 1987), pp. 23–50を参照。

（5）詳しくは、Cole, Juan Ricardo, "Feminism, Class, and Islam in Turn-of-the-Century Egypt", In *International Journal of Middle East Studies*, Vol. 13, No. 4 (Nov., 1981), pp. 387–407を参照。

（6）リダーによるアミーン擁護論は、Riḍā, Rashīd, "Kalimat fī al-ḥijāb", In *Al-Manār*, Vol. 24 (Aug., 1899), pp. 369–379を参照。しかし、リダーは一九一〇年代にはヒジャーブの擁護も含めていっそう保守的な立場を示すようになる。

（7）ペルシア語訳については、ユーソフ・アシュティヤーニーが『女性の解放』のいくつかの章を訳出、あるいは翻案して一九〇〇年に出版したという（ナジュマバーディ、アフサーネ「第三章　教養ある主婦をつくり出す――イランにおける取り組み」一八三―一八四頁。アブー＝ルゴド、ライラ編著、後藤絵美ほか訳『「女性をつくりかえる」という思想――中東におけるフェミニズムと近代性』明石書店、二〇〇九年に所収）。

（8）Booth, Marilyn, ed. *Migrating Texts: Circulating Translations Around the Ottoman Mediterranean*, Edinburgh University Press, 2021, pp. 114–117.

（9）ʻImāra, Muḥammad ed. *Al-Aʻmāl al-kāmila li Qāsim Amīn* Vols. 1–2. Al-Muʼssasat al-ʻarabiyya li-l dirāsāt wa al-nashr, 1976.

（10）この現象の分析に関しては後藤絵美『神のためにまとうヴェール――現代エジプトの女性とイスラーム』中央公論新社、二〇一四年を参照。

（11）アハメド、ライラ『イスラームにおける女性とジェンダー』林正雄ほか訳、法政大学出版局、二〇〇〇年、二三二頁。

（12）アブー＝ルゴド編著『「女性をつくりかえる」という思想』三八頁、二九〇頁、四八三頁、五一八―五一九頁。

（13）同前、四八二―四九一頁。そのほかアミーンの思想をめぐっては豊かな考察が行われている。なお、思想史的なアプローチの他にも、アミーンの思想のように当時広く読まれた論考と、一八九〇年代において少数の読者にしか読まれなかった文学作品を通じて文字として記されていなかった当時の女性観を比較しつつ、同時代の肖像に迫るという研究も知られている。Booth, Marilyn, "Liberal Thought and the "Problem" of Women Cairo, 1890s", In Jens Hanssen et al. ed. *Arabic Thought beyond the Liberal Age: Towards an Intellectual History of the Nahda*, Cambridge University Press, 2017, pp. 187–213.

(14) 「女性のヒジャーブ」『女性の解放』四九頁。

(15) 'Awaḍ, Luwīs, *Tārīkh al-fikr al-miṣrī al-ḥadīth: Min al-ḥamlat al-fransiyya ilā 'asr Ismā'īl* Vol.1, Maktab al-madbūlī, 1987, pp. 196–213.

(16) Jabarti, Abd al-Rahman, Al-, *Napoleon in Egypt: Al Jabarti's Chronicle of the French Occupation*, Markus Wiener Publishers, 2004, p. 364.

(17) Tahtawi, Rifā'a Rafʻ, Al-, *An Imam in Paris: Account of a Stay in France by an Egyptian Cleric (1826–1831)*, Al-Saqi, 2002, p. 231, p. 364.

(18) タフターウィーの女性教育論については Al-Shaykh, Yaḥiyā ed. *Rifā'a Rāfi' al-Ṭahṭāwī: Taḥrīr al-mar'at al-muslima*, Dār al-burāq, 2000 を参照。

(19) Hourani, Albert, *Arabic Thought in the Liberal Age 1978–1939*, Cambridge University Press, 1983, p. vi.

(20) Renan, E., "Islamisme et Science", In *Journal des Débats*, 30 mars 1883, 18, 19 mai 1883.

(21) 'Abduh, Muḥammad, *Al-A'māl al-kāmila lil-imām al-shaykh Muḥammad 'Abduh*, ed. Muḥammad 'Imāra, Dār al-shurūq, 2006, Vol. 2, pp. 66–127.

(22) 'Imāra, Muḥammad, *Qāsim Amīn: Taḥrīr al-mara' wa al-tamaddun al-islāmī*, Dār al-shurūq, 1988, pp. 81–82. アミーンの女性解放論が決してオリジナルではなく、アブドゥとの「分業」によるという説は、主としてイマーラによって何度も唱えられ、ムハンマド・キシュクなどのイスラーム主義的な論者だけでなく、ホアン・コールのような外国の研究者にも受け入れられている。ただし、実際に女性問題をめぐってアブドゥの論考として残っているのはこのウラービー革命前夜における一夫多妻婚に関する考察のみであり、イマーラの主張するようにヒジャーブや婚姻、離婚に関してすべてアブドゥの見解、あるいは一八九七年にジュネーブで話し合われた内容というのはあくまで推測の域を出ない。さらに問題なのは、イマーラは自らの推測を正当化あるいは既成事実化すべく、『女性の解放』におけるヒジャーブや離婚に関する考察を『アブドゥ全集』の中にアブドゥの論考として組み込んでいる。アディーブ・イスハークの自由に関する考察も『アブドゥ全集』にアブドゥの考察として収録している。こうしたイマーラの編集操作自体が、アミーンの著作をめぐる分業説の信ぴょう性を損なっていることは言及しておかなければならない。なお当時、「著作権」という考え方が広く共有されていなかった問題も考慮に値する。

（23） Isḥāq, Adīb, *Adīb Isḥāq: Al-Kitābāt al-siyāsiya wa al-ijtimāʻīya*, ed. Nājī ʻAllūsh, Dār al-ṭalīʻat wa al-nashr, 1978, pp. 165–167.

（24） Shumayyil, Shiblī, *Majmūʻa al-duktūr Shiblī Shumayyil*, Vol. II, Maṭbaʻa al-maʻārif, 1910, pp. 92–104.

（25） シュマイイルのこの論考とそれに対する一連の反論については Khaṭīb, Muḥammad Kāmil, Al-, ed., *Qaḍayat al-marʼa*, Wizārat al-thaqāfa (Syria), 1999, Vol. 1, pp. 75–124 にほぼ収録されている。またシュマイイルの女性観の全容については Ziadeh, Suzan Laila, *A Radical in His Time: The Thought of Shiblī Shumayyil and Arab Intellectual Discourse (1882–1917)*, PhD dissertation, The University Of Michigan, 1991, pp. 270–297 を参照。

（26） Shumayyil, Shiblī, "Al-Marʼa wa al-taʻlīm wa al-ḥijāb", In *Ḥawādith wa khawāṭir: mudhakkarāt al-duktūr Shiblī Shumayyil*, Dār ḥamrāʼ, 1991, pp. 95–99.

（27） Harcourt, Le Duc d', *L'Égypte et les égyptiens*, Librairie Plon, 1893.

（28） Amin, Kassem, *Les Égyptiens: réponse à M. le duc D'Hartcourt*, Jule Barbier, 1894, p. 6.

（29） Ibid., p. 18, pp. 22–24.

（30） Ibid., pp. 31–33.

（31） Ibid., pp. 70–71.

（32） Ibid., pp. 43–45, pp. 68–69.

（33） 一九八〇年代以降におけるアミーンのイスラーム主義的な読解については McLamey, Ellen, "Reviving Qasim Amin, Redeeming Women's Liberation", In Jens Hanssen et al. ed. *Arabic Thought against the Authoritarian Age : Towards an Intellectual History of the Present*, Cambridge University Press, 2018, pp. 262–284 を参照。同論考によればアミーンのテキストをイス

ラーム主義的に解釈するイマーラの論調は、ムスリム同胞団の理論的支柱でタクフィール主義を掲げたサイイド・クトゥブの論調と、イデオロギー的に足並みをそろえているという。

(34) Amin, *Les Égyptiens*..., pp. 238–239.
(35) Ibid., pp. 102–103.
(36) Ibid., pp. 122–127.
(37) Ibid., p. 153.
(38) Ibid., p. 281.
(39) ʻImāra, Muḥammad, *Qāsim Amīn*, pp. 64–65.
(40) Cole, "Feminism, Class, and Islam in Turn-of-the-Century Egypt", p. 394.
(41) ダバシ、ハミッド『ポスト・オリエンタリズム――テロの時代における知と権力』早尾貴紀ほか訳、作品社、二〇一八年、三一三－三二四頁。
(42) 「女性のヒジャーブ」『女性の解放』四七頁。
(43) アハメド『イスラームにおける女性とジェンダー』二二一頁。
(44) 「女性の自由」『新しい女性』一八八頁。
(45) アハメド『イスラームにおける女性とジェンダー』二〇四－二〇五頁。
(46) 人口的に上位一パーセント未満とすれば社会学的な意味ではなく、モラリスト的な意味での「中産階級」である。このあたりは岡崎弘樹『アラブ近代思想家の専制批判』二〇七－二〇八頁を参照。
(47) Clot, Antoine, *Aperçu général sur l'Égypte*, Fortin, Masson et cie, 1840, p. 399.
(48) 「教育と隔離」『女性の解放』二四二頁。
(49) ミッチェルは、この統計的な知識が植民地主義権力によって持ち込まれた「新しい秩序の方式」として論じているものの、支配の論理のみを一面的に強調していると思われる（ミッチェル、ティモシー『エジプトを植民地化する』大塚和夫ほか訳、法政大学出版局、二〇一四年、六八頁など）。アミーンのようなエジプトにおける〈行為主体〉からとらえなおせば、統計的な知識もアラブ世界の人々にとって社会学的見地から宗教と慣習を区別し、自らの社会改革の思想的武器としている点にも注意を払うべきであろう。

(50)「女性の自身への義務」『新しい女性』二〇一－二〇二頁。

(51) 詳細は水田珠枝『女性解放思想史』筑摩書房、一九九四年などを参照。

(52)「教育と隔離」『新しい女性』二五一頁。

(53) たとえば、Ghalioun, Burhan, *Islam et Politique: la modernité trahie*, Paris: la Decouverte, 1997 を参照。

(54) 岡崎弘樹『アラブ近代思想家の専制批判』七二－七三頁。

(55) 詳しくは Ali, Souad Tagelsir, *A Religion, Not a State: Ali 'Abd Al-Raziq's Islamic Justification of Political Secularism*, University of Utah Press, 2009 を参照。

(56) たとえば Hourani, Albert, *Arabic Thought in the Liberal Age 1978–1939*, pp. 238–239 を参照。

(57) 邦訳として若桑遼『保護領統治期チュニジアのイスラームと女性解放思想に関する基礎史料――ターヒル・ハッダード著「シャリーアと社会における我々の女性」(「立法章」を中心として)』上智大学アジア文化研究所、二〇一四年を参照。

(58) ライラ・アハメドは別の著作 *A Border Passage: From Cairo to America: A Woman's Journey*, Penguin Books (Reprint), 2012 でも知られている。だが、たとえばシリアの思想家サーディク・ジラール・アズムは、クルアーンの朗唱文化を賛美する立場から「本質的に聴覚的な言語」と論じるようなアハメドのアラビア語観についても「裏返しのオリエンタリズム」の一形態として検討する余地があると論じている。Azm, Sadik J., Al-, "Orientalism and Conspiracy" In *Is Islam secularizable?: Challenging Political and Religious Taboos*, Gerlach Press, 2014, p. 66を参照。

(59) 民族誌的なアプローチによるエジプト・フェミニズムについてさまざまな固定観念を打ち破る優れた研究として、鳥山純子『「私らしさ」の民族誌――現代エジプトの女性、格差、欲望』春風社、二〇二二年は参考になる。

(60) Mahmood, Saba, *The Politics of Piety: The Islamic Revival and the Feminist Subject*, Princeton University Press, 2012, pp. 47–48.

(61) アブドゥッナーセル大統領が女性への抑圧とムスリム同胞団を結びつけて皮肉る演説は有名であるが、詳しくは Feriel Ben Mahmoud のドキュメンタリー *Feminism Inshallah: A History of Arab Feminism*, フランス、五二分を参照のこと。

(62) この点に関しては、シャイク、ネルミーン『グローバル権力から世界をとりもどすための一三人の提言』篠儀直子訳、青土社、二〇〇九年の一〇章におけるサバ・マフムードへのインタビュー（二四九－二八八頁）を参照。

人名索引

あ 行

か 行

さ 行

た 行

な　行

は　行

ま　行

や　行

ら　行

わ　行

事項・地名索引

あ 行

か 行

さ 行

た 行

な 行

は 行

ま 行

や 行

ら 行

わ 行

著者

カースィム・アミーン（Qasim Amin）
1863年，エジプト生まれ。法律家。カイロで近代的な学校教育を受けた後，1881年から政府派遣留学生としてフランスのモンペリエ大学で法律を学ぶ。85年に帰国した後，混合裁判所や地方都市の検事長，カイロ控訴院裁判官を歴任。1894年にはカイロ控訴院裁判長に昇進。1890年代半ば以降，エジプトの社会問題やエジプト人の精神性について，フランス語やアラビア語で執筆する。エジプトにおける女性の地位の低さとその改善の必要性を論じた『女性の解放』（1899年）は特に注目され，一部の称賛を浴びたが，女性の装いや振る舞い，隔離の問題に関する記述等によって多くの批判にもさらされた。その応答として執筆したのが『新しい女性』（1900年）である。1908年，44歳で死去。

《叢書・ウニベルシタス　1169》
アラブの女性解放論

2024年6月14日　初版第1刷発行

カースィム・アミーン
岡崎弘樹／後藤絵美 訳
発行所　一般財団法人　法政大学出版局
〒102-0071 東京都千代田区富士見 2-17-1
電話 03(5214)5540 振替 00160-6-95814
組版: 閏月社　印刷: 平文社　製本: 積信堂

Printed in Japan

ISBN978-4-588-01169-6

訳者

岡崎弘樹（おかざき　ひろき）
亜細亜大学国際関係学部講師。パリ第3大学アラブ研究科博士課程修了，社会学博士。専門は，アラブ近代政治思想，および現代シリア文化研究。19世紀以来のアラブ人思想家による自己批判の精神史，ならびに1967年以降のシリアにおける思想・文学・映画の展開に関心を寄せる。著書に『アラブ近代思想家の専制批判――オリエンタリズムと〈裏返しのオリエンタリズム〉の間』（東京大学出版会，2021年），訳書にヤシーン・ハージュ・サーレハ著『シリア獄中獄外』（みすず書房，2020年）などがある。

後藤絵美（ごとう　えみ）
東京外国語大学アジア・アフリカ言語文化研究所助教。東京大学大学院総合文化研究科博士課程修了，博士（学術）。専攻は，イスラーム文化・思想研究，中東地域研究，ジェンダー・フェミニズム研究。著書に『神のためにまとうヴェール――現代エジプトの女性とイスラーム』（中央公論新社，2014年），『記憶と記録にみる女性たちと百年（イスラーム・ジェンダー・スタディーズ5）』（共編著，明石書店，2023年），『論点・ジェンダー史学』（共編著，ミネルヴァ書房，2023年），訳書にナディア・ワーセフ著『シェルフ・ライフ――カイロで革新的な書店を愛し育て，苦悩した記録』（G.B., 2023年）などがある。